Kontaktadresse nach EU-Produktsicherheitsverordnung:
produktsicherheit@fischerverlage.de

Über dieses Buch Der vorliegende Band enthält die beiden wohl berühmtesten Krankengeschichten des Begründers der Psychoanalyse, die 1909 entstandene des »Rattenmanns« und die 1914 niedergeschriebene, aber erst 1918 veröffentlichte des »Wolfsmanns«. Der eine verdankt sein Pseudonym einer sadistischen Zwangsvorstellung, Anspielung auf eine orientalische Rattenstrafe; der andere erhielt seinen Decknamen aufgrund einer charakteristischen Angst vor Wölfen. Beide Patienten, an schwerer Neurose erkrankt, waren junge Männer, der »Rattenmann« Jurist, der »Wolfsmann« ein russischer Großgrundbesitzer.
In der Behandlung des »Rattenmanns« glückten Freud tiefe Einblicke in den Mechanismus von Zwangsvorstellungen und -handlungen, in den Ambivalenzkonflikt, also den Widerstreit von Liebe und Haß, sowie in die magische Vorstellung von der »Allmacht der Gedanken«. In der Behandlung des »Wolfsmanns« hingegen fesselte ihn vor allem die Aufdeckung einer »Kinderneurose«, welche er aus den Mitteilungen des erwachsenen Patienten erschloß. Das klinische Material gab Freud Beweise für die infantile Sexualität an die Hand; überdies ermöglichte es ihm, die psychoanalytischen Konzepte des »negativen Ödipuskomplexes« sowie der »Urszene« und der »Urphantasie« zu präzisieren.
Die Schriften sind nicht zuletzt Exempel der unvergleichlichen schriftstellerischen Fähigkeit Freuds, die gewaltige Stofffülle einer psychoanalytischen Behandlung in die Linearität einer Krankengeschichte zu bannen. In seiner gedankenreichen Einleitung bezeichnet Carl Nedelmann die beiden Texte zu Recht als »Dreh- und Angelpunkte der Erforschung des Unbewußten«; aus der Sekundärliteratur wird u. a. die aktuelle Kontroverse über die Verführungstheorie aufgegriffen.

Der Autor Sigmund Freud, geboren 1856 in Freiberg (Mähren): Studium an der Wiener medizinischen Fakultät; 1885/86 Studienaufenthalt in Paris, unter dem Einfluß von J.-M. Charcot Hinwendung zur Psychopathologie; danach in der Privatpraxis Beschäftigung mit Hysterie und anderen Neurosenformen: Begründung und Fortentwicklung der Psychoanalyse als eigener Behandlungs- und Forschungsmethode sowie als allgemeiner, auch die Phänomene des normalen Seelenlebens umfassender Psychologie; 1938 Emigration nach London; 1939 Tod.

Der Verfasser der Einleitung Carl Nedelmann, Dr. med., Arzt für Psychiatrie und Psychoanalytiker, ehemaliger Leiter des Michael-Balint-Instituts in Hamburg. 1992–94 Vorsitzender der Deutschen Psychoanalytischen Vereinigung. Zahlreiche Veröffentlichungen zur Theorie und Praxis der Psychoanalyse.

Unsere Adresse im Internet: www.fischerverlage.de

SIGMUND FREUD

Zwei Krankengeschichten

Bemerkungen über einen Fall von Zwangsneurose
Aus der Geschichte einer infantilen Neurose

Einleitung
von Carl Nedelmann

FISCHER TASCHENBUCH VERLAG

Vierte, unveränderte Auflage

Printed in Germany
ISBN 978-3-596-10449-9

INHALT

Einleitung. Von Carl Nedelmann 7

Bemerkungen über einen Fall von Zwangsneurose
[»Der Rattenmann«] (1909) 53
I. Aus der Krankengeschichte 58
a) Die Einleitung der Behandlung 59
b) Die infantile Sexualität 59
c) Die große Zwangsbefürchtung 64
d) Die Einführung ins Verständnis der Kur 70
e) Einige Zwangsvorstellungen und deren Übersetzung . 80
f) Die Krankheitsveranlassung 87
g) Der Vaterkomplex und die Lösung der Rattenidee . . . 91
II. Zur Theorie 108
a) Einige allgemeine Charaktere der Zwangsbildungen . . 108
b) Einige psychische Besonderheiten der Zwangskranken – ihr Verhältnis zur Realität, zum Aberglauben und zum Tod 114
c) Das Triebleben und die Ableitung von Zwang und Zweifel 120

Aus der Geschichte einer infantilen Neurose
[»Der Wolfsmann«] (1918 [1914]) 131
I. Vorbemerkungen 133
II. Übersicht des Milieus und der Krankengeschichte . 139
III. Die Verführung und ihre nächsten Folgen 144
IV. Der Traum und die Urszene 154
V. Einige Diskussionen 173
VI. Die Zwangsneurose 186
VII. Analerotik und Kastrationskomplex 197
VIII. Nachträge aus der Urzeit – Lösung 213
IX. Zusammenfassungen und Probleme 227

Anhang

Editorisch-bibliographische Notiz 247
Sigmund Freud – Werke im Taschenbuch (Gesamtübersicht) . 249

EINLEITUNG

Von Carl Nedelmann

Für Wolfgang Loch
in memoriam

1

Freud bezeichnete seine Krankengeschichten als Fragmente. Schon die Titelwahl zeigt es. Die Beschreibung der Analyse von »Dora« heißt: ›Bruchstück einer Hysterie-Analyse‹[1], vom »Rattenmann«: ›Bemerkungen über einen Fall von Zwangsneurose‹ und vom »Wolfsmann«: ›Aus der Geschichte einer infantilen Neurose‹. Als er den Traum, der dem »Wolfsmann« das Pseudonym gab, gedeutet hatte, kommentierte Freud: »Die Breite und Ausführlichkeit der Darstellung, zu der ich durch das Bemühen genötigt bin, dem Leser irgendein Äquivalent für die Beweiskraft einer selbstdurchgeführten Analyse zu bieten, mag ihn gleichzeitig davon abbringen, die Publikation von Analysen zu verlangen, die sich über mehrere Jahre erstreckt haben.«[2] Das sei »technisch undurchführbar«.[3]
Die fragmentarische Schreibweise ergab sich außerdem aus der Pflicht, »den Patienten vor indiskreter Neugierde zu schützen«[4]. »Die vollständige Geschichte« aufzuschreiben, selbst wenn der Patient sein Einverständnis wie im Fall des »Wolfsmanns« dazu gäbe, wäre »sozial unzulässig«[5]. Wer immer aber versucht, eine psychoanalytische Krankengeschichte zu schreiben, wird die Diskretionspflicht als schmerzliche Einschränkung erleben. Auslassungen

---

1 (1905) in: S. Freud, *Gesammelte Werke* (18 Bände und ein Nachtragsband, Imago Publishing Co., Ltd., London 1940–52, seit 1960 S. Fischer Verlag, Frankfurt am Main, und S. Fischer Verlag, Frankfurt am Main 1968, 1987 – nachfolgend *G.W.* abgekürzt), Bd. 5, S. 161–286.

2 Unten, S. 169f., Anm.

3 Unten, S. 134.

4 Unten, S. 55.

5 Unten, S. 134.

sind notwendig; mit Entstellungen ist es nicht getan. Sie würden »das Verständnis der gerade an die kleinen Realien des Lebens geknüpften Zusammenhänge« mit den Triebimpulsen, mit den Wünschen und den in der Angst signalisierten Gefahren, »zerstören«[6]. Dabei ergab sich jedoch »der paradoxe Sachverhalt, daß man weit eher die intimsten Geheimnisse eines Patienten der Öffentlichkeit preisgeben darf, bei denen er doch unerkannt bleibt, als die harmlosesten und banalsten Bestimmungen seiner Person, mit denen er allen bekannt ist und die ihn für alle kenntlich machen würden«[7].
Als weiteres Hindernis bezeichnete Freud die Tatsache, daß die psychoanalytische Forschung »nur ein Nebenerfolg der therapeutischen Bemühung« ist. Der therapeutische Erfolg, das heißt die damit gegebene Notwendigkeit, die Psychoanalyse zu beenden, hindere daran, das »Gewebe der Phantasieumhüllungen Faden für Faden abzuspinnen«[8].
Für den fragmentarischen Charakter der Mitteilungen stand Freud »eine noch triftigere Aufklärung zu Gebote«[9]: die Grenzen seiner Erkenntnis. Als Freud den »Rattenmann« behandelte, konnte er sich einerseits der Tragfähigkeit der von ihm entwickelten Theorie und Praxis hinreichend sicher sein. Andererseits waren viele Fragen offen, in die er sich mühsam hineintastete. Nicht erst im Rückblick fällt den Krankengeschichten vom »Rattenmann« und vom »Wolfsmann« eine zentrale Bedeutung in Freuds Lebenswerk zu. Sogar zeitlich stehen sie ungefähr in der Mitte zwischen seinen frühen Entdeckungen, die die Grundlegung der Psychoanalyse ermöglichten, und seinen späten Ausformulierungen der Theoriebildung. Die beiden Krankengeschichten wurden Hauptpfeiler der empirischen Verankerung. Sie enthalten kostbare Funde, und sie beweisen, daß »es die Aussagen der Kranken sind, was Freud mitteilt, aber von Unkundigen als ›seine Lehre‹ bezeichnet wird«[10]. Gerade weil diese

---

6 Unten, S. 55f.
7 Unten, S. 56.
8 Unten, S. 97, Anm.
9 Unten, S. 56.
10 Viktor von Weizsäcker, *Natur und Geist. Erinnerungen eines Arztes.* Vandenhoeck und Ruprecht, Göttingen 1944, 2. Aufl. 1955, S. 147.

Krankengeschichten Dreh- und Angelpunkte der Erforschung des Unbewußten sind – und zwar desjenigen des Kranken wie desjenigen des behandelnden Arztes –, können sie der Natur der Sache nach nicht als ein Ganzes erscheinen, vielmehr »bleibt nichts anderes möglich, als die Dinge so unvollkommen und so unvollständig mitzuteilen, wie man sie weiß und«, so fügte Freud hinzu, »weitersagen darf«[11].

Letztere Hinzufügung geht über die Restriktionen, die sich auf Diskretion, Therapierücksichten und Erkenntnisgrenzen beziehen, hinaus. Freuds Blick war beim Schreiben auf den Leser gerichtet. Es lag ihm sehr daran, sich ihm mitzuteilen. Er suchte ihn als Bündnispartner zu gewinnen. Da, was er schrieb, befremdlich und neu war, achtete er sorgfältig auf die antizipierte Lesesituation, auf das zukünftige Hier und Jetzt des Lesers beim Lesen. In Betrachtung des heutigen Werts der alten Krankengeschichten kam Patrick Mahony zu dem Schluß, daß Freud in der besonderen Aufmerksamkeit, die er der dialogischen Beziehung zum Leser widmete, von keinem anderen Psychoanalytiker übertroffen wurde.[12] Es läßt sich daher leicht vorstellen, daß Freud auch die Restriktionen im Verhältnis zum Lesepublikum im Sinn hatte, als er sich fragte, »wie man« die Dinge, die sich in einer Analyse ereignet haben, »weitersagen darf«.

Dabei stand er vor einer veränderten Situation. Zu dem allgemeinen Publikum, das er zu interessieren suchte, war ein Fachpublikum hinzugekommen. In der »Sache«, wie er die Psychoanalyse und ihre Funde zu nennen pflegte, gab es für ihn keine Nachgiebigkeit, aber in der Art der Mitteilungen konnte er wählerisch sein. Er löste das Problem der unterschiedlichen Leserschaft, indem er mit Anspielungen winkte, die auf hier zurückgehaltenes oder früher schon publiziertes Material verwiesen, das dem Fachpublikum keinen Erkenntnisgewinn bringen, aber im allgemeinen Publikum Ablehnung und Empörung nur vermehren könnte, wovon er schon reichlich

---

11 Unten, S. 57.

12 P. J. Mahony, ›Freud's cases: are they valuable today?‹, *International Journal of Psycho-Analysis*, Bd. 74 (1993), S. 1032. Vgl. Walter Schönau, *Sigmund Freuds Prosa. Literarische Elemente seines Stils*. Metzler, Stuttgart 1968, S. 30.

erfahren hatte. So ließe sich vielleicht die auffallende Tatsache erklären, daß Freud im »Rattenmann« denselben »Kern« der Neurosenentstehung wiederfand, den er beim Studium der Hysterien entdeckt hatte, ihn sogar ausdrücklich als »Kernkomplex«[13] kennzeichnete, aber weder mit dem dem Mythos entlehnten Namen des »Ödipus« verband noch die auf Mutter und Schwester gerichteten frühkindlichen Inzestwünsche in der Ausführlichkeit darstellte, die das in der Behandlung zur Sprache gebrachte Material möglich gemacht hätte. Vielmehr begnügte er sich mit der Erwähnung, daß es solches Material gegeben habe und »die deutlichsten Hinweise« zu finden gewesen seien[14]. Im »Wolfsmann« hielt er es nicht anders. Das ödipale Material liegt reichlich ausgebreitet vor uns, aber als »Ödipuskomplex« wurde es nur am Rande rubriziert.[15]

Was man weitersagen darf, hat außerdem eine persönliche Konnotation: »Das Beste, was du wissen kannst, darfst du den Buben doch nicht sagen.«[16] Eine Fußnote im »Rattenmann«[17] spielt zu Hamlet und damit zum Brief an Wilhelm Fließ vom 15. Oktober 1897[18] und zur *Traumdeutung*[19] hinüber. In ›Hamlet und Ödipus‹ schrieb Jean Starobinski: »In dem Brief vom 15. Oktober 1897 entdecken wir [...], daß die Hamlet-Gestalt zu Beginn von Freuds Forschung und bei der Entwicklung derselben eng an die Entdeckung der kindlichen Verliebtheit an die Mutter gebunden ist. [...] Zuallererst verbreitet Freud die Hypothese: *Es ist mit mir so wie mit Ödipus*; diese Behauptung kehrt sich plötzlich um und wird eine allgemeingültige historische Wahrheit, die folgendermaßen formuliert wird: *Ödipus,*

13 Unten, S. 97, Anm.

14 Ibid.

15 Unten, S. 242.

16 Johann Wolfgang von Goethe, *Faust*, I. Teil, 4. Szene (V. 1840 f.); mehrfach zitiert bei Freud, z. B. in der *Traumdeutung* (1900), in: *G.W.*, Bd. 2/3, S. 147, 456; auch in ›Ansprache im Frankfurter Goethe-Haus‹ (1930), in: *G.W.*, Bd. 14, S. 550.

17 Unten, S. 124, Anm. 2.

18 In: *Briefe an Wilhelm Fließ 1887–1904*. Ungekürzte Ausgabe. Hrsg. von Jeffrey M. Masson; Bearbeit. der dt. Fassung von Michael Schröter; Transkr. von Gerhard Fichtner. S. Fischer, Frankfurt am Main 1986, S. 293 f.

19 A. a. O., S. 271–273.

das waren wir. [...] Die kühnste Erkenntnis Freuds besteht darin, noch weiter zu gehen und zu behaupten: *Auch Hamlet ist noch Ödipus*, aber ein versteckter und verdrängter Ödipus [...]. Und nun die letzte Erkenntnis: *Hamlet ist der Neurotiker und Hysteriker*, mit dem ich alle Tage zu tun habe«[20] – wie der »Rattenmann«, wie der »Wolfsmann«, dürfen wir hinzufügen.

Was uns in der Ödipus-Tragödie offen entgegentritt, findet sich in verhüllter Form in der Hamlet-Tragödie wieder. »Im ›Ödipus‹ wird die zugrunde liegende Wunschphantasie des Kindes wie im Traum ans Licht gezogen und realisiert; im ›Hamlet‹ bleibt sie verdrängt, und wir erfahren von ihrer Existenz – dem Sachverhalt bei einer Neurose ähnlich – nur durch die von ihr ausgehenden Hemmungswirkungen.«[21] In jedem von uns, so lautet die These, sind dieselben Wünsche rege, die das Schicksal von Ödipus und Hamlet bestimmt haben. Die These bedeutet zum einen die Anerkennung infantiler sexueller Wünsche als wesentlicher Faktoren der gesamten Entwicklung und zum andern die Unmöglichkeit, gesundes und krankes, normales und abweichendes Verhalten scharf voneinander zu sondern. Aber nicht nur die allgemeine Annahme, daß jeder solche Entwicklung in sich trage, und die Erfahrung, daß diese Annahme als skandalös empfunden wurde, mahnten Freud zur Vorsicht. Die fragmentarische Darstellungsweise diente auch der Diskretion gegenüber sich selbst.

2

Die »fünf« großen Falldarstellungen Freuds, zu denen außer den drei anfangs genannten auch die vom »kleinen Hans«[22] und von Schreber[23] gehören, genießen in den Ausbildungsinstituten und un-

---

20 J. Starobinski, ›Hamlet und Ödipus‹ (1967), in: ders., *Psychoanalyse und Literatur*. Suhrkamp, Frankfurt am Main 1973, S. 112f., 137f.

21 S. Freud, *Die Traumdeutung*, a. a. O., S. 271.

22 S. Freud, ›Analyse der Phobie eines fünfjährigen Knaben‹ (1909), in: *G.W.*, Bd. 7, 1941, S. 241–377.

23 S. Freud, ›Psychoanalytische Bemerkungen über einen autobiographisch beschriebenen Fall von Paranoia (Dementia paranoides)‹ (1911), in: *G.W.*, Bd. 8, S. 239–316.

ter Psychoanalytikern, wenn auch vielleicht nicht mehr mit Selbstverständlichkeit, den Rang eines »inneren Kanons«. Aus einem klinischen Blickwinkel betrachtet, stoßen sie jedoch auf Zweifel und Einwände, und es stellt sich die Frage nach ihrem heutigen Wert.[24] Ein Haupteinwand verweist auf den Fortschritt in der psychoanalytischen Theorie und Behandlungstechnik und verbindet sich mit der Forderung nach modernen Curricula. Welche Wissenschaft sonst benutzte Lehrbücher, die bald hundert Jahre alt sind, wird gefragt, was könne es anderes sein als eine der Wissenschaft fremde, allenfalls historischen Interessen dienende sentimentale Anhänglichkeit, die uns mit den alten Texten verbindet?

Gewiß sind in der Psychoanalyse sowohl in der Theoriebildung wie in der Behandlungstechnik über Freud hinaus Fortschritte erzielt worden. Sie betreffen insbesondere die weitere Erforschung der Objektbeziehungen und verbinden sich mit den Namen Melanie Klein, Donald W. Winnicott, Michael Balint und Wilfred R. Bion. Aber jeder Fortschritt birgt auch die Gefahr, daß etwas verlorengeht. Außerdem darf man mit Freud, Nestroy zitierend, sagen: »Ein jeder Fortschritt ist nur immer halb so groß, als wie er zuerst ausschaut.«[25] Worauf es entscheidend ankommt, sind nicht die Ergebnisse im einzelnen. Es gilt herauszufinden, was die psychoanalytische Methode leistet und wie sie zu ihren Ergebnissen kommt. Hier ist eine Dialektik am Werk, die jedem Positivismus spottet. Die Interferenz der Subjektivität des Forschers mit der Subjektivität des Patienten, die sich in Übertragung und Gegenübertragung äußert, legt es nahe, sich den alten Texten selbst zuzuwenden.

Es kommt alles darauf an, sie sich lebendig zu machen. Wolfgang Loch ließ sie in Seminaren, die der psychoanalytischen Ausbildung dienten, aber auch Studenten aller Fakultäten der Universität zugänglich waren, Satz für Satz lesen und pflegte die Diskussion darüber wie in einer Balint-Gruppe zu leiten. Das richtige »Zuhören«, wie Michael Balint »die gleichschwebende Aufmerksamkeit«

---

24 Vgl. P. J. Mahony, ›Freud's cases: are they valuable today?‹, a.a.O., S. 1027 bis 1035.

25 Zitiert nach S. Freud, ›Die endliche und die unendliche Analyse‹ (1937), in: G.W., Bd. 16, S. 72.

nannte[26], war dabei so wichtig wie »der Mut zur eigenen Dummheit«, wie er das Prinzip der freien Assoziation gruppengerecht bezeichnete[27]. Nur die sonst gebotene Abstinenz paßte Loch der Leitung eines theoretischen Seminars großzügig an.

Die grundlegenden Behandlungsregeln sind damals wie heute dieselben. Freud hatte sie schon entwickelt, als er den »Rattenmann« und den »Wolfsmann« behandelte. Er bezeichnete sie als »Ratschläge«, beanspruchte »keine unbedingte Verbindlichkeit für sie« und konnte sie daher auch »Spielregeln«[28] nennen. Er empfahl lediglich, sich an der Zweckmäßigkeit zu orientieren. Dabei haben sich zwei Regeln als absolut notwendig erwiesen, galten für Freud und gelten überall, wo psychoanalytisch gearbeitet wird. Eine dieser Regeln erschien ihm so wichtig, daß er sie »die psychoanalytische Grundregel«[29] nannte. Es ist die Regel der freien Assoziation, die er seinen Patienten abverlangte.[30] Als der »Rattenmann« Freud an einer bestimmten Stelle bat, »ihm die Schilderung der Details zu erlassen«, gab Freud zur Antwort, darüber habe er »keine Verfügung«[31]. Das war keine Deutung, das war eine Erklärung. Die Grundregel stellte er nicht zur Disposition.

Als »das notwendige Gegenstück« beschrieb er eine Technik, die er »eine sehr einfache« nannte: »Sie lehnt alle Hilfsmittel, […] selbst das Niederschreiben ab und besteht einfach darin, sich nichts besonders merken zu wollen und allem, was man zu hören bekommt, die

26 M. Balint, ›The doctor's therapeutic function‹, *The Lancet*, Bd. I (1965), S. 1177–80; deutsch in: C. Nedelmann, H. Ferstl (Hrsg), *Die Methode der Balint-Gruppe*. Klett, Stuttgart 1989, S. 133–143; das Zitat S. 133. – Zur »Kunst des Zuhörens« siehe Ilse Grubrich-Simitis, *Urbuch der Psychoanalyse. Hundert Jahre ›Studien über Hysterie‹ von Josef Breuer und Sigmund Freud*. Begleittext zum Reprint der *Studien über Hysterie* anläßlich der 100. Wiederkehr des Datums der Erstveröffentlichung. S. Fischer, Frankfurt am Main 1995, S. 14f.

27 M. Balint, ›Training general practitioners in psychotherapy‹, *British Medical Journal*, Bd. 1 (1954), S. 115–120; deutsch in: C. Nedelmann, H. Ferstl (Hrsg.), *Die Methode der Balint-Gruppe*, a. a. O., S. 71–93; das Zitat S. 84.

28 S. Freud, ›Zur Einleitung der Behandlung‹ (1913), in: *G.W.*, Bd. 8, S. 454.

29 S. Freud, ›Zur Dynamik der Übertragung‹ (1912), in: *G.W.*, Bd. 8, S. 373.

30 Siehe unten, S. 59.

31 Unten, S. 64.

nämliche ›gleichschwebende Aufmerksamkeit‹ [...] entgegenzubringen.«[32] Das verlangt, daß »man wie absichtslos verfährt«[33]. Doch das Interesse geht der Erkenntnis voraus. Freuds Absichten, die sich in den Krankengeschichten finden lassen, unterscheiden sich von den Absichten einer heutigen psychoanalytischen Hauptströmung. Heutige Autoren legen ein größeres Gewicht auf die Beziehung von Übertragung und Gegenübertragung und stellen deren Deutung in das Zentrum der Analyse des Widerstands.[34] Freud hingegen hatte sein Hauptaugenmerk auf die Rekonstruktion der verschütteten Lebens- und Krankengeschichte seiner Patienten und besonders deren Kindheit gerichtet: »[...] wer die Kindheitsanalyse vernachlässigt, muß notwendig den folgenschwersten Irrtümern verfallen. Eine Unterschätzung des Einflusses späterer Erlebnisse wird durch diese Betonung der Wichtigkeit der frühesten nicht bedingt; aber die späteren Lebenseindrücke sprechen in der Analyse laut genug durch den Mund des Kranken, für das Anrecht der Kindheit muß erst der Arzt die Stimme erheben.«[35]

Die verschobenen Interessen wurden als besonders beweiskräftiger Beleg für das Veralten der Freudschen Krankengeschichten herangezogen, aber weit trägt dieser Einwand nicht. Es macht nämlich keinen Sinn, an dieser Stelle einen Gegensatz zu konstruieren. Der psychoanalytische Prozeß spielt sich in drei ineinander verwobenen Bereichen ab, im Bereich der Übertragung, dessen Bedeutung Freud früh erkannte, aber weniger, als es heute geschieht, nutzte[36], im Bereich der aktuellen Lebenssituation des Patienten und im »genetischen« Bereich, der sowohl die spezifische Neurosenätiologie wie auch die allgemeine Lebensgeschichte des Patienten erfaßt. In glücklichen Momenten der Einsicht finden sich diese drei Bereiche in einer einzigen Deutung zusammen, die dann auch besonders einleuchtend und

32 S. Freud, ›Ratschläge für den Arzt bei der psychoanalytischen Behandlung‹ (1912), in: *G. W.*, Bd. 8, S. 377.

33 A. a. O., S. 380.

34 Vgl. W. Loch, *Deutungs-Kunst. Dekonstruktion und Neuanfang im psychoanalytischen Prozeß*. edition diskord, Tübingen 1993, S. 23, 78, 99.

35 S. Freud, ›Ein Kind wird geschlagen‹ (1919), in: *G. W.*, Bd. 12, S. 202.

36 Siehe S. Freud, ›Zur Dynamik der Übertragung‹ (1912), in: *G. W.*, Bd. 8, S. 363–374.

wirksam zu sein pflegt. Schon aus diesem Grund tun wir gut daran, keinen dieser drei Bereiche zu vernachlässigen, sondern der gleichschwebenden Aufmerksamkeit jeglichen Raum zu gewähren.
Freuds Konzept, »wie absichtslos« zu verfahren und »seine mitgebrachten Überzeugungen [...] auszuschalten«[37], hat Bion weitergeführt, indem er vorschlug, in der psychoanalytischen Situation »memory and desire«[38] zu meiden, was nicht heißt, daß der Psychoanalytiker sich nicht erinnern soll, sondern daß »ihn kein ›memory‹ präokkupieren darf«[39]. Die gleichschwebende Aufmerksamkeit, die weder auswählt noch urteilt, ist auch dem Leser empfohlen. »Der Erkenntniswille muß allererst sich zum Verbündeten des Gegenstandes machen.«[40]
Die Befolgung der Grundregel und der gleichschwebenden Aufmerksamkeit hängt von einer Vorbedingung ab, die als conditio sine qua non gelten kann: »Die Kur muß in der Abstinenz durchgeführt werden.«[41] Zur Erklärung fügte Freud hinzu: »[...] ich meine dabei nicht [...] die Entbehrung von allem, was man begehrt, denn dies würde vielleicht kein Kranker vertragen. Sondern ich will den Grundsatz aufstellen, daß man Bedürfnis und Sehnsucht als zur Arbeit und Veränderung treibende Kräfte [...] bestehen lassen und sich hüten muß, dieselben durch Surrogate zu beschwichtigen.«[42] Der sexuelle Mißbrauch in der Therapie, von dem heute soviel die Rede ist, verletzt nicht nur eine ethische Verpflichtung, die sich eigentlich von selbst verstehen soll, sondern ist darüber hinaus ein Kunstfehler allerersten Ranges, weil er der Möglichkeit der psychoanalytischen Behandlung jeden Boden entzieht. Die feineren Gründe für das Ab-

---

37 Unten, S. 138.

38 W. R. Bion, ›Attention and interpretation‹ (1970), in: ders., *Seven Servants*. Jason Aronson, New York 1977, S. 43.

39 W. Loch, ›Wie verstehen wir Fühlen, Denken, Verstehen?‹, *Jahrbuch der Psychoanalyse*, Bd. 32 (1994), S. 31.

40 J. Starobinski, ›La littérature. Le texte et l'interprète‹ (1974). Zitiert nach I. Grubrich-Simitis, *Zurück zu Freuds Texten. Stumme Dokumente sprechen machen*. S. Fischer, Frankfurt am Main 1993, S. 5, siehe auch ibid., S. 18f.

41 S. Freud, ›Bemerkungen über die Übertragungsliebe‹ (1915), in: *G.W.*, Bd. 10, S. 313.

42 Ibid.

stinenzgebot berühren die Beweglichkeit des Denkens. Schon Rat oder Urteil würden sie einschränken.

Zu den früh entwickelten Behandlungsregeln gehören auch äußere Einrichtungen, um den nach diesen Regeln gestalteten Dialog zu ermöglichen und zu schützen. Wie die Psychoanalyse im Krankheitsfall Behandlung ist, aber als Selbsterfahrung gleichzeitig darüber hinausgeht, so ist die psychoanalytische Praxis ihrem Ursprung und ihrer gesellschaftlichen Einbindung nach eine ärztliche Praxis, die jedoch mit Mitteln arbeitet, die sie von sonst üblicher medizinischer Praxis entfernt. Das gilt für das gesamte Setting, das Freud der Andersartigkeit der psychoanalytischen Behandlung angepaßt hat. Sie findet für jeweils fünfzig Minuten in einem nach außen hin sorgfältig gegen Störungen abgeschirmten Raum statt. Der Patient liegt auf der Couch, der Psychoanalytiker sitzt im Sessel dahinter – und dies »täglich mit Ausnahme der Sonntage und der großen Festtage, also für gewöhnlich sechsmal in der Woche«[43].

An allem haben Psychoanalytiker in der ganzen Welt festgehalten, nur die hohe Stundenfrequenz ist reduziert worden. In vielen Fällen sind von der Psychoanalyse abgeleitete Verfahren mit kürzerer Dauer und niedrigerer Frequenz indiziert, die besser »im Sitzen« stattfinden. Aber auch in den Fällen, in denen das inzwischen als »klassisch« bezeichnete Verfahren »im Liegen« indiziert erscheint, ist die Stundenfrequenz reduziert worden, teils, weil es unüblich geworden ist, sechs Tage in der Woche zu arbeiten, teils aus Kostengründen. Kostenträger neigen dazu, auf Kostenreduzierung zu drängen. Experten, die dazu raten, lassen sich finden. 1993 wurde in den Psychotherapie-Richtlinien, die für ca. 90 Prozent der Deutschen die psychotherapeutische Versorgung regeln, festgelegt, daß psychoanalytische Therapien höchstens drei Stunden pro Woche umfassen dürfen. Von dieser – allerdings gravierenden – Einschränkung abgesehen[44], gilt die von Freud geschaffene psychoanalytische Praxis in ihren Grundzügen bis heute. Der Rekurs auf die von ihm publizierten Krankengeschichten bleibt auch in dieser Hinsicht auf vergleichbarem Boden.

---

43 S. Freud, ›Zur Einleitung der Behandlung‹ (1913), in: *G.W.*, Bd. 8, S. 459.

44 Das letzte Wort ist darüber noch nicht gesprochen. Der Streit befindet sich noch in der Schwebe.

3

Wenden wir uns nun dem »Rattenmann« zu. Der Patient machte »den Eindruck eines klaren, scharfsinnigen Kopfes«[45], verfügte über intakte Ich-Funktionen, hatte es kurz vor Behandlungsbeginn zum Doktor jur. gebracht und konnte durchaus liebenswürdig sein. Aber in ihm lauerten »als leidenschaftlich und böse zu bezeichnende Regungen«[46], die sich der geringsten Anlässe bemächtigten und ihn so sehr quälten, daß er sich kaum dagegen zu wehren wußte und in Zustände geriet, von denen Freud schrieb: sie »verdienen den Namen von ›*Delirien*‹«[47]. Außerdem »huldigte« der Patient, der sonst »klug und aufgeklärt« war, »dem Aberglauben und der Askese«, und Freud wagte die Prognose, daß diese »bei weiterem Bestande der Krankheit die normale Person aufgezehrt«[48] hätten. Die Widersprüchlichkeiten waren so eindrucksvoll, daß Freud den Patienten »gleichsam in drei Persönlichkeiten zerfallen«[49] sah.

Er war neunundzwanzig Jahre alt, als er am 1. Oktober 1907 zum »Erstinterview«, wie wir das Vorgespräch heute nennen, erschien. Wartezeiten gab es keine, und der Entschluß zur Analyse war schnell gefaßt. Sie begann am nächsten Tag und dauerte ein knappes Jahr bis zum September 1908. Unmittelbarer Anlaß seines Kommens war eine Zwangsbefürchtung, die große Macht über ihn gewonnen hatte. Freuds Buch *Zur Psychopathologie des Alltagslebens*[50] regte ihn an, Freud aufzusuchen. Wie uns die Originalnotizen zum »Rattenmann«[51] unterrichten, die gegen die sonstige Gewohnheit Freuds, man weiß nicht weshalb, erhalten geblieben sind[52], hat Freud dies erst am Ende der dritten Analysestunde erfah-

---

45 Unten, S. 58.
46 Unten, S. 129.
47 Unten, S. 109.
48 Unten, S. 129.
49 Ibid.
50 (1901), in: *G.W.*, Bd. 4.
51 Unten, S. 59, Anm.
52 S. Freud, ›Originalnotizen zu einem Fall von Zwangsneurose‹ (1955 [1907–08]) (im folgenden abgekürzt: ›Originalnotizen‹), in: *G.W.*, Nachtr., 1987, S. 503–569.

ren, aber in der Publikation an das Ende des Erstinterviews gesetzt[53].

Die Dynamik der Übertragung im Erstinterview rechtfertigt diesen Kunstgriff. Der Patient berichtete zunächst von seinen Befürchtungen, »daß zwei Personen, die er sehr liebe, etwas geschehen werde«, und von seinen Zwangsimpulsen, »wie z. B. sich mit einem Rasiermesser den Hals abzuschneiden«[54], was als Übertragungsentwurf auf die einfache Formel gebracht werden kann: ich bin böse –, also die negative Übertragung ankündigt. Mit dem Kunstgriff, das Vertrauen zu Freud, das dem Interview vorausgegangen war, an dessen Ende zu setzen, gewinnen wir die entsprechend einfache Formel: ich bin auch lieb. Dieses Nebeneinander von negativer und positiver Übertragung durchzieht die gesamte Analyse. Der Patient litt an einem Ambivalenzkonflikt.

Eigenartig berührt es uns, wenn wir in den Originalnotizen lesen: »Nachdem ich ihm die Bedingungen genannt, meint er, er müsse mit seiner Mutter sprechen, kommt am nächsten Tag wieder und nimmt an.«[55] Elisabeth Zetzel[56] hat unter dem Eindruck dieser bemerkenswerten Auslassung nachgezählt und als Ergebnis mitgeteilt, daß in den Notizen auf die Mutter vierzigmal, in der Publikation aber nur sechsmal Bezug genommen worden ist. Eine auffallende Parallele zu dem hier aufgeworfenen Sachverhalt finden wir in der gleichzeitig mit dem »Rattenmann« erschienenen ›Analyse der Phobie eines fünfjährigen Knaben‹, der Geschichte vom »kleinen Hans«[57]. In der Entwicklung seiner Phobie hatte die Beziehung zur Mutter erheblichen Anteil, aber Freud hat das meiste auf den Vater hin konstruiert, damit die Beziehung zur Mutter entlastet und die

53 Unten, S. 58 mit Anm.

54 Unten, S. 58.

55 ›Originalnotizen, a. a. O., S. 509 [alle Zitate aus dieser Veröffentlichung werden im vorliegenden Band in der heute üblichen Orthographie und Interpunktion wiedergegeben].

56 E. R. Zetzel, ›Additional notes upon a case of obsessional neurosis: Freud 1909‹, *International Journal of Psycho-Analysis*, Bd. 47 (1966), S. 123–129; deutsch: ›Ein Zwangsneurotiker: Freuds Rattenmann‹, in: dies., *Die Fähigkeit zu emotionalem Wachstum*. Klett, Stuttgart 1974, S. 217–229.

57 S. Freud, ›Analyse der Phobie eines fünfjährigen Knaben‹ (1909), a. a. O.

Möglichkeit zur positiv ödipalen Auseinandersetzung mit dem Vater geschaffen.[58]

In die frühere Mutter-Kind-Beziehung war Freud nicht eingedrungen, die Vater-Sohn-Beziehung stand im Vordergrund seines Interesses. Wer darin eine nachteilige Einseitigkeit sehen möchte, möge sich zum einen die chancenreiche Möglichkeit der Arbeit am Verschiebungsersatz vergegenwärtigen und sich zum anderen an die anatomisch vorgezeichnete, erhebliche Seelenarbeit erfordernde Einseitigkeit, die das Geschlechterverhältnis setzt, und zwar an die wechselseitige, gemahnen lassen. Im späten Rückblick schrieb Freud: »Alles auf dem Gebiet dieser ersten Mutterbindung erschien mir so schwer analytisch zu erfassen, so altersgrau, schattenhaft, kaum wiederbelebbar, als ob es einer besonders unerbittlichen Verdrängung erlegen wäre. [...] Es scheint wirklich, daß weibliche Analytiker [...] diese Tatbestände leichter und deutlicher wahrnehmen konnten, weil ihnen bei ihren Gewährspersonen die Übertragung auf einen geeigneten Mutterersatz zu Hilfe kam.«[59] Es ist außerdem in diesem Zusammenhang kein Zufall, daß in der Weiterentwicklung der Psychoanalyse über Freud hinaus eine Frau, Melanie Klein, den größten Fortschritt erzielte, wobei ihr Hauptinteresse auf die frühe Beziehung zwischen Mutter und Kind gerichtet war. Im übrigen und die Kluft des Gegensatzes mildernd, der doch nur in der unmittelbar sexuellen Begegnung unüberbrückbar erscheint, darf an die bisexuelle Natur des Menschen erinnert werden, die jeden von uns auch mit Qualitäten des anderen Geschlechts ausgestattet hat.[60]

---

58 Vgl. Wolfgang Loch und Gemma Jappe, ›Die Konstruktion der Wirklichkeit und die Phantasien. Anmerkungen zu Freuds Krankengeschichte des »Kleinen Hans«‹, *Psyche*, Bd. 28 (1974), S. 1–31, und W. Loch, ›Erläuterungen zur psychoanalytischen Deutungskunst – Die Konstruktion der Wirklichkeit‹, *Zeitschrift für psychoanalytische Theorie und Praxis*, Bd. 8 (1993), S. 117. – Siehe auch Veronica Mächtlinger, ›Einleitung‹ zum Taschenbuch-Band 10448 *(Analyse der Phobie eines fünfjährigen Knaben)* der vorliegenden Buchreihe ›Sigmund Freud – Werke im Taschenbuch‹, Fischer Taschenbuch Verlag, Frankfurt am Main 1995, S. 30f.

59 S. Freud, ›Über die weibliche Sexualität‹ (1931), in: *G.W.*, Bd. 14, S. 519.

60 Vgl. Sándor Ferenczi, ›Über die Rolle der Homosexualität in der Pathogenese der Paranoia‹ (1913), in: ders., *Bausteine zur Psychoanalyse*, Bd. 1, Internationaler Psychoanalytischer Verlag, Leipzig 1927, S. 144, Anm.

Die erste Analysestunde eröffnete der Patient mit zwei Episoden, die die Einstellung seiner Übertragung als eine passiv feminine präzisierten. Es entwickelte sich eine Konstellation, die zuvor schon im »Kleinen Hans« dargestellt war, später im »Wolfsmann« vertieft und schließlich von Freud als »negativer Ödipuskomplex« bezeichnet wurde.[61] Die Konstellation wurde durch die erste Episode, die einen Freund betraf, schon nahegelegt. Die zweite Episode, die der Patient der ersten ausdrücklich analog setzte und »die erste große Erschütterung seines Lebens«[62] nannte, läßt in der Identifizierung mit einer seiner Schwestern keinen Zweifel offen. »Manchmal ist es im Leben günstiger, eine Frau zu sein«, kommentierte Wolfgang Loch.[63]

Nach dieser Eröffnung erzählt der Patient von Erinnerungen aus seiner Kinderzeit, als er vier bis sechs, höchstens sieben Jahre alt war. Diese Erinnerungen ließen den Schluß auf eine vollentwickelte infantile Neurose zu, die »bereits die Krankheit selbst«[64] war. Zeitlich wie dynamisch steht am Anfang ein Wunsch, »da nichts anderes als ein Wunsch unseren seelischen Apparat zur Arbeit anzutreiben vermag«[65]. Der Wunsch lautet: Frauen und Mädchen seiner Kinderwelt – also die Mutter, aber dieses Mal stammt die Auslassung vom Patienten – nackt zu sehen und zu betasten. Doch ist dieser Wunsch des kleinen Jungen bereits ein kompliziert zusammengesetztes Gebilde, das schon eine Geschichte hat, die Vorgeschichte, in der, so ließ sich vermuten, »traumatische Erlebnisse, Konflikte und Verdrängungen vorgefallen sind, die selbst der Amnesie verfielen«[66]. Denn ihm wurde schon unheimlich, wenn er an seinen Wunsch nur dachte. Das Gewissen regte sich. Da die Grenzen von innen und außen noch unsicher waren, kam er auf die Idee, seine

61 S. Freud, *Das Ich und das Es* (1923), in: *G.W.*, Bd. 13, S. 261. – Vgl. auch V. Mächtlinger, ›Einleitung‹ zum Fischer-Taschenbuch, Band 10448, a. a. O., S. 31–33.

62 Unten, S. 59.

63 Persönliche Mitteilung.

64 Unten, S. 61.

65 S. Freud, *Die Traumdeutung* (1900), a. a. O., S. 572.

66 Unten, S. 63.

Eltern wüßten, was er denkt. Mit einem von Freud erst später entwickelten Begriff können wir sagen, daß der »Rattenmann« von der Entstehung seines »Über-Ichs«[67] erzählte. Die Bilder, die er sich von seinen Eltern machte, waren schon Introjekte, also innere Objekte, die das Über-Ich bilden. Intrapsychisch bekamen sie einen direkten Zugang zu seinen Phantasien. Aber gleichzeitig waren sie noch außen, so daß ein Zwischenreich entstand. Das Über-Ich regte sich in der Befürchtung, daß der Vater sterben müsse, wenn »jener lüsterne Wunsch rege wird«, die Befürchtung war also »innig an den Wunsch geknüpft«[68]. In der Befürchtung lag auch ein Wunsch, warum sollte er sonst den Tod des Vaters befürchten? Der eine Wunsch war mit dem anderen verknüpft. Die Wünsche nahmen Zwangscharakter an. Daraus entstand der weitere Zwang, daß er etwas tun müsse, um den Tod des Vaters zu verhindern.

Die beiden großen Themen der ersten Behandlungsstunde sind im Hier und Jetzt die negativ-ödipale Übertragung und im Dort und Damals die Zwangsbefürchtung, deren Reaktualisierung im Rattendelir Thema der nächsten beiden Behandlungsstunden wurde. Bevor wir uns diesen Stunden zuwenden, kann es nützlich sein, aus der Krankengeschichte und den Originalnotizen der Behandlung zusammenzutragen, was sich aus der Vorgeschichte der infantilen Neurose erfahren läßt.

Der Vater stammte aus einer jüdischen Familie in einfachen Verhältnissen. Er hatte ein »hübsches armes Mädchen aus bescheidener Familie«[69] geliebt, heiratete aber dann eine um neunzehn Jahre jüngere Cousine, die, aus ähnlichen Verhältnissen stammend, von reichen entfernten Verwandten adoptiert worden war. Mit der Heirat trat der Vater in deren Konzern ein. Die Mutter erinnerte ihn manchmal daran, wem er den Wohlstand zu verdanken habe, doch soll die Ehe glücklich gewesen sein. Oberhaupt einer jüdischen Familie zu sein bedeutete ihm wenig. Er »hatte sich nie wollen taufen lassen, aber sehr bedauert, daß seine Ahnen ihm nicht dies unangenehme Ge-

67 S. Freud, *Das Ich und das Es* (1923), a. a. O., S. 256–267.

68 Unten, S. 63, 62.

69 Unten, S. 90.

schäft abgenommen«[70] haben. Er war impulsiv, aber großzügig. Manchmal ärgerte er die Mutter mit vulgären Aussprüchen. Er war wenig gebildet, doch sein Humor schuf eine offene Familienatmosphäre.

Der »Rattenmann« wurde am 22. Januar 1878 geboren. Er hatte drei ältere Schwestern, sieben, fünf und vier Jahre älter als er. Besondere Bedeutung gewann die fünf Jahre ältere Schwester Katherine[71]. Eineinhalb Jahre nach ihm folgte der einzige jüngere Bruder Hans. Knapp drei Jahre später wurde Julie geboren, die einzige Schwester, die er ganz akzeptierte.[72] In der Liebe zu ihr lag auch Liebe zur Mutter. Wenn nicht alles Projektion ist, war die Liebe gegenseitig. Als die Geschwister längst erwachsen waren, sagten die Dienstmädchen, »sie liebe und küsse ihn wie [einen] Geliebten, nicht wie [einen] Bruder. Er selbst sagte gestern [zum] Schwager, nachdem er [eine] Weile mit [der] Schwester in anderem Zimmer gewesen war: Du, wenn jetzt Julie in neun Monaten [ein] Kind bekommt, mußt Du nicht glauben, es ist von mir; ich bin unschuldig.«[73]

Kurz nach Julies Geburt erkrankte Katherine, vielleicht an einem Karzinom[74], an dem sie achtjährig, als der »Rattenmann« dreieinhalb Jahre alt war, starb. Wie später Julie, so dürfte zunächst Katherine eine wesentliche Bedeutung für den kleinen Jungen gehabt haben. Als Freud eines Tages vermutete, daß sich seine sexuelle Neugierde an den Schwestern entzündet haben könnte, dachte der »Rattenmann« an Katherine.[75]

Wir bewegen uns hier auf schwankendem Boden. Was ist Erinnerung? Was ist nachträgliche Zutat? Die frühesten Erinnerungen, die »wirklich seine«[76] sein sollen, aber von Freud nicht in die Publikation übernommen wurden, berichten von der Zeit, als die Schwester

---

70 S. Freud, ›Originalnotizen‹, a. a. O., S. 557.

71 Ich halte mich an die Pseudonyme, die von James Strachey für die englische Übersetzung der ›Originalnotizen‹ gewählt und in den Nachtragsband der *Gesammelten Werke* übernommen wurden.

72 A. a. O., S. 547.

73 A. a. O., S. 566.

74 A. a. O., S. 556.

75 A. a. O., S. 539.

76 A. a. O., S. 530.

von der Krankheit schon gezeichnet war. Es sind Erinnerungen, daß Katherine »getragen wird«, daß der Vater »in seinem Lehnstuhl weinend sitzt«, daß der »Vater sich über [die] weinende Mutter beugt«, daß er den Vater fragt: »Wo ist die Katherine?«[77]

Zuvor zusammengetragenes Assoziationsmaterial hatte Freud zu der Überzeugung gebracht, daß das Erleben von Krankheit und Tod der Schwester in einen Zusammenhang mit der Onanie des kleinen Jungen geraten sein müsse. »Der Tod«, notierte er, »ist ihm nahegebracht worden, *er hat wirklich geglaubt, daß man stirbt, wenn man onaniert.*«[78] Im publizierten Text lesen wir zusammenfassend: ihr Tod »spielte in seinen Phantasien eine große Rolle und war in die innigste Beziehung zu den kindlichen Missetaten jener Jahre gebracht worden«[79].

Als verbürgt darf eine Szene gelten, die wiederholt von der Mutter[80] wie vom Vater[81] erzählt wurde. Freud sah in ihr die nach der ersten Analysestunde gehegte Vermutung eines frühen traumatischen Erlebnisses bestätigt. Der kleine Junge wurde vom Vater geprügelt und geriet »in eine schreckliche Wut«. Der Vater soll »erschüttert über diesen elementaren Ausbruch« gewesen sein. Der Sohn bekam »Angst vor der Größe seiner Wut«[82].

Der Patient erinnert sich nicht an diese traumatische Szene, sondern wiederholte sie in der Übertragung. Aus Angst, von Freud geprügelt zu werden, »benahm er sich wie einer, der sich in verzweifelter Angst vor maßlosen Züchtigungen schützen will«[83]. Eine Nachfrage bei der Mutter ergab, »daß er die Strafe verdient, weil er jemanden *gebissen* hatte«[84]. Das ist natürlich im Zusammenhang mit den späteren Phantasien über Rattenbisse eine interessante Aussage, aber Freud fand »die deutlichsten Hinweise auf eine episch zu nennende Dichtung, in welcher sexuelle Gelüste gegen Mutter und

77 A. a. O., S. 529, 556.
78 A. a. O., S. 530.
79 Unten, S. 119.
80 Unten, S. 95.
81 Unten, S. 98.
82 Unten, S. 95 f.
83 Unten, S. 98.
84 Unten, S. 96.

Schwester und der frühzeitige Tod dieser Schwester mit jener Züchtigung des kleinen Helden durch den Vater zusammengebracht wurden«[85].

Um die Not des dreijährigen Kindes ganz zu begreifen, ist noch einmal daran zu erinnern, daß in diesem Alter die Ich-Funktion der Wahrnehmung noch nicht weit genug entwickelt ist, um Innen und Außen mit genügender Sicherheit zu unterscheiden. Die Folge ist, daß in der eigenen Wahrnehmung Gedanken, Phantasien, Wünsche und damit verknüpfte Gefühle so mächtig sein können wie äußere Ereignisse. In der ersten Analysestunde hatte der »Rattenmann« davon berichtet und später auch eine treffende Bezeichnung geliefert, die Freud in seine Terminologie übernahm: die »Allmacht der Gedanken«[86], die den Patienten zwang, »die Wirkung seiner feindseligen Gefühle in der Außenwelt zu überschätzen«[87].

Es war ein bedeutender klinischer Fund, den Freud dem »Rattenmann« verdankte. Als er sich später erneut damit beschäftigte, stellte er fest, daß »der Fortbestand der Allmacht der Gedanken« uns bei der Zwangsneurose zwar am deutlichsten entgegentritt, aber die analytische Untersuchung das nämliche auch bei den anderen Neurosen aufdeckt: »Bei ihnen allen ist nicht die Realität des Erlebens, sondern die des Denkens für die Symptombildung maßgebend.«[88] Von dort war es nur noch ein Schritt, um die allgemeine Bedeutung des Phänomens zu verstehen. Es begegnet uns in den Gefühlen der Unheimlichkeit, auch davon hatte der »Rattenmann« in der ersten Analysestunde gesprochen, im Aberglauben und ganz allgemein in der animistischen Weltauffassung, der Freud in *Totem*

---

85 Unten, S. 97, Anm.

86 Unten, S. 118; vgl. S. Freud, *Totem und Tabu* (1912–13), in: *G.W.*, Bd. 9, S. 106. – Zum Begriff der »Allmacht« als »verzweifelten und recht fragwürdigen Versuch[s] [...], ein Gefühl der Hilflosigkeit und Ohnmacht zu überwinden«, siehe M. Balint, ›Über Liebe und Haß‹ (1951), in: ders., *Die Urformen der Liebe und die Technik der Psychoanalyse*, Klett, Stuttgart 1966, S. 156 f. – Heute wird meist der aus dem Englischen zu uns zurückgekommene Begriff der »Omnipotenz« benutzt. Das meint dem Inhalt nach dasselbe, raubt aber den affektiven Gehalt und verdunkelt die Herkunft.

87 Unten, S. 119.

88 S. Freud, *Totem und Tabu*, a. a. O., S. 106 f.

und Tabu das III. Kapitel ›Animismus, Magie und Allmacht der Gedanken‹[89] gewidmet hat. Auf beidem fußend, vertrat er in seiner späteren Arbeit über ›Das Unheimliche‹ die Ansicht, »daß wir alle in unserer individuellen Entwicklung eine diesem Animismus der Primitiven entsprechende Phase durchgemacht haben, daß sie bei keinem von uns abgelaufen ist, ohne noch äußerungsfähige Reste und Spuren zu hinterlassen, und daß alles, was uns heute als ›unheimlich‹ erscheint, die Bedingung erfüllt, daß es an diese Reste animistischer Seelentätigkeit rührt und sie zur Äußerung anregt«[90]. Das Konzept von der Allmacht der Gedanken ist später von Melanie Klein und ihrer Schule bei der Erforschung frühester Entwicklungsstufen weiterentwickelt worden und hat sich auch dort als außerordentlich ergiebig erwiesen.

Wie die weitere Geschichte des »Rattenmanns« zeigt, übte die infantile Neurose und ihre weitgehend der Verdrängung anheimgefallene, in ihrer ganzen Tiefe unausgelotete Vorgeschichte nachhaltigen Einfluß aus, den ich mitsamt allgemeinen Lebensdaten wie folgt zusammenfasse:
Mit sieben Jahren schoß er mit seinem Kindergewehr auf den jüngeren Bruder Hans, der ihm als das verschobene Objekt seiner Eifersucht und mörderischen Feindseligkeit gegen den Vater diente.[91] – Als er acht Jahre alt war, wurde seine jüngste Schwester geboren, von der in der Krankengeschichte keine unmittelbare Spur zu finden ist, aber mit zwölf Jahren wünschte er sich von einem anderen kleinen Mädchen, daß es zärtlicher zu ihm sein möge, als es war, und schuf die »Denkverbindung«, der Wunsch gehe in Erfüllung, wenn ihn ein Unglück träfe, »als solches drängte sich ihm der Tod des Vaters auf«[92]. – Mit vierzehn oder fünfzehn Jahren ereignete sich die am Anfang der ersten Behandlungsstunde erzählte Episode mit dem Studenten, der ihn fallenließ und seine Schwester vorzog.[93] – Mit neunzehn Jahren begann er das Jurastudium.

---

89 A. a. O., S. 93–121.

90 S. Freud, ›Das Unheimliche‹ (1919), in: *G.W.*, Bd. 12, S. 253f.

91 Unten, S. 78f.

92 Unten, S. 74.

93 Unten, S. 59.

Mit zwanzig Jahren kam eine Näherin ins Haus. Sie war sehr liebebedürftig, aber er wies sie ab. Bald darauf nahm sie sich das Leben. Er machte sich Vorwürfe und entwickelte Allmachtsphantasien.[94] – Im selben Jahr verliebte er sich in Gisela, eine etwas jüngere Cousine, jene im Erstinterview erwähnte »Dame, die er verehre«[95]. Sie war arm und kränklich, abweisend und spröde. Der Vater fand die Verbindung unpassend. Er hielt aber zu ihr. Andererseits konnte er sich nicht zur Heirat entschließen. Ein Jahr nach Beginn der Bekanntschaft wurden Gisela beide Ovarien entfernt. Freud sah in der Aussicht auf Kinderlosigkeit den Hauptgrund seines Schwankens. Als Gisela wieder einmal krank war und auf dem Sofa lag, kam dem Patienten plötzlich die Idee: *»So soll sie immer liegen bleiben.«*[96] Die Wahrscheinlichkeit ist nicht gering, daß er Gisela mit Katherine identifizierte[97], so liegen bleiben hieße: nicht sterben.

Als der »Rattenmann« einundzwanzig Jahre alt war, starb der Vater. Er verleugnete zunächst den Tod. Wenige Monate später bestand er das erste von drei Staatsexamina, und unmittelbar danach begann der Militärdienst. Nach einem Jahr wurde er zum Oberjäger befördert und kehrte als Reservist an die Universität zurück. In das nächste Jahr fielen zwei Ereignisse, die Freud beide als Krankheitsveranlassungen bezeichnete. – Eineinhalb Jahre nach dem Tod des Vaters starb eine angeheiratete Tante. Jetzt begann ihn der Tod des Vaters »entsetzlich zu quälen«[98]. – Die andere Krankheitsveranlassung lag in dem Plan der Mutter, ihn ähnlich zu verheiraten, wie der Vater verheiratet worden war. »Das Schwanken zwischen der Geliebten und der anderen läßt sich auf den Konflikt zwischen dem Einfluß des Vaters und der Liebe zur Dame reduzieren, also auf eine Konfliktwahl zwischen Vater und Sexualobjekt [...].«[99] Er löst diesen Konflikt »durch Erkrankung, richtiger gesagt: er entzog sich durch

94 Unten, S. 118. Vgl. auch die ›Originalnotizen‹, a. a. O., S. 556.

95 Unten, S. 58.

96 S. Freud, ›Originalnotizen‹, a. a. O., S. 540.

97 Vgl. E. R. Zetzel, ›Additional notes upon a case of obsessional neurosis: Freud 1909‹, a. a. O., S. 225 f.

98 Unten, S. 71.

99 Unten, S. 120 f.

die Erkrankung der Aufgabe, ihn in der Realität zu lösen«[100]. Darauf spielte die Bemerkung im Erstinterview an, »er habe durch den Kampf gegen seine Ideen Jahre verloren«[101].
Mit vierundzwanzig Jahren bereitete er sich auf das dritte und letzte Staatsexamen vor und entwickelte ein merkwürdiges sexuelles Ritual zwischen zwölf und ein Uhr nachts, »als ob er den Besuch des Vaters um die Geisterstunde erwartete«[102]. Die Zwangsideen waren nun bis ins Jenseits ausgedehnt.[103] – Gisela schuf sich die Begleitung eines »englischen Vetters«. Er geriet in angstvolle Eifersucht und entwickelte Selbstmordabsichten.[104] Doch bald bestand er das dritte Staatsexamen und schloß damit das Jura-Studium ab.
Mit fünfundzwanzig Jahren bestand er das erste Rigorosum zum Doktor jur. Gisela und der Vetter besuchten ihn. Die Steinepisode.[105] Die Zwangsvorstellungen verstärkten sich. Seit dieser Zeit, hat er im Erstinterview gesagt, leide er daran »besonders stark«[106]. Bald danach fiel er durch das zweite Rigorosum. – Mit sechsundzwanzig Jahren wurde er zum Leutnant d. R. befördert. – Er erlebte zum ersten Mal, nicht mit Gisela, einen Koitus und dachte: »Das ist doch großartig; dafür könnte man seinen Vater ermorden!«[107] In diesem Zusammenhang fiel ihm die Erzählung ein, wie der Vater ihn geprügelt und wie er die maßlose Wut auf den Vater bekommen hatte.[108] – Mit siebenundzwanzig Jahren bestand er das zweite Rigorosum. – 1907, als er neunundzwanzig Jahre alt war, bestand er im Juli sein drittes, abschließendes Rigorosum, mußte vom 11. August bis zum 7. September an Wehrübungen teilnehmen, geriet in den »deliranten« Zustand der großen Zwangsbefürchtung der Rattenstrafe, wußte sich seiner Zwänge kaum noch zu erwehren und ging

100 Unten, S. 90.
101 Unten, S. 58.
102 Unten, S. 94.
103 Unten, S. 112.
104 Unten, S. 82.
105 Unten, S. 84.
106 Unten, S. 58.
107 Unten, S. 92.
108 S. Freud, ›Originalnotizen‹, a. a. O., S. 530.

zu Freud. Damit haben wir den Anschluß an die Behandlung wiedergefunden.

In der zweiten Behandlungsstunde berichtete der Patient von der Rattenstrafe[109] und von der Vorstellung, daß diese dem Vater oder der Dame, die er verehre, geschehe. Während dieses Berichtes zeigte er »einen sehr sonderbar zusammengesetzten Gesichtsausdruck«, den Freud »als *Grausen vor seiner ihm selbst unbekannten Lust*« deutete.[110] Der Wunsch und die Angst, die vor der vermeintlichen Gefahr des Wunsches bestand, lagen nah beieinander. Der mit der Allmacht des Gedankens ausgestattete und erheblich triebbesetzte Drang äußerte sich dem Inhalt nach in der »heillos verworrenen«[111] deliranten Geschichte von den Gegenmaßnahmen, die er ergreifen mußte, um zu vermeiden, daß seine Phantasie sich erfüllt. Der Übertragung nach war die Geschichte nicht minder verworren. Er verwechselte Freud mit dem Hauptmann, der von der Foltermethode der Rattenstrafe mit Lust erzählt hatte.[112] Die dritte Behandlungsstunde diente der weiteren Besprechung der Abwehrmaßnahmen gegen die Zwangsbefürchtung und führte zu dem interessanten Ergebnis, daß der Entschluß, Freud aufzusuchen, in diese Maßnahmen eingebaut war.[113]

Somit waren in einem vorläufigen Entwurf die infantile Neurose und der unmittelbare Anlaß, der zur Behandlung geführt hatte, abgehandelt. Freud betonte als »die richtige psychoanalytische Technik«, dem Patienten »die freie Verfügung über die Reihenfolge der Themata« zu überlassen, und »empfing also den Patienten in der vierten Sitzung mit der Frage: Wie werden Sie nun fortfahren?«[114] Die Antwort lautete: über den Vater.

Diese Antwort fiel auf fruchtbaren Boden. Während Freud den »Rattenmann« behandelte, bereitete er die zweite Auflage der *Traumdeutung* vor und schrieb dazu im Vorwort: »Dieses Buch

109 Unten, S. 64f.

110 Unten, S. 65.

111 Unten, S. 67.

112 Ibid.

113 Unten, S. 67–70.

114 Unten, S. 70.

[...] erwies sich mir als ein Stück meiner Selbstanalyse, als meine Reaktion auf den Tod meines Vaters, also auf das bedeutsamste Ereignis, den einschneidendsten Verlust im Leben eines Mannes.«[115] Der Patient traf auf Freuds besondere Aufmerksamkeit. Wieder lohnt es sich, einen Blick auf die Übertragungsverhältnisse zu werfen. Die Bemerkung des Patienten, »daß er sich, wenn er einen guten Witz gehört hatte, sagte: Das muß ich dem Vater erzählen«[116], ist nicht nur als ein Hinweis auf das Vater-Sohn-Verhältnis zu lesen, von dem der Patient auch sagte, »sie hätten miteinander verkehrt wie die besten Freunde, bis auf einen einzigen Punkt«[117], sondern ebensowohl als ein Hinweis auf das positive Übertragungsverhältnis. Andererseits ging es um diesen »einzigen Punkt«, den tödlichen Haß auf den Vater, die schuldbeladene Verleugnung seines Todes und die ebenso schuldbeladenen Vorwürfe, ein Verbrecher zu sein. Freud sagte ihm: »[...] das Schuldbewußtsein ist nicht weiter zu kritisieren, aber es gehört zu einem andern Inhalte, der [...] erst gesucht werden muß.«[118]

Lauernde Affekte machten daraus einen Vorwurf. So gestattete sich der Patient in der fünften Behandlungsstunde, »einige Zweifel vorzubringen«[119], und eröffnete damit einen Dialog, der bis in die siebte Behandlungsstunde reichte. Im Mittelpunkt der Erörterung stand die Beziehung zwischen latentem Wunsch und manifester Angst. Der Patient sagte, »der Tod des Vaters könne nie Gegenstand seines Wunsches gewesen sein, immer nur einer Befürchtung«, Freud antwortete, die »Theorie behaupte, daß solche Angst einem ehemaligen, nun verdrängten *Wunsch* entspreche«[120]. Dieser Wunsch »müßte in Zeiten entstanden sein, in denen die Verhältnisse ganz anders lagen«[121]. Bei allem Zweifel stimmte der Patient doch zu und antwortete, »daß sich die Krankheit seit dem Tode des Vaters so enorm gesteigert hat«. Freud gab ihm recht und erkannte »die

115 *Die Traumdeutung*, a. a. O., S. X.
116 Unten, S. 71.
117 Unten, S. 92.
118 Unten, S. 72.
119 Ibid.
120 Unten, S. 75.
121 Unten, S. 77.

Trauer um den Vater als Hauptquelle der Krankheitsintensität« an.[122] Damit endete die chronologische und fast wörtlich in die Publikation übernommene Wiedergabe der Protokollnotizen vom Beginn der Behandlung.

Wollte man die Geschichte des »Rattenmanns« auf eine einfache Formel bringen, so ließe sich sagen, es ist die Geschichte des Ambivalenzkonfliktes. Dieser Konflikt ist fundamental. Es ist der Konflikt zwischen Liebe und Haß, gerichtet auf ein und dasselbe Objekt. Es ist die »Hemmung der Liebe durch den Haß«. Daraus folgt der Zweifel. Der Zweifel »ist eigentlich ein Zweifel an der Liebe, die ja das subjektiv Sicherste sein sollte«[123]. An dieser Stelle verwies Freud auf Hamlet und zitierte »Hamlets Liebesverse an Ophelia«[124]. Er sah die Tragödiengestalt und seinen Patienten, wie er es schon ein halbes Jahr zuvor in ›Zwangshandlungen und Religionsübungen‹ beschrieben hatte, »unter der Herrschaft eines [...] unbewußten Schuldbewußtseins [...], wie man es ausdrücken muß mit Hinwegsetzung über das Sträuben der hier zusammentreffenden Worte«[125]. Später gab er diesem Sträuben nach, aber es bedurfte dann noch einmal eines Einspruchs Sándor Ferenczis, bis er den Begriff in »unbewußtes Schuldgefühl«[126] korrigierte.[127]
Welche Deutungsmöglichkeiten Freud dem Konstrukt des unbewußten Schuldgefühls zutraute und wie die psychoanalytische Praxis auf diesem Weg auch den Zugang zur Kulturtheorie eröffnete, können wir im 1929 niedergeschriebenen *Unbehagen in der Kultur* nachlesen. »Es ist«, schrieb er dort (und wir müssen im Auge behalten: unter dem Aspekt infantiler, der Verdrängung anheimgefallener Eindrücke und Phantasien) »wirklich nicht entscheidend, ob man den Vater getötet oder sich der Tat enthalten hat, man muß sich in beiden Fällen schuldig finden, denn das Schuldgefühl ist der Aus-

122 Unten, S. 79f.
123 Unten, S. 124.
124 Unten, S. 124, Anm. 2.
125 S. Freud, ›Zwangshandlungen und Religionsübungen‹ (1907), in: *G.W.*, Bd. 7, S. 135.
126 Siehe insbes. S. Freud, *Das Ich und das Es* (1923), a. a. O., S. 279f.
127 Siehe I. Grubrich-Simitis, *Zurück zu Freuds Texten*, a. a. O., S. 187.

druck des Ambivalenzkonflikts, des ewigen Kampfes zwischen dem Eros und dem Destruktions- oder Todestrieb.«[128] Er nannte es seine »Absicht, das Schuldgefühl als das wichtigste Problem der Kulturentwicklung hinzustellen und darzutun, daß der Preis für den Kulturfortschritt in der Glückseinbuße durch die Erhöhung des Schuldgefühls bezahlt wird«[129]. Mit deutlicher Anspielung auf drohend heraufziehendes Unheil äußerte er sich zu den Gefahren der Destruktivität, die sich in unserer Kultur gewaltsam entladen könnte, falls es nicht Eros gelinge, »sich im Kampf« mit der destruktiven Aggressivität zu behaupten[130]. Sieg der Liebe über den Haß bedeutet die Überwindung des Ambivalenzkonfliktes. »Aber«, fügte er dem Schlußsatz 1931 hinzu, »wer kann den Erfolg und Ausgang voraussehen?«[131]

Der Konstruktion des Ambivalenzkonfliktes liegt ein Triebdualismus zugrunde, der im *Unbehagen in der Kultur* wie selbstverständlich erscheint. Die Ausführungen im »Rattenmann« zeigen, daß dieser Triebdualismus dem Denken Freuds schon inhärent war, als er die Krankengeschichte schrieb, expliziert wurde er aber erst 1920 in *Jenseits des Lustprinzips*[132]. Damit bekamen dann die Vorstellungen vom Ambivalenzkonflikt den Unterbau, der noch gefehlt hatte, als Freud in *Totem und Tabu* bekannte: »Wir wissen nichts über die Herkunft dieser Ambivalenz.«[133]

Von der Seite der Objektbeziehungen her betrachtet, war auch eine Weiterführung zu erwarten. An wem sollte sich die Ambivalenz ursprünglich entwickeln? Als Freud sich mit der Entstehung des Über-Ichs beschäftigte und darin eine frühe Identifizierung mit dem Vater vermutete, fügte er in einer Fußnote an: »Vielleicht wäre es vorsichtiger zu sagen, mit den Eltern [...].«[134] Beim »Rattenmann« war die Ambivalenz ganz auf den Vater bezogen und erst von dort

---

128 S. Freud, *Das Unbehagen in der Kultur* (1930 [1929]), in: *G.W.*, Bd. 14, S. 492.
129 A. a. O., S. 493 f.
130 A. a. O., S. 506.
131 Ibid.
132 In: *G.W.*, Bd. 13, S. 1–69.
133 S. Freud, *Totem und Tabu*, a. a. O., S. 189.
134 S. Freud, *Das Ich und das Es*, a. a. O., S. 259, Anm.

auf andere Objektbeziehungen ausgedehnt gesehen. In der gleichen Weise hatte Freud Hamlets Objektbeziehungen konstruiert. Doch gewinnt der Vater diese Bedeutung erst in der Trennung des Kindes von der Ausschließlichkeit der frühen Beziehung zur Mutter, die der Beziehung zum Vater vorausgeht. Unter solchem Blickwinkel fällt auch auf die Tragödie von Hamlet ein anderes Licht, das die Mutter ebenfalls in den Mittelpunkt rückt. Ronald Fairbairn kam in diesem Zusammenhang zu dem Schluß: »Der wirkliche Schurke des Stückes ist die Königin.«[135]

Die weitere Erforschung der Ambivalenz verdanken wir Melanie Klein, die ein neues Konstrukt in die Psychoanalyse einführte, welches sie die »depressive Position«[136] nannte. Bei der Einführung dieses Begriffs bezog sie sich auf Freuds Ausführungen zum »Zweifel an der Liebe«[137] und sah den Zweifel als Ausdruck einer depressiven Angst, die das Kind in einem sehr frühen Stadium der Entwicklung überfällt, wenn es zum ersten Mal seine libidinösen wie seine destruktiven Regungen, Liebe und Haß, auf dasselbe Objekt, auf die Mutter gerichtet findet. In der »Allmacht der Gedanken« erlebt das Kind die »böse« Mutter als von ihm »böse« gemacht, daher ist die Angst, die es empfindet, eine depressive. In der Ambivalenz der Gefühlsregungen erscheint die früheste Form des Schuldgefühls, die Mutter zerstört zu haben. Es kommt aber alles darauf an, sich die Mutter als »gut« zu bewahren; das ist gleichbedeutend mit Überleben.[138] So ist es unerläßlich, daß im Ambivalenzkonflikt das im Haß erscheinende Böse wiedergutgemacht wird, das in der Liebe erscheinende Gute siegt. Was aber, wenn die Konfliktspannung zu groß

---

135 W. R. D. Fairbairn, ›Endopsychic structure considered in terms of object-relationships‹ (1944), in: ders., *Psychoanalytic studies of the personality.* Routledge & Kegan Paul, London, Henley and Boston 1952, S. 124.

136 M. Klein, ›A contribution to the psychogenesis of manic-depressive states‹ (1935) in: dies., *Love, guilt and reparation and other works.* Hogarth, London 1975, S. 271. (Deutsch: ›Zur Psychogenese der manisch-depressiven Zustände‹, in: dies., *Das Seelenleben des Kleinkindes* und andere Beiträge zur Psychoanalyse. Klett, Stuttgart 1962.)

137 Unten, S. 124.

138 M. Klein, ›A contribution to the psychogenesis of manic-depressive states‹, a. a. O., S. 264.

wird, das Kind die Ambivalenz nicht aushalten kann? Dann setzt eine Abwehr ein, die nach einer allerdings umstrittenen Ansicht von Melanie Klein der depressiven Position ursprünglich noch vorausgegangen sei. Dann wird das »Böse« abgespalten und auf dem Wege der projektiven Identifizierung auf ein anderes Objekt verschoben. Damit entsteht die »paranoid-schizoide Position«[139]. Melanie Klein sprach ausdrücklich von »Positionen«; denn es handelt sich dabei nicht nur um sehr frühe Entwicklungsstufen, sondern um Einstellungen, die unbewußt wirksam bleiben und die weitere Entwicklung beeinflussen.

Es liegt auf der Hand, daß die ödipale Konfliktsituation um so leichter bewältigt wird, je eindeutiger im Ambivalenzkonflikt die Liebe siegt. Wenn wir die Schwere der Erkrankung bedenken, in der der »Rattenmann« sich befand, wie Schuldgefühl und Zweifel als Ausdruck des Ambivalenzkonflikts ihn niedergedrückt haben, so ist die Annahme berechtigt, daß er mit depressiven Ängsten schon früh beladen war.

Nach Freuds Einschätzung hatte die Analyse »therapeutischen Erfolg«[140]. Der »Rattenmann« arbeitete danach in der angesehenen Kanzlei eines Anwalts, der als Autorität des internationalen Privatrechts galt. 1913 wurde er zum Rechtsanwalt ernannt. An Gisela hielt er fest. Man darf annehmen, daß die ursprünglich sehr neurotische Objektwahl durch eine reifere Beziehung ersetzt worden ist, anders wäre es nicht zu erklären, daß er sich mit ihr ein Jahr nach Abschluß der Analyse verlobte und sie nach einem weiteren Jahr heiratete. Im August 1914 wurde er eingezogen. Am 21. November geriet er in russische Kriegsgefangenschaft und starb vier Tage später, am 25. November 1914. Er galt als vermißt. Die Mutter erhielt die Todesnachricht im September 1919. Sie starb zwei Monate später auf den Tag genau am 25. November 1919.[141] Was Freud später im

139 M. Klein, ›Notes on some schizoid mechanisms‹ (1946), in: dies., *Envy and gratitude and other works.* Hogarth, London 1984, S. 2, Anm. – mit Bezug auf die »schizoide Position« Fairbairns, z. B. in ders., ›Endopsychic structure considered in terms of object-relationships‹, a. a. O., S. 90–92.

140 Unten, S. 97, Anm.

141 P. J. Mahony, *Freud and the Rat Man.* Yale University Press, New Haven und London 1986, S. 17, 27.

»Wolfsmann« als Behandlungsziel formulierte, mag auch für diesen Fall gelten: »Natürlich kann die psychoanalytische Kur bei solchen Störungen nicht einen momentanen Umschwung und eine Gleichstellung mit einer normalen Entwicklung herbeiführen, sondern nur die Hindernisse beseitigen und die Wege gangbar machen, damit die Einflüsse des Lebens die Entwicklung nach den besseren Richtungen durchsetzen können.«[142]

4

Als Freud im Herbst 1914 ›Aus der Geschichte einer infantilen Neurose‹ schrieb, stand er »unter dem damals frischen Eindruck der Umdeutungen, welche C. G. Jung und Alf. Adler an den psychoanalytischen Ergebnissen vornehmen wollten«[143], was bekanntlich zu »Abfallsbewegungen«[144] und zur Gründung der Individualpsychologie (Adler) und der analytischen Psychologie (Jung) führte. Die Auseinandersetzung mit den abweichenden Anschauungen dieser beiden Kollegen, die über Jahre zum engsten Kreis der Psychoanalyse gehört hatten, ragt an mehreren Stellen in die Erörterung der Geschichte des »Wolfsmanns« hinein. Es ging um die Frage der Ätiologie der Neurosen – »die heikelste der ganzen analytischen Lehre«[145] – und damit um die Einschätzung der Libido-Theorie, der infantilen Sexualität und des Ödipuskomplexes.

Die Krankengeschichte »knüpft [...] an den [...] Aufsatz ›Zur Geschichte der psychoanalytischen Bewegung‹ [...] an und ergänzt die dort enthaltene, im wesentlichen persönliche Polemik durch objektive Würdigung des analytischen Materials«[146]. Wie aber eins ins andere greift, machen wir uns am besten an den zeitlichen Verschränkungen klar. Die Behandlung des »Wolfsmanns« begann im Februar 1910. 1911 trennte sich Adler und 1913 trennte sich Jung von

142 Unten, S. 241.

143 Unten, S. 133, Anm.

144 S. Freud, ›Zur Geschichte der psychoanalytischen Bewegung‹ (1914), in: *G.W.*, Bd. 10, S. 91.

145 Unten, S. 226, Anm.

146 Unten, S. 133, Anm.

der Psychoanalyse. Die Reinschrift des Aufsatzes ›Zur Geschichte der psychoanalytischen Bewegung‹ trägt das Datum Februar 1914.[147] Im Juli 1914 endete die Analyse des »Wolfsmanns«. Das Material, das die Analyse bot, beanspruchte als Beweismittel im kollegialen Streit »ein besonders hohes theoretisches Interesse«[148]. Freud pflegte im allgemeinen für eine rasche Publikation seiner Texte zu sorgen. Die Krankengeschichte vom »Wolfsmann« sollte bald veröffentlicht werden, erschien aber erst 1918. Freud begründete die Verzögerung »durch die Hemmungen des großen Krieges«[149]. Ernest Jones schloß sich dieser Begründung an[150], und auch Peter Gay schrieb: »[...] die Krankengeschichte wurde ein Opfer des Ersten Weltkriegs, der psychoanalytische Publikationen praktisch zum Verstummen verurteilte.«[151] Aber in den Jahren 1915 bis 1917 erschienen mehrere kürzere Arbeiten von Freud, deren Gesamtseitenlänge die der Krankengeschichte überstieg, außerdem erschienen 1915 die *Drei Abhandlungen zur Sexualtheorie* in dritter Auflage mit »reichlichen Einschaltungen«[152] und 1916 und 1917 die umfangreichen *Vorlesungen zur Einführung in die Psychoanalyse*[153]. Die Vermutung des Mangels an Publikationsmöglichkeiten ist daher nicht haltbar. Hingegen haben wir Grund zu einer gegenteiligen Annahme. Freud fürchtete um den Fortbestand der psychoanalytischen Fachjournale. Seine Mitarbeiter hatten in den »großen Krieg« ziehen müssen, es mangelte an neuen Manuskripten.[154] Das im November 1914 abgeschlossene Manuskript vom »Wolfs-

---

147 Siehe I. Grubrich-Simitis, *Zurück zu Freuds Texten*, a. a. O., S. 194.

148 Unten, S. 135.

149 Unten, S. 133, Anm.

150 E. Jones, *Das Leben und Werk von Sigmund Freud*. Huber, Bern–Stuttgart–Wien. Bd. 2, 1962, S. 331. (Engl. Original 1955.)

151 P. Gay, *Freud. Eine Biographie für unsere Zeit*. S. Fischer, Frankfurt am Main 1989, S. 324. (Engl. Original 1988.)

152 ›Vorwort zur dritten Auflage‹, in: *G.W.*, Bd. 5, S. 30.

153 *G.W.*, Bd. 11.

154 Unten, S. 133, Anm. – Siehe I. Grubrich-Simitis, ›Metapsychologie und Metabiologie‹, in: S. Freud, *Übersicht der Übertragungsneurosen. Ein bisher unbekanntes Manuskript*. Ediert und mit einem Essay versehen von Ilse Grubrich-Simitis. S. Fischer, Frankfurt am Main 1985, S. 86f.

mann«[155] müßte daher zur Publikation willkommen gewesen sein. Warum also zögerte Freud?
Offensichtlich machte ihm eine Behauptung zu schaffen, deren Realität er ursprünglich, wie später noch darzulegen sein wird, als Voraussetzung der gesamten Erörterung der »infantilen Neurose« ansah, die Behauptung nämlich, daß sein Patient mit eineinhalb Jahren einen Koitus der Eltern »erlebt« habe: »Kein Zweifel« als der an der Realität dieser Szene habe ihn »mehr in Anspruch genommen, keine andere Unsicherheit entschiedener von Publikationen zurückgehalten«[156]. Die Frage, die in dem Zweifel steckt, beschäftigt uns heute noch.
Kritiker haben mehrfach darauf hingewiesen, daß das Milieu, in dem der »Wolfsmann« aufwuchs, Großgrundbesitz, palastartige Wohnhäuser, Zimmerfluchten, reichlich Personal, kaum Gelegenheit geboten haben dürfte, die Eltern beim Koitus zu erleben, so daß die »Urszene« schon allein aus diesem äußeren Grund als wenig wahrscheinlich anzunehmen sei, während andererseits der »Rattenmann« in der ersten Behandlungsstunde auf eine Zwischenfrage von Freud angegeben hatte, daß er »meist bei den Eltern« geschlafen habe[157], was aber im übrigen Text keinerlei Beachtung fand. Vielleicht hatte dies mit der wesentlich kürzeren Dauer der Analyse zu tun, gewiß nicht mit noch mangelnder Vorstellung. In der *Traumdeutung* hatte Freud geschrieben: »Daß der sexuelle Verkehr Erwachsener den Kindern, die ihn bemerken, unheimlich vorkommt und Angst in ihnen erweckt, ist, möchte ich sagen, Ergebnis der täglichen Erfahrung.«[158] Unter diesem Aspekt erscheint die Geschichte vom »Wolfsmann« wie eine Fortsetzung der Geschichte des »Rattenmanns«. Dasselbe gilt auch für andere Aspekte, die die Analerotik und die negativ-ödipale Einstellung betreffen. Die Kranken- und Behandlungsgeschichten der beiden jungen Männer, die Freud in Analyse genommen hatte, bilden eine innere Einheit sich gegenseitig ergänzender Darstellungen.

155 E. Jones, *Das Leben und Werk von Sigmund Freud*, Bd. 2, a. a. O., S. 331.
156 Unten, S. 226, Anm.
157 Unten, S. 60.
158 S. Freud, *Die Traumdeutung* (1900), a. a. O., S. 591.

Wie zuvor den »Rattenmann«, schilderte Freud den »Wolfsmann« mit Sympathie. Er nannte ihn eine »liebenswürdig entgegenkommende Persönlichkeit« von »scharfer Intelligenz« und »vornehmer Denkungsart«[159]. Er war dreiundzwanzig Jahre alt, als er zu Freud in Behandlung kam. Er wurde am 6. Januar 1887 geboren, nach dem damals in Rußland noch geltenden Julianischen Kalender am 24. Dezember 1886. Sein Geburtstag fiel also auf Heiligabend. Die Krankheit, die ihn zu Freud führte, war bereits chronisch zu nennen. Mit siebzehn oder achtzehn Jahren, die Angaben schwanken[160], hatte er eine gonorrhoische Infektion erlitten, wonach er »krank zusammenbrach und gänzlich abhängig und existenzunfähig«[161] wurde. »Seine Hauptklage war, daß die Welt für ihn in einen Schleier gehüllt sei oder er durch einen Schleier von der Welt getrennt sei.«[162] Zu den Symptomen gehörte die Unfähigkeit spontaner Darmentleerungen. Der Darm benahm sich »wie ein hysterisch affiziertes Organ«[163]. Im Laufe seiner Erkrankung hatte er eine Reihe von Sanatoriumsaufenthalten hinter sich gebracht und war »von der zuständigsten Stelle«, wie Freud nicht ohne wohlgefällige Ironie gegen Emil Kraepelin schrieb, ohne dessen Namen zu nennen, »als ein Fall von ›manisch-depressivem Irresein‹ klassifiziert worden«[164]. Freud diagnostizierte einen »Folgezustand nach einer spontan abgelaufenen, mit Defekt ausgeheilten Zwangsneurose«[165].

In der umfangreichen Sekundärliteratur zum Fall wurde die Frage aufgewofen, ob der Patient nicht schwerer gestört gewesen sei, als Freud ihn darstellte.[166] Die »außerordentliche Ausbildung der Ambivalenzneigung«, die Freud beobachtete, und »die Fähigkeit, die

159 Unten, S. 227.
160 P. J. Mahony, *Cries of the Wolf Man*. International Universities Press, New York 1984, S. 20, Anm. 39.
161 Unten, S. 133.
162 Unten, S. 199.
163 Unten, S. 236.
164 Unten, S. 134.
165 Ibid.
166 Siehe z. B. Harold P. Blum, ›The borderline childhood of the Wolf Man‹, in: M. Kanzler, J. Glenn (Hrsg.), *Freud and his patients*. Jason Aronson, New York, London 1980, S. 341–358.

verschiedenartigsten und widersprechendsten libidinösen Besetzungen alle nebeneinander funktionsfähig zu erhalten«[167], legen eine Borderline-Struktur nahe. Andererseits ist anzumerken, daß in unserer Zeit die neurosenpyschologische Diagnostik sich in Richtung auf frühere Störungen verschoben hat, woraus sich als weitere Folge die Annahme ergibt, daß die Patienten, die heute in Analyse genommen werden, schwerer gestört seien als die Patienten, die Freud behandelte.[168] Zeitbedingte Auffassungen gehen also in die Diagnostik mit ein. Am Ende bleibt als entscheidend wichtiges Faktum übrig, daß Freud in Abhebung von der damals herrschenden psychiatrischen Meinung die Erkrankung des »Wolfsmanns« nicht als ein »endogenes« Geschehen, das allenfalls symptomatisch zu behandeln sei, sondern als eine erworbene Krankheit auffaßte, die kausal behandelt werden könne.

Der »Wolfsmann« war »sehr reich« und »legte manifesterweise viel Wert darauf, für reich zu gelten«[169]. Das bezog sich nicht nur auf das äußere Erscheinungsbild, sondern ermöglichte dem Patienten auch, »von Leibarzt und Pfleger begleitet«[170] nach Wien zu kommen. Er konnte es sich leisten, »gänzlich abhängig und existenzunfähig«[171] zu sein. Er »blieb lange Zeit hinter einer Einstellung von gefügiger Teilnahmslosigkeit unangreifbar verschanzt. [...] Seine Scheu vor einer selbständigen Existenz war so groß, daß sie alle Beschwerden des Krankseins aufwog.«[172]

Neben dem hier beschriebenen sekundären Krankheitsgewinn scheint in der Übertragung eine Wiederholung aus sehr früher Zeit am Werk gewesen zu sein, die unbeachtet blieb, sich aber aus dem Material erschließen läßt. Die »gefügige Teilnahmslosigkeit« weist den Weg. Wir erfahren, daß der »Wolfsmann« von einem gewissen Zeitpunkt an, der als »Charakterveränderung«[173] beschrieben

---

167 Unten, S. 241.

168 Vgl. Reimut Reiche, ›Haben frühe Störungen zugenommen?‹, *Psyche*, Bd. 45 (1991), S. 1045–1066.

169 Unten, S. 197.

170 S. Freud, ›Die endliche und die unendliche Analyse‹, a. a. O., S. 60.

171 Unten, S. 133.

172 Unten, S. 136f.

173 Unten, S. 141.

wurde, ein sehr temperamentvolles Kind war, das heftig aufbegehren konnte und seine Wünsche mit Energie verfolgte. Aber »er soll zuerst ein sehr sanftes, gefügiges und eher ruhiges Kind gewesen sein, so daß man zu sagen pflegte, er hätte das Mädchen werden sollen und die ältere Schwester der Bub«[174]. Es fällt schwer, an einen so gearteten primären Charakter zu glauben. Viel näher liegt die Annahme, daß die Gefügigkeit die Folge einer Unterwerfung ist, wie Donald Winnicott unter dem Begriff »compliance«[175] überzeugend dargestellt hat. Mit diesem Begriff wird die Haltung eines Säuglings oder Kleinkinds charakterisiert, dessen Mutter zuwenig fähig ist, seine Bedürfnisse zu spüren. Eine solche Mutter kann dem Kind zuwenig zu seiner Entfaltung verhelfen. Statt dessen setzt sie ihre Handlungsweisen durch und zwingt damit das Kind zur »compliance«, zur »Nachgiebigkeit« oder »Gefügigkeit«. Das Kind, schrieb Winnicott zu solcher Mutter-Kind-Beziehung, existiert nicht, sondern reagiert.[176]

Die wenigen Bemerkungen, die wir über die Mutter, die bei der Geburt des »Wolfsmanns« zwanzig Jahre alt war, in der Krankengeschichte finden, zeichnen ein dementsprechendes Bild. Sie litt an »Unterleibskrankheiten«[177]. Wegen ihrer »Kränklichkeit« gab sie sich »verhältnismäßig wenig mit den Kindern ab«[178]. Außerdem war sie »ängstlich«[179]. Als der Patient noch gefügig war, hatte die Mutter ihn einmal mit zum Arzt genommen. Dort hörte er ihre Klage: »So kann ich nicht mehr leben.«[180] Der Patient gebrauchte diese Klage später in »Identifizierung mit der Mutter«[181] oft für sich selbst.

---

174 Unten, S. 140.

175 Siehe D. W. Winnicott, ›Ego distortion in terms of true and false self‹ (1960), in: ders., *The maturational processes and the facilitating environment. Studies in the theory of emotional development.* Hogarth, London, 3. Aufl. 1976, S. 140–152; das Zitat S. 148; deutsch: ›Ich-Verzerrung in Form des wahren und des falschen Selbst‹, in: ders., *Reifungsprozesse und fördernde Umwelt.* Kindler, München 1974, S. 182–199.

176 A. a. O., S. 193.

177 Unten, S. 139.

178 Ibid.

179 Unten, S. 202.

180 Unten, S. 201.

181 Ibid.

Als wertvoller Zeuge, daß wir auf einer richtigen Spur sind, kann uns eine Deckerinnerung dienen, die den »Wolfsmann« zeigt, als er zweieinhalb Jahre alt war, »wie er mit seiner Kinderfrau dem Wagen nachschaut, der Vater, Mutter und Schwester entführt, und darauf friedlich ins Haus zurückgeht«[182]. Diese Deckerinnerung mag ein doppeltes Licht werfen. Die Kinderfrau war »seine geliebte ›Nanja‹«[183]. Als Muttersatz[184] hatte sie eine wichtige Funktion. Er konnte sich bei ihr geborgen fühlen. Aber die Deckerinnerung zeigt außerdem einen Jungen, der offenbar die Gewohnheit angenommen hatte, sich zu fügen.

Auch die zweieinhalb Jahre ältere Schwester erscheint als wenig geeignetes Objekt, fehlende Geborgenheit zu ersetzen. Sie wird uns als »lebhaft, begabt und voreilig schlimm«[185] und »als Kind bubenhaft unbändig«[186] geschildert.

Der Vater schließlich, der bei der Geburt des Patienten achtundzwanzig Jahre alt war, litt wiederholt an »Anfällen von schwerer Depression«[187], »die seine Abwesenheit vom Hause zur Folge hatten«[188].

An der »gefügigen Teilnahmslosigkeit« in früher Mutterübertragung drohte die Behandlung zu scheitern. Auch die Darmstörung war erhalten geblieben. Da Symptome Schutzfunktion haben, kann uns manchmal ihre Erhaltung eine Weile recht sein. Aber wenn sich auf Dauer nichts rührt, ist das ein schlechtes Zeichen. Unter diesem Eindruck faßte Freud am Anfang des letzten Behandlungsjahres den Entschluß, sich, wie wir sagen können, massiv als väterliches Objekt einzuführen. Er zeichnete damit eine Entwicklungslinie nach, die im »Wolfsmann« infolge seines Rückzugs in Passivität nur ungenügend ausgebildet war. Mag es sonst mehr die Aktivität des Kindes sein, die die so wichtige Hinwendung zum Vater begünstigt, um die

182 Unten, S. 140.
183 Unten, S. 141.
184 Siehe unten, S. 140.
185 Unten, S. 139.
186 Unten, S. 146.
187 Unten, S. 134.
188 Unten, S. 139.

notwendige Trennung von der Mutter der Frühzeit zu betreiben, so war in einem Fall wie diesem die größere Aktivität des Vaters erforderlich. Die beiden Maßnahmen, die Freud ergriff, können sowohl als Entwicklungs- wie als Behandlungsschritte begriffen werden.

Die eine Maßnahme bezog sich auf die Darmsymptomatik. Freud sah in der Passivität, die spontane Entleerungen verhinderte, »das Stückchen Hysterie, welches regelmäßig zugrunde einer Zwangsneurose gefunden wird«. Er »versprach dem Patienten die völlige Herstellung seiner Darmtätigkeit«, und »im Laufe weniger Wochen« hatte der Darm »seine normale, so lange beeinträchtigte Funktion wiedergefunden«[189].

Zum anderen teilte er dem Patienten mit, daß er beabsichtige, die Behandlung am Ende des Jahres abzuschließen, »gleichgültig, wie weit sie fortgeschritten sei«[190]. Freud ließ keinen Zweifel daran, daß er diesen Termin einhalten werde. »Das Sprichwort«, urteilte er später, »daß der Löwe nur einmal springt, muß recht behalten.«[191] »Unter dem unerbittlichen Druck dieser Terminsetzung gab sein Widerstand [...] nach.«[192]

Beide Maßnahmen widersprechen dem Grundsatz, wie absichtslos zu verfahren. Freud mag daran gedacht haben, als er in seiner Schlußansprache auf dem Internationalen Psychoanalytischen Kongreß, der 1918 kurz vor Kriegsende in Budapest stattfand, feststellte: »Ich meine, eine solche Aktivität des analytisch behandelnden Arztes ist einwandfrei und durchaus gerechtfertigt«[193], im übrigen aber zur Vorsicht mahnte. Der Erfolg hatte ihm recht gegeben. Im Rückblick auf die Analyse des »Wolfsmanns« schrieb er: »Als er mich im Hochsommer 1914 verließ, ahnungslos wie wir alle der so nah bevorstehenden Ereignisse, hielt ich ihn für gründlich und dauernd geheilt.«[194]

---

189 Unten, S. 200.
190 Unten, S. 137.
191 S. Freud, ›Die endliche und die unendliche Analyse‹, a. a. O., S. 62.
192 Unten, S. 137.
193 S. Freud, ›Wege der psychoanalytischen Therapie‹, in: *G.W.*, Bd. 12, S. 187.
194 S. Freud, ›Die endliche und die unendliche Analyse‹, a. a. O., S. 61.

Das überwiegend im letzten Behandlungsjahr geförderte Material zur Aufklärung der infantilen Neurose läßt sich in folgende chronologische Ordnung bringen – die Chronologie erweiternd, die Freud der Krankengeschichte in einer späteren Auflage hinzugefügt hatte[195]:

Eineinhalb Jahre: »Beobachtung des Koitus der Eltern oder jenes Beisammenseins derselben, in das er später die Koitusphantasie eintrug.«[196] Es handelte sich um einen »coitus a tergo«[197], »more ferarum«[198]. Der später in der psychoanalytischen Literatur geläufige Begriff der »Urszene« taucht in diesem Zusammenhang zum ersten Mal auf.[199]

Zweieinhalb Jahre: Erinnerung an Gruscha, »eine verschollene erste Liebe«[200]. Er fand »an ihr die Stellung wieder, welche die Mutter in der Koitusszene eingenommen hatte [...], und er benahm sich männlich gegen sie«[201]. Er urinierte ins Zimmer, und sie hat »darauf eine gewiß scherzhafte Kastrationsdrohung ausgesprochen«[202].

Dreieinviertel Jahre: Die Schwester spielte mit seinem Glied und verwies auf Nanja, die »dasselbe mit allen Leuten«[203] tue. Dann versuchte er Nanja, indem er vor ihr onanierte, zu verführen. Sie aber »erklärte, das sei nicht gut. Kinder, die das täten, bekämen an der Stelle eine ›Wunde‹«[204]. Nach dieser Kastrationsdrohung gab der kleine Junge die Onanie »sehr bald« auf. Das bislang sanfte, gefügige und ruhige Kind wurde unzufrieden, reizbar und heftig. »Infolge der Unterdrückung der Onanie nahm das Sexualleben des Knaben sadistisch-analen Charakter an.«[205] Er begann, Menschen und Tiere

195 Unten, S. 243 f., Anm.
196 Unten, S. 243, Anm.
197 Unten, S. 162.
198 Unten, S. 182.
199 Darauf machten die Herausgeber der Sigmund Freud *Studienausgabe* (Bd. 8, S. Fischer, Frankfurt am Main 1969, S. 158, Anm. 2) aufmerksam. Vgl. unten, S. 164.
200 Unten, S. 214.
201 Unten, S. 216.
202 Ibid.
203 Unten, S. 145.
204 Unten, S. 149.
205 Unten, S. 150.

zu quälen. »Gleichzeitig« schlug der Sadismus in Masochismus um.[206]
Noch vor seinem vierten Geburtstag: Es entwickelte sich eine »schwere neurotische Störung«, die »als Angsthysterie (Tierphobie) begann«[207]. Die Schwester liebte es, ihn mit einem Bilderbuch zu quälen, »in dem ein Wolf dargestellt war, aufrecht stehend und ausschreitend. Wenn er dieses Bild zu Gesicht bekam, fing er an wie rasend zu schreien, er fürchtete sich, der Wolf werde kommen und ihn auffressen«[208].
Vierter Geburtstag, Weihnachtstag: in der Nacht zuvor träumte er den Traum von den Wölfen[209], der »die Koitusbeobachtung von 1½ Jahren zur nachträglichen Wirkung bringt«[210]. Am Tag darauf war er mit den Geschenken unzufrieden und bekam einen Wutanfall von besonderer Heftigkeit.[211]
Viereinviertel bis viereinhalb Jahre: Er verfolgte einen Schmetterling mit gelben Streifen. »Plötzlich erfaßte ihn [...] eine schreckliche Angst vor dem Tier, und er lief schreiend davon.«[212]
Viereinhalb bis zehn Jahre: Zwangsneurose mit religiösen Inhalten.
Siebzehn oder achtzehn Jahre: Die Episode mit dem Bauernmädchen Matrona: »Sie war ihm durch Lage und Tätigkeit an die Stelle der Gruscha getreten.«[213] Er holte sich von ihr die gonorrhoische Erkrankung. »Vor dieser Kränkung seines Narzißmus brach er zusammen.«[214]
Neunzehn Jahre: Die Schwester nahm sich das Leben.[215]
Einundzwanzig Jahre: Er lernte Teresa kennen. Im selben Jahr starb sein Vater. Wahrscheinlich hatte er sich das Leben genommen.
Dreiundzwanzig Jahre: Beginn der Analyse bei Freud.

---

206 Unten, S. 153.
207 Unten, S. 133f.
208 Unten, S. 141.
209 Unten, S. 154.
210 Unten, S. 232.
211 Unten, S. 161.
212 Unten, S. 213.
213 Unten, S. 217.
214 Unten, S. 223.
215 Siehe unten, S. 146, 148.

Wollte man, ähnlich wie ich es beim »Rattenmann« versucht habe, die Geschichte vom »Wolfsmann« auf eine einfache Formel bringen, so ließe sich sagen: es ist die Geschichte vom »negativen Ödipuskomplex«. Der Begriff taucht erst in dem 1923 erschienenen opus magnum *Das Ich und das Es* auf, in welchem Freud das Konstrukt des »vollständigeren Ödipuskomplexes« einführte. Ausgehend von der psychosexuellen Entwicklung des Knaben und in Erwägung der ursprünglichen Bisexualität des Kindes, kam er zu der Auffassung, daß der Ödipuskomplex »ein zweifacher ist, ein positiver und ein negativer [...], d.h. der Knabe hat nicht nur eine ambivalente Einstellung zum Vater und eine zärtliche Objektwahl für die Mutter, sondern er benimmt sich auch gleichzeitig wie ein Mädchen, er zeigt die zärtliche feminine Einstellung zum Vater und die ihr entsprechende eifersüchtig-feindselige gegen die Mutter«[216]. In der weiteren Entwicklung »muß die Objektbesetzung der Mutter aufgegeben werden. An ihre Stelle kann zweierlei treten, entweder eine Identifizierung mit der Mutter oder eine Verstärkung der Vateridentifizierung. Den letzteren Ausgang pflegen wir als den normaleren anzusehen«[217].

Was hier in hoher Abstraktion zusammengefaßt ist und daher in analoger Weise auch für die Entwicklung des Mädchens gilt, findet im »Wolfsmann« für die Entwicklung des Knaben eine breite klinische Darstellung. Ich verweise in toto auf die Abschnitte VII und VIII.[218] Dort wird beschrieben, wie der aus der Mutteridentifizierung hervorgegangene analerotische Triebanspruch sich als drängender Wunsch an den Vater richtet, aber zugleich als eine Gefahr erscheint, die aus der Kastrationsdrohung stammt. In abgekürzter Redeweise benutzen wir den Begriff der »Triebgefahr« und sehen in ihr neben der von außen kommenden »Realgefahr« die zweite große Gefahrenquelle. Man muß dabei im Auge behalten, daß der Triebanspruch »nicht an sich eine Gefahr« darstellt, »sondern nur darum, weil er eine richtige äußere Gefahr, die der Kastration, mit sich

216 S. Freud, *Das Ich und das Es*, a. a. O., S. 261.

217 A. a. O., S. 260.

218 Unten, S. 197–226.

bringt«[219]. Die Kastration erscheint in diesem Zusammenhang als factum brutum.[220]

Die Gonorrhoe, die der »Wolfsmann« sich mit siebzehn oder achtzehn Jahren geholt hatte, reiht sich den früheren Kastrationsdrohungen an; mit der Fixierung des analerotischen Triebwunsches blieb auch die Triebgefahr intrapsychische Realität. Die infantilen Vorläufer der späteren Erkrankung sind in den genannten Abschnitten der Krankengeschichte mit eindrucksvoller Klarheit und minutiöser Genauigkeit geschildert.

Freud sah den Ursprung der neurotischen Entwicklung seines Patienten in dem Erlebnis der Urszene, in welche nachträglich Bedeutungen, triebbesetzte Phantasien, Wünsche und Ängste, eingetragen wurden. Er ging dabei zunächst von einer realistischen Auffassung der Urszene aus, wie unwahrscheinlich es auch immer klingen mochte, sie einem eineinhalb Jahre alten Kinde zuzuschreiben. Es war dann diese Auffassung, die Freud so sehr in Zweifel stürzte, daß er die Publikation um Jahre verschob. Er publizierte schließlich die Krankengeschichte mit zwei Zusätzen, die er durch eckige Klammern kenntlich machte[221], im übrigen habe »der Text der ersten Niederschrift [...] keine Abänderungen von irgendwelchem Belang erfahren«[222]. Nicht für erwähnenswert hielt er offenbar eine Änderung, die Ilse Grubrich-Simitis identifiziert und kommentiert hat. Ursprünglich hatte es im handgeschriebenen Text geheißen: »Die Realität dieser Szene im Gegensatz zur Annahme ihrer phantastischen Natur ist natürlich die Voraussetzung der obigen Erörterungen.«[223] Diesen Satz strich Freud aus und schrieb statt dessen: »Dabei ist es gleichgiltig, ob man sie als Urszene oder als Urphantasie gelten lassen will.«[224] Was zunächst als Widerspruch erscheint,

219 S. Freud, *Hemmung, Symptom und Angst* (1926), in: *G.W.*, Bd. 14, S. 156f.

220 Zur Kastrationsangst des »kleinen Hans« siehe V. Mächtlinger, ›Einleitung‹ zum Fischer-Taschenbuch, Band 10448, a. a. O., S. 35–37.

221 Unten, S. 182–185, 219–221.

222 Unten, S. 133, Anm.

223 I. Grubrich-Simitis, *Zurück zu Freuds Texten*, a. a. O., S. 208 (mit Faksimiles der Handschrift).

224 A. a. O.; die gedruckte Fassung siehe unten, S. 242, Anm. 1.

läßt sich auflösen als fortschreitende Theoriebildung, die die verursachenden Faktoren der Neurosenentstehung zu erfassen sucht.
1896 hatte er sein Trauma-Modell vorgestellt[225], das unter dem Begriff der »Verführungstheorie«[226] erneut in die Diskussion geraten ist, wobei die Behauptung, Freud habe wenig später die traumatische Wirksamkeit realer Ereignisse geleugnet – wie häufig ein Unfug, der gegen Freud gerichtet ist –, öffentliches Interesse fand und von vielen gern geglaubt wurde.
Schon 1896 hatte für ihn der intrapsychische Aspekt der Neurosenätiologie die größere Bedeutung. Er schrieb, »daß ja nicht die Erlebnisse selbst traumatisch wirken, sondern deren Wiederbelebung als *Erinnerung*«[227]. Der »Irrtum«, zu dem Freud sich später bekannte, bestand darin, daß er 1896 noch nicht »die Phantasien [...] von realen Erinnerungen zu unterscheiden« vermochte. »Infolgedessen schrieb« er »dem ätiologischen Moment der Verführung eine Bedeutsamkeit und Allgemeingültigkeit zu, die ihm nicht zukommen«[228]. Mit der Erkenntnis, daß das als vorgefallen erinnerte Ereignis eine Phantasie, also eine Wunschregung, sein kann, kommt dem Psychischen »dieselbe Dignität zu wie der materiellen Wirklichkeit«[229]. Die Veränderung, die Freud vorgenommen hatte, war also nicht eine Verwerfung, sondern eine Erweiterung der ursprünglichen Annahme, die ihn unablässig weiter beschäftigte. Schließlich schien es ihm möglich, »beide ätiologischen Bedingungen in einer Auffassung zu vereinigen«[230]. Weit über die ursprüng-

225 S. Freud, ›Weitere Bemerkungen über die Abwehr-Neuropsychosen‹ (1896), in: *G. W.*, Bd. 1, S. 379–403.

226 Siehe Emanuel Garcia, ›Freuds Verführungstheorie‹ (1987), *Jahrbuch der Psychoanalyse*, Bd. 28, (1991), S. 148–176.

227 S. Freud, ›Weitere Bemerkungen über die Abwehr-Neuropsychosen‹, a. a. O., S. 381.

228 A. a. O., S. 385, 1924 hinzugefügte Anmerkung.

229 W. Loch ›Rekonstruktionen, Konstruktionen, Interpretationen: Vom »Selbst-Ich« zum »Ich-Selbst«‹, *Jahrbuch der Psychoanalyse*, Bd. 23 (1988), S. 37–81.

230 S. Freud, *Der Mann Moses und die monotheistische Religion: Drei Abhandlungen* (1939 [1934–38]), in: *G.W.*, Bd. 16, S. 178. Vgl. I. Grubrich-Simitis, ›Trauma oder Trieb – Trieb und Trauma. Lektionen aus Sigmund Freuds

liche Annahme der traumatischen Wirkung sexueller Verführungen hinausgehend, bezog Freud nun die Traumen, die der frühen Kindheit angehören, »auf Eindrücke sexueller und aggressiver Natur, gewiß auch auf frühzeitige Schädigungen des Ichs (narzißtische Kränkungen)« und auf negative Auswirkungen aus »einer früheren Affektbeziehung«[231]. Diese Auffassung läßt sich als Grundlage späterer Ergänzungen zur Trauma-Theorie gut verstehen, wie z. B. die Konzepte der »Gefügigkeit«[232], des »kumulativen Traumas«[233] und der »sequentiellen Traumatisierung«[234] zeigen.

Die Auseinandersetzung um Trauma oder Trieb erfuhr in der Geschichte der infantilen Neurose des »Wolfsmanns« einen Höhepunkt. »Die alte Traumatheorie [...] kam mit einem Male wieder zur Geltung«[235], kommentierte Freud die Gruschaszene, das erste Erlebnis, das der Patient »wirklich erinnern konnte«[236]. Die Verführung durch die Schwester hielt Freud für »eine unbestreitbare Realität«[237]. Aber der Unterschied dieser Szenen zur tatsächlichen oder rekonstruierten Urszene ist doch nicht so groß. »Unsere Kindheitserinnerungen zeigen uns die ersten Lebensjahre, nicht wie sie waren, sondern wie sie späteren Erweckungszeiten erschienen sind. Zu diesen Zeiten der Erweckung sind die Kindheitserinnerungen nicht, wie man zu sagen gewohnt ist, *aufgetaucht*, sondern sie sind damals *gebildet* worden [...].«[238]

Dabei kommt es entscheidend auf die Wahrnehmung der Erinne-

---

phylogenetischer Phantasie von 1915‹, *Psyche*, Bd. 41 (1987), S. 992–1023; und *Freuds Moses-Studie als Tagtraum. Ein biographischer Essay*. Verlag Internationale Psychoanalyse, Weinheim 1991 (überarbeitete Neuausgabe: Fischer Taschenbuch Verlag, Frankfurt am Main 1994).

231 S. Freud, *Der Mann Moses und die monotheistische Religion*, a. a. O., S. 179f.

232 D. W. Winnicott, ›Ich-Verzerrung in Form des wahren und des falschen Selbst‹, a. a. O., S. 189.

233 M. Masud R. Khan, ›The concept of cumulative trauma‹ (1963), in: ders., *The privacy of the self*. Hogarth, London 1974, S. 42–58.

234 Hans Keilson, *Sequentielle Traumatisierung bei Kindern*. Enke, Stuttgart 1979.

235 Unten, S. 218.

236 Ibid.

237 Unten, S. 221.

238 S. Freud, ›Über Deckerinnerungen‹ (1899), in: *G. W.*, Bd. 1, S. 553f.

rung an. Wenige Monate nach Fertigstellung des »Wolfsmann«-Manuskripts, im Frühjahr 1915, schrieb Freud: »Es bleibt uns in der Psychoanalyse gar nichts anderes übrig, als die seelischen Vorgänge für an sich unbewußt zu erklären und ihre Wahrnehmung durch das Bewußtsein mit der Wahrnehmung der Außenwelt durch die Sinnesorgane zu vergleichen.« Und er fuhr folgendermaßen fort: »Wie Kant uns gewarnt hat, die subjektive Bedingtheit unserer Wahrnehmung nicht zu übersehen und unsere Wahrnehmung nicht für identisch mit dem unerkennbaren Wahrgenommenen zu halten, so mahnt die Psychoanalyse, die Bewußtseinswahrnehmung nicht an die Stelle des unbewußten psychischen Vorganges zu setzen, welcher ihr Objekt ist. Wie das Physische, so braucht auch das Psychische nicht in Wirklichkeit so zu sein, wie es uns erscheint.«[239] Aus den besonderen Bedingungen der Erinnerungsbildung und Wahrnehmung folgt: »Die Erinnerungen, die der Patient uns erzählt, sind Konstruktionen.«[240] Dasselbe gilt für die Antwort des Psychoanalytikers. Wir reden von »Deutungen«, aber »Konstruktion ist die weitaus angemessenere Bezeichnung«[241]. »Szenen« wie die Urszene im Falle des »Wolfsmanns« »müssen schrittweise und mühselig aus einer Summe von Andeutungen erraten – konstruiert – werden«[242].

Solche Überlegungen hüten uns davor, objektivistisch die an sich nicht erkennbare Realität, die vergangene wie die gegenwärtige, mit der Realitätswahrnehmung gleichzusetzen. Andererseits könnten uns diese Überlegungen in die Irre eines uferlosen Subjektivismus führen, wenn wir nicht sähen, daß die Konstruktionen zugleich Rekonstruktionen sind. Sie bringen »ein Stück verlorengegangener Lebensgeschichte«[243] wieder, ein »Stück historischer Wahrheit«, einen »Wahrheitskern«, dessen »Anerkennung [...] einen gemeinsamen Boden finden« läßt, »auf dem sich die therapeutische Arbeit entwik-

---

239 S. Freud, ›Das Unbewußte‹ (1915), in: *G.W.*, Bd. 10, S. 270.

240 W. Loch, ›Rekonstruktionen, Konstruktionen, Interpretationen: Vom »Selbst-Ich« zum »Ich-Selbst«‹, a. a. O., S. 50.

241 S. Freud, ›Konstruktionen in der Analyse‹ (1937), in: *G.W.*, Bd. 16, S. 47.

242 Unten, S. 176.

243 S. Freud, ›Konstruktionen in der Analyse‹, a. a. O., S. 56.

keln kann«[244]. Der Wahrheitskern, führte Loch den Gedanken weiter, »betrifft ein real-existierendes Objekt, i. e. etwas, das der Außenwelt zugehört«. Und mit schärferer Betonung, als es im Freudschen Text erscheint, fügte er hinzu, daß der »›Wahrheitskern‹ [...] ›Anerkennung‹ notwendig hat, denn nur unter diesen Umständen gibt es ›einen gemeinsamen Boden‹ [...] für ›die therapeutische Arbeit‹«[245].

Die Konstruktionen, die zugleich Rekonstruktionen sind, sind also zum einen Übereinkünfte zwischen Patient und Psychoanalytiker, die sich darauf einigen und darin übereinstimmen: so könnte es gewesen sein, oder: so war es. Zum anderen sind sie von der Vermutung, wenn nicht gar der Gewißheit getragen, »historische Wahrheit« zu enthalten; denn die Phantasien, die den Triebanspruch repräsentieren, tragen im Kern eine Erfahrung, die der Umwelt entstammt, also real war. Triebe und Objekte gehören zusammen, und Objekte sind innere Repräsentanzen der äußeren Welt, wie wir sie wahrgenommen haben. Den Ursprung aber, wie Triebanregung und Einfluß der Außenwelt im Wunsch zusammenkamen und wie im Falle der Gefahr Angst, Scham und Schuld entstanden, erfahren wir in der Erinnerung, die durch Nachträglichkeit charakterisiert ist. Ob die Urszene ein reales Erlebnis oder ein Produkt der Phantasie darstellt, verliert unter diesem Aspekt seine Bedeutung. »Der Ursprung ist immer nachträglich.«[246]

Urszene und Urphantasie in einer Auffassung zu vereinigen war in den theoretischen Bemerkungen zur Geschichte des »Wolfsmanns« schon enthalten. In den Jahren des Zögerns, vorpubliziert in den *Vorlesungen zur Einführung in die Psychoanalyse*, entwickelte Freud die Auffassung der »phylogenetischen Erbschaft«[247]: »Die

---

244 A. a. O., S. 55. – Vgl. R. Reiche, ›Von innen nach außen? Sackgassen im Diskurs über Psychoanalyse und Gesellschaft‹, *Psyche*, Bd. 49 (1995), S. 233–237.

245 W. Loch ›Psychische Realität – Materielle Realität. Genese – Differenzierung – Synthese‹, *Jahrbuch der Psychoanalyse*, Bd. 34 (1995), S. 118.

246 Hanna Gekle, ›Nachträglichkeit des Ursprungs – das Trauma des Wolfsmannes‹, *Luzifer-Amor*, Bd. 2, Heft 4 (1989), S. 129.

247 S. Freud, *Vorlesungen zur Einführung in die Psychoanalyse*, a. a. O., S. 359f., 382–386.

Szenen von Beobachtung des elterlichen Sexualverkehrs, von Verführung in der Kindheit und von Kastrationsandrohung sind unzweifelhafter ererbter Besitz, phylogenetische Erbschaft, aber sie können ebensowohl Erwerb persönlichen Erlebens sein.«[248] Er verstand darunter »phylogenetisch mitgebrachte Schemata, die wie philosophische ›Kategorien‹ die Unterbringung der Lebenseindrücke besorgen«[249]. Es fällt uns schwer, an die Vererbung erworbener Eigenschaften zu glauben, aber die längst nachgewiesene Ubiquität bestimmter Erfahrungen oder Phantasien – der Ödipuskomplex ist »das bestgekannte Beispiel dieser Art«[250] – fordert zu einer Erklärung heraus. Wilfred Bion sprach in diesem Zusammenhang von »Prä-Konzeptionen«, die »einen Zustand der Erwartung« repräsentieren. Die Erwartung richtet sich auf »geeignete Sinneseindrücke«. Trifft beides zusammen, z. B. im Einverständnis zwischen Mutter und Kind, ergibt sich eine »Konzeption«. Bion nannte dies ausdrücklich eine Theorie, um die »Entwicklung der Gedanken«, der Phantasien, der Wünsche darzustellen.[251]

Eine sie verblüffende Erfahrung machte Anna Freud während des Zweiten Weltkrieges in den Hampstead Nurseries, die im Rahmen der Kriegsfürsorgearbeit entstanden waren. Unter dem Titel »Koitusspiel ohne Beobachtung der Urszene [...] Das Problem angeborener Einstellungen« berichtete sie über Kinderspiele, »die jeder Analytiker auf den ersten Blick als eine Nachahmung von Koitusbeobachtungen im elterlichen Schlafzimmer bewertet hätte. Diese Spiele ereigneten sich, obwohl die betreffenden Kinder im Alter von 10 Tagen direkt aus der Entbindungsklinik in unsere Anstalt gekommen waren und seitdem ununterbrochen dort gelebt hatten; obwohl sie ihre Eltern nie ohne Zeugen zusammen gesehen, nie ein privates Schlafzimmer kennengelernt und nicht die mindeste Gelegenheit gehabt hatten, Erwachsene in sexueller Intimität zu beobachten. Da somit jede äußere Stimulierung wegfällt, imponieren

248 Unten, S. 220f.

249 Unten, S. 241.

250 Unten, S. 242.

251 W. R. Bion, *Learning from experience* (1962); deutsch: *Lernen durch Erfahrung*. Suhrkamp, Frankfurt am Main 1990, S. 148.

Spiele dieser Art als eine Äußerung angeborener, vorgebildeter, instinkthafter Einstellungen, eine Deutung, die, wenn gesichert, manche analytische Rekonstruktion früher Urszenenerlebnisse in Zweifel ziehen würde«[252]. Auch sie ließ also einen leisen Zweifel offen. In jedem Fall gilt, wie Freud in Abhebung von C. G. Jung ausdrücklich hervorhob, daß es »methodisch unrichtig« wäre, »zur Erklärung aus der Phylogenese zu greifen, ehe man die Möglichkeiten der Ontogenese erschöpft hat«[253].

Die Analyse fand einen befriedigenden Abschluß. Freud hielt den Patienten »für gründlich und dauernd geheilt«[254]. Es ist müßig, darüber zu spekulieren, ob Freud mit dieser Annahme recht behalten hätte, wenn es dem Patienten vergönnt gewesen wäre, sein Leben im gewohnten Reichtum fortzusetzen. Aber der Krieg und die Revolution raubten ihm Heimat und Vermögen. Als »mittelloser Flüchtling«[255] kehrte er nach Wien zurück. Freud nahm ihn noch einmal für kurze Zeit von November 1919 bis Februar 1920 in Analyse, um »ein noch nicht überwundenes Stück der Übertragung«[256] zu bewältigen. Danach war es dem »Wolfsmann« gelungen, sich in bescheidenen Lebensverhältnissen einzurichten, aber zeitweise blieb er unterstützungs- und behandlungsbedürftig. Er starb im Alter von zweiundneunzig Jahren am 7. Mai 1979.

5

Beide Krankengeschichten haben zu einer umfangreichen Sekundärliteratur geführt, auf die ich hier kaum verwiesen habe. Muriel Gardiner hat einen zusammenfassenden Band zum »Wolfsmann« herausgegeben. Er enthält neben der Krankengeschichte von Freud ein ›Vorwort‹ von Anna Freud, die ›Erinnerungen des Wolfsman-

---

252 A. Freud, ›Kinderentwicklung in direkter Beobachtung‹ (1951), in: *Die Schriften der Anna Freud*. Kindler, München, Bd. 4, 1980, S. 1157.
253 Unten, S. 221.
254 S. Freud, ›Die endliche und die unendliche Analyse, a. a. O., S. 61.
255 Ibid.
256 Unten, S. 244, Anm.

nes‹, Ruth Mack Brunswicks ›Nachtrag zu Freuds »Geschichte einer infantilen Neurose«‹ über ihre viermonatige Analyse des »Wolfsmanns« 1926–27, ursprünglich 1929 veröffentlicht, sowie zusätzliche Kapitel der Herausgeberin.[257] Einen guten Einblick gewähren Mark Kanzer und Jules Glenn in dem von ihnen herausgegebenen Sammelband *Freud and his patients*[258]. Patrick Mahony hat beiden Krankengeschichten je eine ausführliche, höchst lesenswerte Monographie gewidmet: *Freud and the Rat Man*[259] und *Cries of the Wolf Man*[260].

---

257 M. Gardiner, *Der Wolfsmann vom Wolfsmann*. Mit der Krankengeschichte des Wolfsmannes von Sigmund Freud, dem Nachtrag von Ruth Mack Brunswick und einem Vorwort von Anna Freud (1971). Hrsg., mit Anmerkungen, einer Einleitung und zusätzlichen Kapiteln versehen von Muriel Gardiner. S. Fischer, Frankfurt am Main 1972.

258 (1980), a. a. O.

259 (1986), a. a. O.

260 (1984), a. a. O.

BEMERKUNGEN ÜBER EINEN FALL VON ZWANGSNEUROSE

[»Der Rattenmann«]

(1909)

BEMERKUNGEN ÜBER EINEN FALL VON ZWANGSNEUROSE

Die nachstehenden Blätter werden zweierlei enthalten: erstens fragmentarische Mitteilungen aus der Krankengeschichte eines Falles von Zwangsneurose, welcher nach seiner Dauer, seinen Schädigungsfolgen und nach subjektiver Wertung zu den ziemlich schweren gezählt werden konnte und dessen Behandlung durch etwa ein Jahr zunächst die völlige Herstellung der Persönlichkeit und die Aufhebung ihrer Hemmungen erzielte. Zweitens aber in Anknüpfung an diesen und in Anlehnung an andere, früher analysierte Fälle einzelne aphoristische Angaben über die Genese und den feineren Mechanismus der seelischen Zwangsvorgänge, durch welche meine im Jahre 1896 veröffentlichten ersten Darstellungen weitergeführt werden sollen.[1]

Eine derartige Inhaltsangabe scheint mir selbst einer Rechtfertigung bedürftig, damit man nicht etwa glaube, ich hielte diese Art und Weise der Mitteilung für untadelhaft und nachahmenswert, während ich in Wirklichkeit nur Hemmungen äußerlicher und inhaltlicher Natur Rechnung trage und gerne mehr gegeben hätte, wenn ich nur dürfte und könnte. Die vollständige Behandlungsgeschichte kann ich nämlich nicht mitteilen, weil sie ein Eingehen auf die Lebensverhältnisse meines Patienten im einzelnen erfordern würde. Die belästigende Aufmerksamkeit einer Großstadt, die sich auf meine ärztliche Tätigkeit ganz besonders richtet, verbietet mir eine wahrheitsgetreue Darstellung; Entstellungen aber, mit denen man sich sonst zu behelfen pflegt, finde ich immer mehr unzweckmäßig und verwerflich. Sind sie geringfügig, so erfüllen sie den Zweck nicht, den Patienten vor indiskreter Neugierde zu schützen, und gehen sie weiter, so kosten sie zu große Opfer, indem sie das Verständnis der gerade an die kleinen Realien des Lebens geknüpften

---

1 Weitere Bemerkungen über die Abwehr-Neuropsychosen. (II. Wesen und Mechanismus der Zwangsneurose.) Enthalten in Bd. I dieser Gesamtausgabe [der *Gesammelten Werke*].

Zusammenhänge zerstören. Aus diesem letzteren Umstand ergibt sich dann der paradoxe Sachverhalt, daß man weit eher die intimsten Geheimnisse eines Patienten der Öffentlichkeit preisgeben darf, bei denen er doch unerkannt bleibt, als die harmlosesten und banalsten Bestimmungen seiner Person, mit denen er allen bekannt ist und die ihn für alle kenntlich machen würden.

Entschuldige ich so die arge Verkürzung der Kranken- und Behandlungsgeschichte, so steht mir für die Beschränkung auf einzelne Ergebnisse aus der psychoanalytischen Untersuchung der Zwangsneurose eine noch triftigere Aufklärung zu Gebote. Ich bekenne, daß es mir bisher noch nicht gelungen ist, das komplizierte Gefüge eines *schweren* Falles von Zwangsneurose restlos zu durchschauen, und daß ich es nicht zustande brächte, diese analytisch erkannte oder geahnte Struktur durch die Auflagerungen der Behandlung hindurch anderen in der Wiedergabe der Analyse sichtbar zu machen. Es sind die Widerstände der Kranken und die Formen von deren Äußerung, welche letztere Aufgabe so sehr erschweren; aber man muß sagen, daß das Verständnis einer Zwangsneurose an und für sich nichts Leichtes ist, viel schwerer als das eines Falles von Hysterie. Eigentlich sollte man das Gegenteil erwarten. Die Mittel, durch welche die Zwangsneurose ihre geheimen Gedanken zum Ausdruck bringt, die Sprache der Zwangsneurose ist gleichsam nur ein Dialekt der hysterischen Sprache, aber ein Dialekt, in welchen uns die Einfühlung leichter gelingen müßte, weil er dem Ausdrucke unseres bewußten Denkens verwandter ist als der hysterische. Er enthält vor allem nicht jenen Sprung aus dem Seelischen in die somatische Innervation – die hysterische Konversion –, den wir mit unserem Begreifen doch niemals mitmachen können.

Vielleicht trägt auch nur unsere geringere Vertrautheit mit der Zwangsneurose die Schuld daran, daß die Wirklichkeit jene Erwartung nicht bestätigt. Die Zwangsneurotiker schweren Kalibers stellen sich der analytischen Behandlung weit seltener als die Hysteriker. Sie dissimulieren auch im Leben ihre Zustände, solange es angeht, und kommen zum Arzt häufig erst in so vorgeschrittenen Stadien des Leidens, wie sie bei der Lungentuberkulose z. B. die Aufnahme in eine Heilstätte ausschließen würden. Ich ziehe aber diesen Vergleich heran, weil wir bei den leichten und den schweren,

aber frühzeitig bekämpften Fällen der Zwangsneurose, ganz ähnlich wie bei jener chronischen Infektionskrankheit, auf eine Reihe glänzender Heilerfolge hinweisen können.
Unter solchen Umständen bleibt nichts anderes möglich, als die Dinge so unvollkommen und so unvollständig mitzuteilen, wie man sie weiß und weitersagen darf. Die hier gebotenen, mühselig genug zutage geförderten Brocken von Erkenntnis mögen an sich wenig befriedigend wirken, aber die Arbeit anderer Untersucher mag an sie anschließen, und der gemeinsamen Bemühung kann die Leistung gelingen, die für den einzelnen vielleicht zu schwer ist.

I
Aus der Krankengeschichte

Ein jüngerer Mann von akademischer Bildung führt sich mit der Angabe ein, er leide an Zwangsvorstellungen schon seit seiner Kindheit, besonders stark aber seit vier Jahren. Hauptinhalt seines Leidens seien *Befürchtungen*, daß zwei Personen, die er sehr liebe, etwas geschehen werde, dem Vater und einer Dame, die er verehre. Außerdem verspüre er *Zwangsimpulse*, wie z. B. sich mit einem Rasiermesser den Hals abzuschneiden, und produziere *Verbote*, die sich auch auf gleichgültige Dinge beziehen. Er habe durch den Kampf gegen seine Ideen Jahre verloren und sei darum im Leben zurückgeblieben. Von den versuchten Kuren habe ihm nichts genützt als eine Wasserbehandlung in einer Anstalt bei **; diese aber wohl nur darum, weil er dort eine Bekanntschaft machte, die zu regelmäßigem Sexualverkehr führte. Hier habe er keine solche Gelegenheit, verkehre selten und in unregelmäßigen Intervallen. Vor Prostituierten empfinde er Ekel. Sein Sexualleben sei überhaupt kümmerlich gewesen, Onanie habe nur eine geringe Rolle gespielt, im 16. oder 17. Jahre. Seine Potenz sei normal; erster Koitus mit 26 Jahren.

Er macht den Eindruck eines klaren, scharfsinnigen Kopfes. Von mir befragt, was ihn veranlasse, die Auskünfte über sein Sexualleben in den Vordergrund zu rücken, antwortet er, das sei dasjenige, was er von meinen Lehren wisse. Er habe sonst nichts von meinen Schriften gelesen, aber vor kurzem beim Blättern in einem Buche von mir die Aufklärung sonderbarer Wortverknüpfungen gefunden[1], die ihn so sehr an seine eigenen »Denkarbeiten« mit seinen Ideen gemahnt hätten, daß er beschlossen habe, sich mir anzuvertrauen.

1 Zur Psychopathologie des Alltagslebens (1905, 10. Aufl. 1924; enthalten in Bd. IV dieser Gesamtausgabe [der *Gesammelten Werke*]).

a) Die Einleitung der Behandlung

Nachdem ich ihn am nächsten Tage auf die einzige Bedingung der Kur verpflichtet, alles zu sagen, was ihm durch den Kopf gehe, auch wenn es ihm *unangenehm* sei, auch wenn es ihm *unwichtig*, nicht *dazugehörig* oder *unsinnig* erscheine, und ihm freigestellt, mit welchem Thema er seine Mitteilungen eröffnen wolle, beginnt er wie folgt[1]:

Er habe einen Freund, den er außerordentlich hochstelle. Zu dem gehe er immer, wenn ihn ein verbrecherischer Impuls plage, und frage ihn, ob er ihn als Verbrecher verachte. Der Freund halte ihn aufrecht, indem er ihm versichere, daß er ein tadelloser Mensch sei, der sich wahrscheinlich von Jugend auf gewöhnt habe, sein Leben unter solchen Gesichtspunkten zu betrachten. Einen ähnlichen Einfluß habe früher einmal ein anderer auf ihn geübt, ein Student, der 19 Jahre alt war, während er 14 oder 15 Jahre war, der Gefallen an ihm fand und sein Selbstgefühl außerordentlich hob, so daß er sich als Genie vorkommen durfte. Dieser Student wurde später sein Hauslehrer und änderte dann plötzlich sein Benehmen, indem er ihn zum Trottel herabsetzte. Er merkte endlich, daß jener sich für eine seiner Schwestern interessierte und sich mit ihm nur eingelassen habe, um Zutritt ins Haus zu gewinnen. Es war dies die erste große Erschütterung seines Lebens.

Er fährt dann wie unvermittelt fort:

b) Die infantile Sexualität

»Mein Sexualleben hat sehr früh begonnen. Ich erinnere mich einer Szene aus meinem 4. oder 5. Jahre (vom 6. Jahre an ist meine Erinne-

1 Redigiert nach der Niederschrift am Abend des Behandlungstages in möglichster Anlehnung an die erinnerten Reden des Patienten. – Ich kann nur davor warnen, die Zeit der Behandlung selbst zur Fixierung des Gehörten zu verwenden. Die Ablenkung der Aufmerksamkeit des Arztes bringt dem Kranken mehr Schaden, als durch den Gewinn an Reproduktionstreue in der Krankengeschichte entschuldigt werden kann.

rung überhaupt vollständig), die mir Jahre später klar aufgetaucht ist. Wir hatten eine sehr schöne, junge Gouvernante, Fräulein Peter[1]. Die lag eines Abends leicht bekleidet auf dem Sofa und las; ich lag neben ihr und bat sie um die Erlaubnis, unter ihre Röcke zu kriechen. Sie erlaubte es, wenn ich niemand etwas davon sagen würde. Sie hatte wenig an, und ich betastete sie an den Genitalien und am Leibe, der mir kurios vorkam. Seitdem blieb mir eine brennende, peinigende Neugierde, den weiblichen Körper zu sehen. Ich weiß noch, mit welcher Spannung ich im Bade, wohin ich noch mit dem Fräulein und den Schwestern gehen durfte, darauf wartete, bis das Fräulein ausgekleidet ins Wasser stieg. An mehr erinnere ich mich vom 6. Jahre an. Wir hatten dann ein anderes Fräulein, auch jung und schön, die Abszesse am Gesäß hatte, welche sie abends auszudrücken pflegte. Ich lauerte auf diesen Moment, um meine Neugierde zu stillen. Ebenso im Bade, obwohl Fräulein Lina zurückhaltender war als die erste. (Auf eine Zwischenfrage: Ich schlief nicht regelmäßig in ihrem Zimmer, meist bei den Eltern.) Ich erinnere eine Szene, bei der ich 7 Jahre gewesen sein muß.[2] Wir saßen am Abend, das Fräulein, die Köchin, ein anderes Mädchen, ich und mein um 1½ Jahre jüngerer Bruder, beisammen. Ich vernahm plötzlich aus dem Gespräch der Mädchen, wie Fräulein Lina sagte: Mit dem Kleinen könne man das schon machen, aber der Paul (ich) sei zu ungeschickt, er werde gewiß danebenfahren. Ich verstand nicht klar,

1 Der frühere Analytiker Dr. Alfred Adler gedachte einmal in einem privaten Vortrag der besonderen Bedeutung, welche den *allerersten* Mitteilungen der Patienten zukommt. Hier ein Beleg dafür. Die einleitenden Worte des Patienten betonen den Einfluß, den Männer auf ihn ausüben, die Rolle der homosexuellen Objektwahl in seinem Leben, und lassen gleich darauf ein zweites Motiv anklingen, welches später bedeutsam hervortreten wird, den Konflikt und Interessengegensatz zwischen Mann und Weib. Auch daß er die erste schöne Gouvernante mit ihrem Familiennamen erinnert, welcher zufällig einem männlichen Vornamen gleicht, ist in diesen Zusammenhang aufzunehmen. In Wiener Bürgerkreisen pflegt man eine Gouvernante häufiger bei ihrem Vornamen zu nennen und behält eher diesen im Gedächtnis. [Der Beginn dieser Fußnote stammt von 1913; in der Erstveröffentlichung lautete er »Mein Kollege Dr. Alfred Adler...«.]

2 Er gibt später die Wahrscheinlichkeit zu, daß diese Szene 1 bis 2 Jahre später vorfiel.

was gemeint war, verstand aber die Zurücksetzung und begann zu weinen. Lina tröstete mich und erzählte mir, daß ein Mädchen, welches etwas Derartiges mit einem ihr anvertrauten Buben gemacht hatte, für mehrere Monate eingesperrt worden sei. Ich glaube nicht, daß sie etwas Unrechtes mit mir angestellt hat, aber ich nahm mir viel Freiheiten gegen sie heraus. Wenn ich zu ihr ins Bett kam, deckte ich sie auf und rührte sie an, was sie sich ruhig gefallen ließ. Sie war nicht sehr intelligent und offenbar geschlechtlich sehr bedürftig. 23 Jahre alt, hatte sie schon ein Kind gehabt, dessen Vater sie später heiratete, so daß sie heute Frau Hofrat heißt. Ich sehe sie noch oft auf der Straße.«

»Ich habe schon mit 6 Jahren an Erektionen gelitten und weiß, daß ich einmal zur Mutter ging, um mich darüber zu beklagen. Ich weiß auch, daß ich dabei Bedenken zu überwinden hatte, denn ich ahnte den Zusammenhang mit meinen Vorstellungen und meiner Neugierde und hatte damals eine Zeitlang die krankhafte Idee, *die Eltern wüßten meine Gedanken, was ich mir so erklärte, daß ich sie ausgesprochen, ohne es aber selbst zu hören*. Ich sehe hierin den Beginn meiner Krankheit. Es gab Personen, Mädchen, die mir sehr gefielen und die ich mir dringendst *nackt zu sehen* wünschte. Ich hatte aber bei diesen Wünschen *ein unheimliches Gefühl, als müßte etwas geschehen*, wenn *ich das dächte*, und *ich müßte allerlei tun, um es zu verhindern*.«

(Als Probe dieser Befürchtungen gibt er auf Befragen an: Z. B. *mein Vater würde sterben*.) »Gedanken an den Tod des Vaters haben mich frühzeitig und durch lange Zeit beschäftigt und sehr traurig gestimmt.«

Ich vernehme bei dieser Gelegenheit mit Erstaunen, daß sein Vater, um den sich doch seine heutigen Zwangsbefürchtungen kümmern, schon vor mehreren Jahren gestorben ist.

Was unser Patient in der ersten Stunde der Behandlung aus seinem 6. oder 7. Jahre schildert, ist nicht nur, wie er meint, der Beginn der Krankheit, sondern bereits die Krankheit selbst. Eine vollständige Zwangsneurose, der kein wesentliches Element mehr abgeht, zugleich der Kern und das Vorbild des späteren Leidens, der Elementarorganismus gleichsam, dessen Studium allein uns das Verhältnis der komplizierten Organisation der heutigen Erkrankung vermitteln kann. Wir sehen das Kind unter der Herrschaft einer sexuellen Triebkomponente, der Schaulust, deren Ergebnis der mit großer Intensität immer wieder von neuem auftretende Wunsch ist, weibliche Personen, die ihm gefallen, nackt zu sehen. Dieser Wunsch entspricht der späteren Zwangsidee; wenn er den Zwangscharakter noch nicht hat, so kommt dies daher, daß das Ich sich noch nicht in vollen Widerspruch zu ihm gesetzt hat, ihn nicht als fremd verspürt, doch regt sich bereits von irgendwoher ein Widerspruch gegen diesen Wunsch, denn ein peinlicher Affekt begleitet regelmäßig das Auftauchen desselben.[1] Ein Konflikt ist offenbar in dem Seelenleben des kleinen Lüsternen vorhanden; neben dem Zwangswunsch steht eine Zwangsbefürchtung innig an den Wunsch geknüpft: sooft er so etwas denkt, muß er fürchten, es werde etwas Schreckliches geschehen. Dies Schreckliche kleidet sich bereits in eine charakteristische Unbestimmtheit, die fortan in den Äußerungen der Neurose niemals fehlen wird. Doch ist es beim Kinde nicht schwer, das durch solche Unbestimmtheit Verhüllte aufzufinden. Kann man für irgendeine der verschwommenen Allgemeinheiten der Zwangsneurose ein Beispiel erfahren, so sei man sicher, dies Beispiel ist das Ursprüngliche und Eigentliche selbst, das durch die Verallgemeinerung versteckt werden sollte. Die Zwangsbefürchtung lautete also, ihrem Sinne nach wiederhergestellt: Wenn ich den Wunsch habe, eine Frau nackt zu sehen, muß mein Vater sterben. Der peinliche Affekt nimmt deutlich die Färbung des Unheimlichen, Abergläubischen an und gibt bereits Impulsen den Ursprung, etwas zur Abwendung des Unheiles zu tun, wie sie sich in den späteren Schutzmaßregeln durchsetzen werden.

Also: ein erotischer Trieb und eine Auflehnung gegen ihn, ein (noch nicht zwanghafter) Wunsch und eine (bereits zwanghafte) ihr[2] widerstrebende Befürchtung, ein peinlicher Affekt und ein Drang zu Abwehrhandlungen; das Inventar der Neurose ist vollzählig. Ja, es ist noch etwas anderes vorhanden, eine Art von *Delir-* oder *Wahn-*

---

1 Es sei daran erinnert, daß man den Versuch gemacht hat, Zwangsvorstellungen ohne Rücksicht auf die Affektivität zu erklären!

2 [So in den *Gesammelten Werken*; vielleicht dachte Freud beim Niederschreiben an die dem Wunsch entsprechende spätere Zwangsidee.]

bildung sonderbaren Inhalts: die Eltern wüßten seine Gedanken, weil er sie ausspreche, ohne sie selbst zu hören. Wir werden kaum irregehen, wenn wir in diesem kindlichen Erklärungsversuch eine Ahnung jener merkwürdigen seelischen Vorgänge vernehmen, die wir unbewußte heißen und deren wir zur wissenschaftlichen Aufhellung des dunklen Sachverhaltes nicht entraten können. »Ich spreche meine Gedanken aus, ohne sie zu hören«, klingt wie eine Projektion nach außen unserer eigenen Annahme, daß er Gedanken hat, ohne etwas von ihnen zu wissen, wie eine endopsychische Wahrnehmung des Verdrängten.

Wir erkennen es nämlich klar: Diese infantile Elementarneurose hat bereits ihr Problem und ihre scheinbare Absurdität wie jede komplizierte Neurose eines Erwachsenen. Was soll es heißen, daß der Vater sterben muß, wenn im Kinde jener lüsterne Wunsch rege wird? Ist das barer Unsinn, oder gibt es Wege, diesen Satz zu verstehen, ihn als notwendiges Ergebnis früherer Vorgänge und Voraussetzungen zu erfassen?

Wenn wir anderswo gewonnene Einsichten auf diesen Fall von Kinderneurose anwenden, so müssen wir vermuten, daß auch hier, also vor dem 6. Jahre, traumatische Erlebnisse, Konflikte und Verdrängungen vorgefallen sind, die selbst der Amnesie verfielen, aber als Residuum diesen Inhalt der Zwangsbefürchtung zurückgelassen haben. Wir werden späterhin erfahren, wieweit es uns möglich ist, diese vergessenen Erlebnisse wiederaufzufinden oder mit einiger Sicherheit zu konstruieren. Unterdes wollen wir noch als ein wahrscheinlich nicht gleichgültiges Zusammentreffen betonen, daß die Kindheitsamnesie unseres Patienten gerade mit dem 6. Jahre ihr Ende erreicht.

Einen derartigen Beginn einer chronischen Zwangsneurose in der frühen Kindheit mit solch lüsternen Wünschen, an die unheimliche Erwartungen und Neigung zu Abwehrhandlungen geknüpft sind, kenne ich von mehreren anderen Fällen. Er ist absolut typisch, wenn auch wahrscheinlich nicht der einzig mögliche Typus. Noch ein Wort über die sexuellen Früherlebnisse des Patienten, ehe wir zum Inhalte der zweiten Sitzung übergehen. Man wird sich kaum sträuben, sie als besonders reichhaltig und wirkungsvoll zu bezeichnen. So ist es aber auch in den anderen Fällen von Zwangsneurose, die ich analysieren konnte. Der Charakter der vorzeitigen sexuellen Aktivität wird im Gegensatze zur Hysterie hier niemals vermißt. Die Zwangsneurose läßt viel deutlicher als die Hysterie erkennen, daß die Momente, welche die Psychoneurose formen, nicht im aktuellen, sondern im infantilen Sexualleben zu suchen sind. Das gegenwärtige Sexualleben der Zwangsneurotiker kann dem oberflächlichen Erforscher oft völlig normal erscheinen; es bietet häufig weit weniger pathogene Momente und Abnormitäten als gerade bei unserem Patienten.

c) Die große Zwangsbefürchtung

»Ich denke, heute will ich mit dem Erlebnisse beginnen, welches der direkte Anlaß für mich war, Sie aufzusuchen. Es war im August während der Waffenübung in **. Ich war vorher elend und hatte mich mit allerlei Zwangsgedanken gequält, die aber während der Übung bald zurücktraten. Es hat mich interessiert, den Berufsoffizieren zu zeigen, daß man nicht nur etwas gelernt hat, sondern auch etwas aushalten kann. Eines Tages machten wir einen kleinen Marsch von * aus. Auf der Rast verlor ich meinen Zwicker, und obwohl ich ihn leicht hätte finden können, wollte ich doch den Aufbruch nicht verzögern und verzichtete auf ihn, telegraphierte aber an meinen Optiker nach Wien, er solle mir umgehend einen Ersatz schicken. Auf derselben Rast nahm ich Platz zwischen zwei Offizieren, von denen einer, ein Hauptmann mit tschechischem Namen, für mich bedeutungsvoll werden sollte. Ich hatte eine gewisse Angst vor dem Manne, *denn er liebte offenbar das Grausame*. Ich will nicht behaupten, daß er schlecht war, aber er war während der Offiziersmenage wiederholt für die Einführung der Prügelstrafe eingetreten, so daß ich ihm energisch hatte widersprechen müssen. Auf dieser Rast nun kamen wir ins Gespräch, und der Hauptmann erzählte, daß er von einer besonders schrecklichen Strafe im Orient gelesen habe...«

Hier unterbricht er sich, steht auf und bittet mich, ihm die Schilderung der Details zu erlassen. Ich versichere ihm, daß ich selbst gar keine Neigung zur Grausamkeit habe, ihn gewiß nicht gerne quälen wolle, daß ich ihm natürlich aber nichts schenken könne, worüber ich keine Verfügung habe. Ebensogut könne er mich bitten, ihm zwei Kometen zu schenken. Die Überwindung von Widerständen sei ein Gebot der Kur, über das wir uns unmöglich hinwegsetzen könnten. (Den Begriff »Widerstand« hatte ich ihm zu Anfang dieser Stunde vorgetragen, als er sagte, er habe vieles in sich zu überwinden, wenn er sein Erlebnis mitteilen solle.) Ich fuhr fort: Was ich aber tun könnte, um etwas von ihm Angedeutetes voll zu erraten, das solle geschehen. Ob er etwa die Pfählung meine? – Nein, das nicht, sondern der Verurteilte werde angebunden – (er drückte sich so undeutlich aus, daß ich nicht sogleich erraten konnte, in welcher Stellung) –, über sein Gesäß ein Topf gestülpt, in diesen dann *Ratten* eingelassen, die sich – er war wieder aufgestanden und gab alle Zeichen des Grausens und Widerstandes von sich – *einbohrten*. In den After, durfte ich ergänzen.

Bei allen wichtigeren Momenten der Erzählung merkt man an ihm einen sehr sonderbar zusammengesetzten Gesichtsausdruck, den ich nur als *Grausen vor seiner ihm selbst unbekannten Lust* auflösen kann. Er fährt mit allen Schwierigkeiten fort: »In dem Momente durchzuckte mich die *Vorstellung, daß dies mit einer mir teuren Person geschehe*.«[1] Auf direktes Befragen gibt er an, daß nicht etwa er selbst diese Strafe vollziehe, sondern daß sie unpersönlich an ihr vollzogen werde. Nach kurzem Raten weiß ich, daß es die von ihm verehrte Dame war, auf die sich jene »Vorstellung« bezog.

Er unterbricht die Erzählung, um mir zu versichern, wie fremd und feindselig sich diese Gedanken ihm gegenüberstellen und mit welch außerordentlicher Raschheit alles in ihm abläuft, was sich weiter an sie knüpft. Mit der Idee gleichzeitig ist auch stets die »Sanktion« da, d. h. die Abwehrmaßregel, der er folgen muß, damit sich eine solche Phantasie nicht erfülle. Als der Hauptmann von jener gräßlichen Strafe sprach und jene Ideen in ihm aufstiegen, gelang es ihm, sich *beider* noch mit seinen gewöhnlichen Formeln zu erwehren, mit einem »aber«, das von einer wegwerfenden Handbewegung begleitet ist, und mit der Rede »Was fällt dir denn ein«.

---

1 Er sagt: Vorstellung; die stärkere und wichtigere Bezeichnung *Wunsch* respektive *Befürchtung* ist offenbar durch Zensur gedeckt. Die eigentümliche Unbestimmtheit aller seiner Reden kann ich leider nicht wiedergeben.

Der Plural machte mich stutzig, sowie er auch dem Leser unverständlich geblieben sein wird. Wir haben ja bisher nur von der einen Idee gehört, daß an der Dame die Rattenstrafe vollzogen werde. Nun muß er zugestehen, daß gleichzeitig die andere Idee in ihm auftauchte, die Strafe treffe auch seinen Vater. Da sein Vater vor vielen Jahren gestorben ist, diese Zwangsbefürchtung also noch viel unsinniger ist als die erste, versuchte sie sich noch eine Weile vor dem Eingeständnis zu bergen.

Am nächsten Abend überreichte ihm derselbe Hauptmann ein mit der Post angelangtes Paket und sagte: Der Oberleutnant A.[1] hat die Nachnahme für dich ausgelegt. Du mußt sie ihm zurückgeben. In dem Paket befand sich der telegraphisch bestellte Zwicker. In dem Moment aber gestaltete sich ihm eine »Sanktion«: *Nicht das Geld zurückgeben*, sonst geschieht das (d. h. die Phantasie von den Ratten verwirkliche sich an Vater und Dame). Und nach einem ihm bekannten Typus erhob sich sofort zur Bekämpfung dieser Sanktion ein Gebot wie ein Eidschwur: *Du mußt dem Oberleutnant A. die Kronen 3.80 zurückgeben*, was er beinahe halblaut vor sich hinsagte.

Zwei Tage später hatte die Waffenübung ihr Ende gefunden. Die Zeit bis dahin füllte er mit Bemühungen aus, dem Oberleutnant A. die kleine Summe zurückzustellen, wogegen sich immer mehr Schwierigkeiten anscheinend *objektiver* Natur erhoben. Zunächst versuchte er die Zahlung durch einen andern Offizier zu leisten, der zur Post ging, war aber sehr froh, als dieser ihm das Geld mit der Erklärung zurückbrachte, er habe den Oberleutnant A. nicht auf der Post angetroffen, denn dieser Modus der Eiderfüllung befriedigte ihn nicht, weil er dem Wortlaute: *Du* mußt dem Oberleutnant A. das Geld zurückgeben, nicht entsprach. Endlich traf er die gesuchte Person A., die aber das Geld mit dem Bemerken zurückwies, sie habe nichts für ihn ausgelegt, sie habe überhaupt nicht die Post, sondern Oberleutnant B. Er war nun sehr betroffen, daß er seinen Eid nicht halten könne, weil dessen Voraussetzung falsch sei, und klügelte sich sehr sonderbare Auskünfte aus: Er werde mit beiden Herren A. und B. zur Post gehen, dort werde A. dem Post-

1 Die Namen sind hier fast indifferent.

fräulein Kronen 3.80 geben, das Postfräulein diese dem B., und er werde nach dem Wortlaute des Eides dann dem A. die Kronen 3.80 zurückgeben.
Ich werde mich nicht verwundern, wenn das Verständnis der Leser an dieser Stelle versagt, denn auch die ausführliche Darstellung, die mir der Patient von den äußeren Vorgängen dieser Tage und seiner Reaktion auf sie gab, litt an inneren Widersprüchen und klang heillos verworren. Erst bei einer dritten Erzählung gelang es, ihn zur Einsicht in diese Unklarheiten zu bringen und die Erinnerungstäuschungen und Verschiebungen bloßzulegen, in die er sich begeben hatte. Ich erspare mir die Wiedergabe dieser Details, von denen wir das Wesentliche bald nachholen können, und bemerke noch, daß er sich am Ende dieser zweiten Sitzung wie betäubt und verworren benahm. Er sprach mich wiederholt »Herr Hauptmann« an, wahrscheinlich, weil ich zu Eingang der Stunde bemerkt hatte, ich sei selbst kein Grausamer wie der Hauptmann M. und habe nicht die Absicht, ihn unnötigerweise zu quälen.
Ich erhielt von ihm in dieser Stunde nur noch die Aufklärung, daß er von Anfang an, auch bei allen früheren Befürchtungen, daß seinen Lieben etwas geschehen werde, diese Strafen nicht allein in die Zeitlichkeit, sondern auch in die Ewigkeit, ins Jenseits verlegt habe. Er war bis zum 14. oder 15. Jahre sehr gewissenhaft religiös gewesen, von wo an er sich bis zu seinem heutigen Freidenkertum entwickelt hatte. Er gleiche den Widerspruch aus, indem er sich sage: Was weißt du vom Leben im Jenseits? Was wissen die anderen davon? Man kann ja doch nichts wissen, du riskierst ja nichts, also tu's. Diese Schlußweise hält der sonst so scharfsinnige Mann für einwandfrei und nutzt die Unsicherheit der Vernunft in dieser Frage solcherart zugunsten der überwundenen frommen Weltanschauung aus.
In der dritten Sitzung beendigt er die sehr charakteristische Erzählung seiner Bemühungen, den Zwangseid zu erfüllen: Am Abende fand die letzte Zusammenkunft der Offiziere vor dem Schlusse der Waffenübung statt. Ihm fiel es zu, für den Toast auf »die Herren von der Reserve« zu danken. Er sprach gut, aber wie im Schlafwandel, denn im Hintergrunde plagte ihn immer sein Eid. Die Nacht war entsetzlich; Argumente und Gegenargumente bekämpften einan-

der; Hauptargument war natürlich, daß die Voraussetzung seines Eides, Oberleutnant A. habe das Geld für ihn gezahlt, ja nicht zuträfe. Aber er tröstete sich damit, daß es ja noch nicht vorüber sei, da A. den morgigen Ritt zur Bahnstation P. bis zu einer gewissen Stelle mitmachen werde, so daß er Zeit haben werde, ihn um die Gefälligkeit anzusprechen. Er tat es nun nicht, ließ A. abschwenken, gab aber doch seinem Burschen den Auftrag, ihm seinen Besuch für den Nachmittag anzukündigen. Er selbst gelangte um ½ 10 Uhr vormittags zum Bahnhofe, legte sein Gepäck ab, machte in der kleinen Stadt allerlei Besorgungen und nahm sich vor, darauf den Besuch bei A. zu machen. Das Dorf, in dem A. stationiert war, lag etwa eine Stunde mit dem Wagen von der Stadt P. entfernt.[1] Die Eisenbahnfahrt nach dem Orte, wo sich das Postamt befand, hätte drei Stunden betragen; so meinte er, es würde noch gerade gelingen, nach Ausführung seines komplizierten Planes den von P. nach Wien abgehenden Abendzug zu erreichen. Die Ideen, die sich bekämpften, lauteten einerseits: es sei doch eine Feigheit von ihm, er wolle sich offenbar nur die Unbequemlichkeit ersparen, von A. dieses Opfer zu verlangen und vor ihm als Narr dazustehen, und setze sich deshalb über seinen Eid hinweg; anderseits: es sei im Gegenteile eine Feigheit, wenn er den Eid ausführe, da er sich dadurch nur Ruhe vor den Zwangsvorstellungen schaffen wolle. Wenn in einer Überlegung die Argumente einander so die Waage hielten, so lasse er sich gewöhnlich von zufälligen Ereignissen wie von Gottesurteilen treiben. Darum sagte er: Ja, als ein Gepäckträger ihn auf dem Bahnhofe fragte: Zum Zug um 10 Uhr, Herr Leutnant?, fuhr um 10 Uhr ab und hatte so ein *fait accompli* geschaffen, das ihn sehr erleichterte. Beim Kondukteur des Speisewagens nahm er noch eine Marke für die Table d'hôte. In der ersten Station fiel ihm plötzlich ein, jetzt könne er noch aussteigen, den Gegenzug abwarten, mit diesem nach P. und an den Ort, wo Oberleutnant A. sich aufhielt, fahren, mit ihm dann die dreistündige Bahnfahrt zum Postamt machen usf. Nur die Rücksicht auf die Zusage, die er dem Kellner gegeben, hielt ihn von der Ausführung dieser Absicht ab; er gab sie aber nicht auf, sondern verschob das Aussteigen auf eine spätere Station. So schlug

1 [Vgl. die Lageskizze, unten, S. 101.]

er sich von Station zu Station durch, bis er zu einer gelangte, in welcher ihm das Aussteigen unmöglich erschien, weil er dort Verwandte hatte, und er beschloß, nach Wien durchzufahren, dort seinen Freund aufzusuchen, ihm die Sache vorzutragen und nach dessen Entscheidung noch mit dem Nachtzug nach P. zurückzufahren. Meinem Zweifel, ob das zusammengegangen wäre, begegnet er mit der Versicherung, er hätte zwischen der Ankunft des einen und der Abfahrt des anderen Zuges eine halbe Stunde frei gehabt. In Wien angelangt, traf er den Freund aber nicht in dem Gasthause, wo er ihn zu treffen erwartet hatte, kam erst um 11 Uhr abends in die Wohnung seines Freundes und trug ihm noch in der Nacht seine Sache vor. Der Freund schlug die Hände zusammen, daß er noch immer zweifeln könne, ob es eine Zwangsvorstellung gewesen sei, beruhigte ihn für diese Nacht, so daß er ausgezeichnet schlief, und ging mit ihm am nächsten Vormittag zur Post, um die Kronen 3.80 – an die Adresse des Postamtes, woselbst das Zwickerpaket angekommen war, aufzugeben.

Letztere Mitteilung gab mir den Anhaltspunkt, die Entstellungen seiner Erzählung zu entwirren. Wenn er, durch den Freund zur Besinnung gebracht, die kleine Summe nicht an Oberleutnant A. und nicht an Oberleutnant B., sondern ans Postamt direkt absandte, so mußte er ja wissen und schon bei seiner Abreise gewußt haben, daß er *niemand anderem als dem Postbeamten* die Nachnahmegebühr schuldig geblieben sei. Es ergab sich wirklich, daß er dies schon vor der Aufforderung des Hauptmanns und vor seinem Eide gewußt hatte, denn er erinnerte sich jetzt, daß er einige Stunden vor der Begegnung mit dem grausamen Hauptmanne Gelegenheit hatte, sich einem andern Hauptmann vorzustellen, der ihm den richtigen Sachverhalt mitgeteilt hatte. Dieser Offizier erzählte ihm, als er seinen Namen hörte, er sei vor kurzem auf dem Postamt gewesen und vom *Postfräulein* befragt worden, ob er einen Leutnant H. (eben unseren Patienten) kenne, für den ein Paket mit Nachnahme angekommen sei. Er erwiderte verneinend, aber das Fräulein meinte, sie habe Zutrauen zu dem unbekannten Leutnant und werde unterdes die Gebühr selbst erlegen. Auf diese Weise kam unser Patient in den Besitz des von ihm bestellten Zwickers. Der grausame Hauptmann beging einen Irrtum, als er bei der Einhändigung des Pakets mahnte,

die Kronen 3.80 dem A. zurückzugeben. Unser Patient mußte wissen, daß dies ein Irrtum sei. Trotzdem leistete er den auf diesen Irrtum gegründeten Schwur, der ihm zur Qual werden mußte. Die Episode des andern Hauptmannes und die Existenz des vertrauensvollen Postfräuleins hatte er dabei sich und in der Wiedergabe auch mir unterschlagen. Ich gebe zu, daß sein Benehmen nach dieser Richtigstellung noch unsinniger und unverständlicher wird als vorher.
Nachdem er seinen Freund verlassen hatte und zu seiner Familie zurückgekehrt war, befielen ihn die Zweifel von neuem. Die Argumente seines Freundes seien ja keine anderen gewesen als seine eigenen, und er täuschte sich nicht darüber, daß die zeitweilige Beruhigung nur auf den persönlichen Einfluß des Freundes zurückzuführen war. Der Entschluß, einen Arzt aufzusuchen, wurde auf folgende geschickte Art in das Delir verwoben. Er werde sich von einem Arzte ein Zeugnis ausstellen lassen, daß er eines solchen Aktes, wie er ihn mit Oberleutnant A. ausgedacht, zu seiner Herstellung bedürfe, und dieser werde sich durch das Zeugnis gewiß bewegen lassen, die Kronen 3.80 von ihm anzunehmen. Der Zufall, der ihm gerade damals ein Buch von mir in die Hände spielte, lenkte seine Wahl auf mich. Bei mir war aber von jenem Zeugnis nicht die Rede, er forderte sehr verständig nur die Befreiung von seinen Zwangsvorstellungen. Viele Monate später tauchte auf der Höhe des Widerstandes wieder einmal die Versuchung auf, doch nach P. zu fahren, den Oberleutnant A. aufzusuchen und mit ihm die Komödie des Geldzurückgebens aufzuführen.

d) Die Einführung ins Verständnis der Kur

Man erwarte nicht, so bald zu hören, was ich zur Aufhellung dieser sonderbar unsinnigen Zwangsvorstellungen (von den Ratten) vorzubringen habe; die richtige psychoanalytische Technik heißt den Arzt seine Neugierde unterdrücken und läßt dem Patienten die freie Verfügung über die Reihenfolge der Themata in der Arbeit. Ich empfing also den Patienten in der vierten Sitzung mit der Frage: Wie werden Sie nun fortfahren?
»Ich habe mich entschlossen, Ihnen mitzuteilen, was ich für sehr

bedeutsam halte und was mich von Anbeginn an quält.« Er erzählt nun sehr breit die Krankengeschichte seines Vaters, der vor 9 Jahren an Emphysem verstarb. Eines Abends fragte er in der Meinung, es sei ein krisenhafter Zustand, den Arzt, wann die Gefahr als beseitigt gelten könnte. Die Antwort lautete: Übermorgen abends. Es kam ihm nicht in den Sinn, daß der Vater diesen Termin nicht erleben könnte. Er legte sich um ½12 Uhr nachts für eine Stunde zu Bette, und als er um 1 Uhr erwachte, hörte er von einem ärztlichen Freunde, der Vater sei gestorben. Er machte sich den Vorwurf, daß er beim Tode nicht zugegen gewesen sei, der sich verstärkte, als ihm die Pflegerin mitteilte, der Vater habe in den letzten Tagen einmal seinen Namen genannt und an sie, als sie zu ihm trat, die Frage gerichtet: Sind Sie der Paul? Er glaubte bemerkt zu haben, daß die Mutter und die Schwestern sich ähnliche Vorwürfe machen wollten; sie sprachen aber nicht darüber. Der Vorwurf war aber zunächst kein quälender; er realisierte lange Zeit die Tatsache seines Todes nicht; es passierte ihm immer wieder, daß er sich, wenn er einen guten Witz gehört hatte, sagte: Das muß ich dem Vater erzählen. Auch spielte seine Phantasie mit dem Vater, so daß er häufig, wenn es an die Türe klopfte, meinte: Jetzt kommt der Vater, wenn er ein Zimmer betrat, erwartete, den Vater darin zu finden, und wiewohl er die Tatsache seines Todes nie vergaß, hatte die Erwartung solcher Geistererscheinung nichts Schreckhaftes, sondern etwas höchst Erwünschtes für ihn. Erst 1½ Jahre später erwachte die Erinnerung an sein Versäumnis und begann ihn entsetzlich zu quälen, so daß er sich als Verbrecher behandelte. Veranlassung war der Tod einer angeheirateten Tante und sein Besuch im Trauerhause. Von da an fügte er seinem Gedankengebäude die Fortsetzung ins Jenseits an. Schwere Arbeitsunfähigkeit war die nächste Folge dieses Anfalles.[1] Da er erzählt, nur die Tröstungen seines Freundes hätten

1 Ein Verständnis dieser Einwirkung ergibt sich später aus der genaueren Beschreibung des Anlasses. Der verwitwete Onkel hatte jammernd ausgerufen: »Andere Männer vergönnen sich alles mögliche, und ich habe nur für diese Frau gelebt!« Unser Patient nahm an, der Onkel spiele auf den Vater an und verdächtige dessen eheliche Treue, und obwohl der Onkel diese Deutung seiner Worte aufs entschiedenste bestritt, war deren Wirkung nicht mehr aufzuheben.

ihn damals aufrechtgehalten, der diese Vorwürfe immer als arg übertrieben zurückgewiesen, bediene ich mich dieses Anlasses, um ihm den ersten Einblick in die Voraussetzungen der psychoanalytischen Therapie zu geben. Wenn eine Mesalliance zwischen Vorstellungsinhalt und Affekt, also zwischen Größe des Vorwurfs und Anlaß des Vorwurfs vorliegt, so würde der Laie sagen, der Affekt sei zu groß für den Anlaß, also übertrieben, die aus dem Vorwurfe gezogene Folgerung, ein Verbrecher zu sein, sei also falsch. Der Arzt sagt im Gegenteile: Nein, der Affekt ist berechtigt, das Schuldbewußtsein ist nicht weiter zu kritisieren, aber es gehört zu einem andern Inhalte, der nicht bekannt (*unbewußt*) ist und der erst gesucht werden muß. Der bekannte Vorstellungsinhalt ist nur durch falsche Verknüpfung an diese Stelle geraten. Wir sind aber nicht gewohnt, starke Affekte ohne Vorstellungsinhalt in uns zu verspüren, und nehmen daher bei fehlendem Inhalt einen irgendwie passenden anderen als Surrogat auf, etwa wie unsere Polizei, wenn sie den richtigen Mörder nicht erwischen kann, einen unrechten an seiner Stelle verhaftet. Die Tatsache der falschen Verknüpfung erklärt auch allein die Ohnmacht der logischen Arbeit gegen die peinigende Vorstellung. Ich schließe dann mit dem Zugeständnisse, daß sich aus dieser neuen Auffassung zunächst große Rätsel ableiten, denn wie solle er seinem Vorwurf, ein Verbrecher gegen den Vater zu sein, recht geben, wenn er doch wissen müsse, daß er eigentlich nie etwas Verbrecherisches gegen ihn begangen habe.

Er zeigt dann in der nächsten Sitzung großes Interesse für meine Darlegungen, gestattet sich aber einige Zweifel vorzubringen: Wie eigentlich die Mitteilung, daß der Vorwurf, das Schuldbewußtsein, recht habe, heilend wirken könne? – Nicht diese Mitteilung hat die Wirkung, sondern die Auffindung des unbekannten Inhaltes, zu dem der Vorwurf gehört. – Ja, gerade darauf beziehe sich seine Frage. – Ich erläutere meine kurzen Angaben über die psychologischen *Unterschiede des Bewußten vom Unbewußten*, über die Usur, der alles Bewußte unterliegt, während das Unbewußte relativ unveränderlich ist, durch einen Hinweis auf die in meinem Zimmer aufgestellten Antiquitäten. Es seien eigentlich nur Grabfunde, die Verschüttung habe für sie die Erhaltung bedeutet. Pompeji gehe erst jetzt zugrunde, seitdem es aufgedeckt sei. – Ob es eine Garantie gebe, fragt er weiter, wie man sich gegen das Gefundene verhalten werde. Der eine, meint er, wohl so, daß er dann den Vorwurf überwinde, der andere aber nicht. – Nein, es liege in der Natur der Verhältnisse, daß der Affekt dann jedesmal meist schon während der Arbeit überwunden werde. Pompeji bestrebe man sich eben zu erhalten, solche peinigende Ideen wolle man durchaus loswerden. – Er habe sich gesagt, ein Vorwurf kann ja nur durch Verletzung der eigensten persönlichen Sittengesetze, nicht der äußerlichen, entstehen. (Ich bestätige, wer bloß die verletzt, fühle sich ja oft als Held.) Ein solcher Vorgang sei also nur möglich bei einem *Zerfalle der Persönlichkeit*, der von Anfang an gegeben sei. Ob er die Einheit der Persönlichkeit wiedergewinnen werde? In diesem Falle getraue er sich vieles zu leisten, vielleicht mehr als andere. – Ich darauf: Ich sei mit dieser Spaltung der Persönlichkeit durchaus einverstanden, er möge diesen neuen Gegensatz zwischen der sittlichen Person und dem Bösen nur mit dem vorigen, dem Gegensatze zwischen Bewußtem und Unbewußtem, zusammenlöten. Die sittliche Person sei das Bewußte, das Böse unbewußt.[1] – Er könne sich erinnern, daß er, obwohl er sich für eine sittliche Person halte, doch ganz bestimmt in seiner *Kindheit* Dinge getan habe, die von der andern Person ausgegangen seien. – Ich meine, er habe da so nebenbei einen Hauptcharakter des Unbewußten entdeckt, die Beziehung zum *Infantilen*. Das Unbewußte sei das Infantile, und zwar jenes Stück der Person, das sich damals von ihr abgesondert, die weitere Entwicklung nicht mitgemacht habe und darum *verdrängt* worden sei. Die Abkömmlinge dieses verdrängten Unbewußten seien die Elemente, welche das unwillkürliche Denken unterhalten, in dem sein Leiden bestehe. Er könne jetzt noch einen Charakter des Unbewußten entdecken; das wolle ich ihm gerne überlassen. – Er findet direkt nichts Weiteres, dafür äußert er den Zweifel, ob so lange bestehende Veränderungen rückgängig zu machen seien. Was wolle man speziell gegen die Idee vom Jenseits tun, die doch logisch nicht widerlegt werden könne? – Ich bestreite die Schwere seines Falles und die Bedeutung seiner Konstruktionen nicht, aber sein Alter sei ein sehr günstiges,

1 Das ist alles zwar nur im gröbsten richtig, reicht aber zur Einführung zunächst hin.

und günstig sei auch die Intaktheit seiner Persönlichkeit, wobei ich ein anerkennendes Urteil über ihn ausspreche, das ihn sichtlich erfreut.

In der nächsten Sitzung beginnt er, er müsse etwas Tatsächliches aus seiner Kindheit erzählen. Nach 7 Jahren hatte er, wie schon erzählt, die Angst, daß die Eltern seine Gedanken erraten, die ihm eigentlich durch das weitere Leben verblieben sei. Mit 12 Jahren liebte er ein kleines Mädchen, Schwester eines Freundes (auf Befragen: nicht sinnlich, er wollte sie nicht nackt sehen, sie war zu klein), die aber mit ihm nicht so zärtlich war, wie er es wünschte. Und da kam ihm die Idee, daß sie liebevoll mit ihm sein würde, wenn ihn ein Unglück träfe; als solches drängte sich ihm der Tod des Vaters auf. Er wies diese Idee sofort energisch zurück, wehrt sich auch jetzt gegen die Möglichkeit, es könne sich ein »Wunsch« so geäußert haben. Es war eben nur eine »Denkverbindung«.[1] – Ich wende ein: wenn es kein Wunsch war, wozu das Sträuben? – Ja, nur wegen des Inhaltes der Vorstellung, daß der Vater sterben könne. – Ich: Er behandle diesen Wortlaut wie den einer Majestätsbeleidigung, wobei es bekanntlich ebenso bestraft wird, wenn jemand sagt: Der Kaiser ist ein Esel, wie wenn er diese verpönten Worte einkleidet: Wenn jemand sagt..., so hat er es mit mir zu tun. Ich könnte ihm ohne weiteres den Vorstellungsinhalt, gegen den er sich so sträubte, in einen Zusammenhang bringen, der dies Sträuben ausschließen würde; z.B.: Wenn mein Vater stirbt, töte ich mich auf seinem Grabe. – Er ist erschüttert, ohne seinen Widerspruch aufzugeben, so daß ich den Streit mit der Bemerkung abbreche, die Idee vom Tode des Vaters sei ja in diesem Falle nicht zum ersten Male aufgetreten, sie stamme offenbar von früher her, und wir würden ihrer Herkunft einmal nachspüren müssen. – Er erzählt weiter, ein zweites Mal sei ihm ein ganz ähnlicher Gedanke blitzähnlich ein halbes Jahr vor dem Tode des Vaters gekommen. Er war bereits in jene Dame verliebt[2], konnte aber wegen materieller Hindernisse nicht an eine Verbindung denken. Da habe die Idee gelautet: *Durch den Tod des Vaters werde er vielleicht so*

1 Mit solchen Wortabschwächungen gibt sich nicht allein der Zwangsneurotiker zufrieden.

2 Vor zehn Jahren.

reich werden, daß er sie heiraten könne. In seiner Abwehr ging er dann so weit, daß er wünschte, der Vater solle gar nichts hinterlassen, damit kein Gewinn diesen für ihn entsetzlichen Verlust kompensiere. Ein drittes Mal kam dieselbe Idee, aber sehr gemildert, am Tage vor dem Tode des Vaters. Er dachte: Ich kann jetzt mein Liebstes verlieren, und dagegen kam der Widerspruch: Nein, es gibt noch eine andere Person, deren Verlust dir noch schmerzlicher wäre.[1] Er verwundere sich sehr über diese Gedanken, da er ja ganz sicher sei, der Tod des Vaters könne nie Gegenstand seines Wunsches gewesen sein, immer nur einer Befürchtung. – Nach dieser mit voller Stärke ausgesprochenen Rede halte ich es für zweckmäßig, ihm ein neues Stückchen der Theorie vorzuführen. Die Theorie behaupte, daß solche Angst einem ehemaligen, nun verdrängten *Wunsch* entspreche, so daß man das gerade Gegenteil von seiner Beteuerung annehmen müsse. Es stimmt dies auch zur Forderung, daß das Unbewußte der kontradiktorische Gegensatz des Bewußten sein solle. Er ist sehr bewegt, sehr ungläubig und wundert sich, wie dieser Wunsch bei ihm möglich gewesen sein solle, wenn ihm der Vater doch der liebste aller Menschen war. Es leide keinen Zweifel, daß er auf jedes persönliche Glück verzichtet hätte, wenn er dadurch des Vaters Leben hätte retten können. Ich antworte, gerade diese intensive Liebe sei die Bedingung des verdrängten Hasses. Bei indifferenten Personen werde es ihm gewiß leicht gelingen, die Motive zu einer mäßigen Neigung und ebensolchen Abneigung nebeneinanderzuhalten, etwa wenn er Beamter sei und von seinem Bürochef denke, er sei ein angenehmer Vorgesetzter, aber ein kleinlicher Jurist und inhumaner Richter. Ähnlich sage doch Brutus über Cäsar bei Shakespeare (III, 2): »Weil Cäsar mich liebte, wein' ich um ihn; weil er glücklich war, freue ich mich; weil er tapfer war, ehr' ich ihn; aber weil er herrschsüchtig war, erschlug ich ihn.« Und diese Rede wirke bereits befremdend, weil wir uns des Brutus Affektion für Cäsar intensiver vorgestellt haben. Bei einer Person, die ihm näherstehe, seiner Frau etwa, werde er das Bestreben nach einer einheitlichen Empfindung haben und darum, wie allgemein menschlich, ihre

1 Ein Gegensatz zwischen den beiden geliebten Personen, Vater und »Dame«, ist hier unverkennbar angezeigt.

Fehler, die seine Abneigung hervorrufen könnten, vernachlässigen, wie verblendet übersehen. Also gerade die große Liebe lasse es nicht zu, daß der Haß (karikiert so bezeichnet), der wohl irgendeine Quelle haben müsse, bewußt bleibe. Ein Problem sei es allerdings, woher dieser Haß stamme; seine Aussagen deuteten selbst auf die Zeit hin, in welcher er gefürchtet, daß die Eltern seine Gedanken erraten. Anderseits könne man auch fragen, warum die große Liebe nicht den Haß habe auslöschen können, wie man es so von gegensätzlichen Regungen gewohnt sei. Man könne nur annehmen, daß der Haß doch mit einer Quelle, einem Anlaß in einer Verbindung stehe, die ihn unzerstörbar mache. Also einerseits schütze ein solcher Zusammenhang den Haß gegen den Vater vor dem Untergange, anderseits hindere die große Liebe ihn am Bewußtwerden, so daß ihm eben nur die Existenz im Unbewußten übrigbleibe, aus der er sich doch in einzelnen Momenten blitzähnlich vordrängen könne.
Er gibt zu, daß dies alles ganz plausibel anzuhören ist, hat aber natürlich keine Spur von Überzeugung.[1] Er möchte sich die Frage erlauben, wie es zugehe, daß eine solche Idee Pausen machen könne, mit 12 Jahren für einen Moment komme, dann mit 20 Jahren wieder und zwei Jahre später von neuem, um von da an anzuhalten. Er könne doch nicht glauben, daß inzwischen die Feindseligkeit erloschen gewesen sei, und doch habe sich in den Pausen nichts von Vorwürfen gezeigt. Ich darauf: Wenn jemand so eine Frage stellt, so hat er auch schon die Antwort bereit. Man braucht ihn nur weitersprechen zu lassen. Er setzt nun in anscheinend lockerem Zusammenhange fort: Er sei der beste Freund des Vaters gewesen, wie dieser seiner; bis auf wenige Gebiete, auf denen Vater und Sohn einander auszuweichen pflegen (was meint er wohl?), sei die Intimität zwischen ihnen größer gewesen als jetzt mit seinem besten Freunde. Jene Dame, um deren wegen er den Vater in der Idee zu-

1 Es ist niemals die Absicht solcher Diskussionen, Überzeugung hervorzurufen. Sie sollen nur die verdrängten Komplexe ins Bewußtsein einführen, den Streit um sie auf dem Boden bewußter Seelentätigkeit anfachen und das Auftauchen neuen Materials aus dem Unbewußten erleichtern. Die Überzeugung stellt sich erst nach der Bearbeitung des wiedergewonnenen Materials durch den Kranken her, und solange sie schwankend ist, darf man das Material als nicht erschöpft beurteilen.

rückgesetzt, habe er zwar sehr geliebt, aber eigentlich sinnliche Wünsche, wie sie seine Kindheit erfüllten, hätten sich in bezug auf sie nie geregt; seine sinnlichen Regungen seien in der Kindheit überhaupt viel stärker gewesen als zur Zeit der Pubertät. – Ich meine nun, er habe jetzt die Antwort gegeben, auf die wir warteten, und gleichzeitig den dritten großen Charakter des Unbewußten aufgefunden. Die Quelle, aus welcher die Feindseligkeit gegen den Vater ihre Unzerstörbarkeit beziehe, sei offenbar von der Natur *sinnlicher Begierden*, dabei habe er den Vater irgendwie als *störend* empfunden. Ein solcher Konflikt zwischen Sinnlichkeit und Kindesliebe sei ein durchaus typischer. Die Pausen habe es bei ihm gegeben, weil infolge der vorzeitigen Explosion seiner Sinnlichkeit zunächst eine so erhebliche Dämpfung derselben eingetreten sei. Erst als sich wieder intensive verliebte Wünsche bei ihm eingestellt hätten, sei diese Feindseligkeit aus der analogen Situation heraus wieder aufgetreten. Ich lasse mir übrigens von ihm bestätigen, daß ich ihn weder auf das infantile noch auf das sexuelle Thema gelenkt habe, sondern daß er selbständig auf beide gekommen sei. – Er fragt nun weiter, warum er nicht zur Zeit der Verliebtheit in die Dame einfach bei sich die Entscheidung gefällt, die Störung dieser Liebe durch den Vater könne gegen seine Liebe zum Vater nicht in Betracht kommen. – Ich antwortete: Es ist schwer möglich, jemand in absentia zu erschlagen. Um jene Entscheidung zu ermöglichen, hätte ihm der beanständete Wunsch damals zum ersten Male kommen müssen; es war aber ein *altverdrängter*, gegen den er sich nicht anders benehmen konnte als vorher und der darum der Vernichtung entzogen blieb. Der Wunsch (den Vater als Störer zu beseitigen) müßte in Zeiten entstanden sein, in denen die Verhältnisse ganz anders lagen, etwa daß er den Vater damals nicht stärker liebte als die sinnlich begehrte Person oder daß er einer klaren Entscheidung nicht fähig war, also in sehr früher Kindheit, vor 6 Jahren, ehe seine kontinuierliche Erinnerung einsetzte, und das sei eben für alle Zeiten so geblieben. – Mit dieser Konstruktion schließt die Erörterung vorläufig ab.

In der nächsten, der siebenten Sitzung, greift er dasselbe Thema wieder auf. Er könne nicht glauben, daß er je den Wunsch gegen den Vater gehabt habe. Er erinnere sich einer Novelle von Sudermann, die ihm einen tiefen Eindruck gemacht, in welcher eine Schwester am Krankenbette der andern diesen Todeswunsch gegen sie verspüre, um deren Mann heiraten zu können. Sie töte sich dann, weil sie nach einer solchen Gemeinheit nicht verdiene zu leben. Er verstehe das, und es sei ihm ganz recht, wenn er an seinen Gedanken zugrunde gehe, denn er verdiene es nicht anders.[1] Ich bemerke, es sei uns wohlbekannt, daß den Kranken ihr Leiden eine gewisse Befriedigung gewähre, so daß sie sich eigentlich alle partiell sträuben, gesund zu werden. Er möge nicht aus den Augen verlieren, daß eine Behandlung wie die unserige unter *beständigem Widerstande* vor sich gehe; ich werde ihn immer wieder daran erinnern.

Er will jetzt von einer verbrecherischen Handlung sprechen, in der er sich nicht erkenne, an die er sich aber ganz bestimmt erinnere. Er zitiert ein Wort von Nietzsche: *»Das habe ich getan«, sagt mein Gedächtnis, »das kann ich nicht getan haben« – sagt mein Stolz und bleibt unerbittlich. Endlich – gibt das Gedächtnis nach.*[2] »Darin hat also mein Gedächtnis nicht nachgegeben.« – Eben weil Sie zur Selbstbestrafung aus Ihren Vorwürfen Lust ziehen. – »Mit meinem jüngeren Bruder – ich bin ihm jetzt wirklich gut, er bereitet mir gerade große Sorge, indem er eine Heirat machen will, die ich für einen Unsinn halte; ich hab' schon die Idee gehabt, hinzureisen und die Person umzubringen, damit er sie nicht heiraten kann – habe ich als Kind viel gerauft. Daneben hatten wir einander sehr lieb und waren unzertrennlich, aber mich beherrschte offenbar Eifersucht, denn er war der stärkere, schönere und darum beliebtere.« – Sie haben ja schon eine solche Eifersuchtsszene mit Fräulein Lina mitgeteilt. – »Also nach einer solchen Gelegenheit, gewiß vor 8 Jahren, denn ich ging noch nicht in die Schule, in die ich mit 8 Jahren gekommen bin, tat ich folgendes: Wir hatten Kindergewehre von der bekannten Konstruktion; ich lud meines mit dem Ladstock, sagte ihm, er solle in den Lauf hineinschauen, er werde etwas sehen, und als er hineinschaute, drückte ich los. Es traf ihn auf die Stirne und machte ihm

1 Dies Schuldbewußtsein enthält den offenbarsten Widerspruch gegen sein anfängliches *Nein*, er habe den bösen Wunsch gegen den Vater nie gehabt. Es ist ein häufiger Typus in der Reaktion gegen das bekanntgewordene Verdrängte, daß sich an das erste Nein der Ablehnung alsbald die zunächst indirekte Bestätigung anschließt.

2 Jenseits von Gut und Böse, IV, 68.

nichts, aber es war meine Absicht gewesen, ihm sehr wehe zu tun. Ich war dann ganz außer mir, warf mich auf den Boden und fragte mich: Wie habe ich das nur tun können? – Aber ich habe es getan.« – Ich benutze die Gelegenheit, um für meine Sache zu plädieren. Wenn er eine solche, ihm so fremde Tat im Gedächtnis bewahrt habe, so könne er doch nicht die Möglichkeit in Abrede stellen, daß in noch früheren Jahren etwas Ähnliches, was er heute nicht mehr erinnere, gegen den Vater vorgekommen sei. – Er wisse noch von anderen Regungen der Rachsucht gegen jene Dame, die er so sehr verehre und von deren Charakter er eine begeisterte Schilderung gibt. Sie könne vielleicht nicht leicht lieben, sie spare sich ganz für den einen auf, dem sie einmal angehören werde; ihn liebe sie nicht. Als er dessen sicher wurde, gestaltete sich ihm eine bewußte Phantasie, er werde sehr reich werden, eine andere heiraten und dann mit ihr einen Besuch bei der Dame machen, um sie zu kränken. Aber da versagte ihm die Phantasie, denn er mußte sich eingestehen, daß ihm die andere, die Frau, ganz gleichgültig sei, seine Gedanken verwirrten sich, und am Ende wurde ihm klar, daß diese andere sterben solle. Auch in dieser Phantasie findet er, wie in dem Anschlag gegen den Bruder, den Charakter der *Feigheit*, der ihm so entsetzlich ist.[1] – Im weiteren Gespräche mit ihm mache ich geltend, daß er sich ja logischerweise für ganz unverantwortlich für alle diese Charakterzüge erklären müsse, denn all diese verwerflichen Regungen stammten aus dem Kinderleben, entsprächen den im Unbewußten fortlebenden Abkömmlingen des Kindercharakters, und er wisse doch, daß für das Kind die ethische Verantwortlichkeit nicht gelten könne. Aus der Summe der Anlagen des Kindes entstehe der ethisch verantwortliche Mensch erst im Laufe der Entwicklung.[2] Er bezweifelt aber, daß alle seine bösen Regungen von dieser Herkunft sind. Ich verspreche, es ihm im Laufe der Kur zu beweisen.

Er führt noch an, daß sich die Krankheit seit dem Tode des Vaters so

---

1 Was späterhin seine Erklärung finden soll.

2 Ich bringe diese Argumente nur vor, um mir wieder von neuem bestätigen zu lassen, wie ohnmächtig sie sind. Ich kann es nicht begreifen, wenn andere Psychotherapeuten berichten, daß sie mit solchen Waffen die Neurosen erfolgreich bekämpfen.

enorm gesteigert hat, und ich gebe ihm insofern recht, als ich die Trauer um den Vater als Hauptquelle der Krankheitsintensität anerkenne. Die Trauer hat in der Krankheit gleichsam einen pathologischen Ausdruck gefunden. Während eine normale Trauer in 1 bis 2 Jahren ihren Ablauf erreicht, ist eine pathologische wie seine in ihrer Dauer unbegrenzt.

Soweit reicht, was ich aus dieser Krankengeschichte ausführlich und in der Reihenfolge erzählen kann. Es deckt sich ungefähr mit der Exposition der über 11 Monate verlaufenden Behandlung.

e) Einige Zwangsvorstellungen und deren Übersetzung

Zwangsvorstellungen erscheinen bekanntlich entweder unmotiviert oder unsinnig, ganz wie der Wortlaut unserer nächtlichen Träume, und die nächste Aufgabe, die sie stellen, geht dahin, ihnen Sinn und Halt im Seelenleben des Individuums zu geben, so daß sie verständlich, ja eigentlich selbstverständlich werden. Man lasse sich in dieser Aufgabe der Übersetzung niemals durch den Anschein der Unlösbarkeit beirren; die tollsten oder absonderlichsten Zwangsideen lassen sich durch gebührende Vertiefung lösen. Zu dieser Lösung gelangt man aber, wenn man die Zwangsideen in zeitlichen Zusammenhang mit dem Erleben des Patienten bringt, also indem man erforscht, wann die einzelne Zwangsidee zuerst aufgetreten ist und unter welchen äußeren Umständen sie sich zu wiederholen pflegt. Bei Zwangsideen, die es, wie so häufig, zu keiner Dauerexistenz gebracht haben, vereinfacht sich dementsprechend auch die Lösungsarbeit. Man kann sich leicht überzeugen, daß nach der Aufdeckung des Zusammenhanges der Zwangsidee mit dem Erleben des Kranken alles andere Rätselhafte und Wissenswerte an dem pathologischen Gebilde, seine Bedeutung, der Mechanismus seiner Entstehung, seine Abkunft von den maßgebenden psychischen Triebkräften, unserer Einsicht leicht zugänglich ist.

Ich beginne mit einem besonders durchsichtigen Beispiel des bei unserem Patienten so häufigen *Selbstmordimpulses*, welches sich in der Darstellung beinahe von selbst analysiert: Er verlor einige Wochen im Studium infolge der Abwesenheit seiner Dame, welche abgereist war, um ihre schwer erkrankte Großmutter zu pflegen. »Mitten im eifrigsten Studium fiel ihm da ein: Das Gebot, sich den ersten möglichen Prüfungstermin im Semester zu nehmen, könne man sich ja gefallen lassen. Wie aber, wenn dir das Gebot käme, dir den Hals mit dem Rasiermesser abzuschneiden? Er merkte sofort, daß dieses Gebot bereits erflossen war, eilte zum Schrank, um das Rasiermesser zu holen, da fiel ihm ein: Nein, so einfach ist das nicht. Du mußt[1] hinreisen und die alte Frau umbringen. Da fiel er vor Entsetzen auf den Boden.«

Der Zusammenhang dieser Zwangsidee mit dem Leben ist hier im Eingange des Berichtes enthalten. Seine Dame war abwesend, während er angestrengt für eine Prüfung studierte, um die Verbindung mit ihr eher zu ermöglichen. Da überfiel ihn während des Studiums die Sehnsucht nach der Abwesenden und der Gedanke an den Grund ihrer Abwesenheit. Und nun kam etwas, was bei einem normalen Menschen etwa eine unmutige Regung gegen die Großmutter gewesen wäre: Muß die alte Frau gerade jetzt krank werden, wo ich mich nach ihr so schrecklich sehne! Etwas Ähnliches, aber weit Intensiveres muß man nun bei unserem Patienten supponieren, einen unbewußten Wutanfall, der sich gleichzeitig mit der Sehnsucht in den Ausruf kleiden könnte: Oh, ich möchte hinreisen und die alte Frau umbringen, die mich meiner Geliebten beraubt! Darauf folgt das Gebot: Bring dich selbst um, als Selbstbestrafung für solche Wut- und Mordgelüste, und der ganze Vorgang tritt unter heftigstem Affekt *in umgekehrter Reihenfolge* – das Strafgebot voran, am Ende die Erwähnung des strafbaren Gelüstes – in das Bewußtsein des Zwangskranken. Ich glaube nicht, daß dieser Erklärungsversuch gezwungen erscheinen kann oder viel hypothetische Elemente aufgenommen hat.

Ein anderer, länger anhaltender Impuls zum gleichsam indirekten Selbstmord war nicht so leicht aufzuklären, weil er seine Beziehung zum Erleben hinter einer der äußerlichen Assoziationen, wie sie unserem Bewußtsein so sehr anstößig erscheinen, verbergen konnte. Eines Tages kam ihm im Sommeraufenthalte plötzlich die Idee, er sei zu dick, er müsse *abmagern*. Er begann nun, noch vor der Mehl-

1 Ich ergänze hier »vorher«.

speise vom Tische aufzustehen, ohne Hut in der Sonnenglut des Augusts auf die Straße zu rennen und dann im Laufschritt auf die Berge zu steigen, bis er schweißüberströmt haltmachen mußte. Hinter dieser Abmagerungssucht kam auch die Selbstmordabsicht einmal unverhüllt zum Vorschein, als ihm auf einem scharfen Abhang plötzlich das Gebot laut wurde, da herunterzuspringen, was sicherer Tod gewesen wäre. Die Lösung dieses unsinnigen Zwangshandelns ergab sich unserem Patienten erst, als ihm plötzlich einfiel, zu jener Zeit sei auch die geliebte Dame in dem Sommeraufenthalte gewesen, aber in Begleitung eines englischen Vetters, der sich sehr um sie bemühte und auf den er sehr eifersüchtig war. Der Vetter hieß *Richard* und wurde, wie in England allgemein üblich, *Dick* genannt. Diesen *Dick* wollte er nun umbringen, er war auf ihn viel eifersüchtiger und wütender, als er sich eingestehen konnte, und darum legte er sich zur Selbstbestrafung die Pein jener Abmagerungskur auf. So verschieden dieser Zwangsimpuls auch vom vorigen direkten Selbstmordgebot zu sein scheint, ein bedeutsamer Zug ist den beiden gemeinsam, die Entstehung als Reaktion auf eine ungeheure, vom Bewußtsein nicht zu erfassende Wut gegen eine Person, die als Störerin der Liebe auftritt.[1]

Andere Zwangsvorstellungen, wiederum nach der Geliebten orientiert, lassen doch anderen Mechanismus und andere Triebabkunft erkennen. Zur Zeit der Anwesenheit seiner Dame in seinem Sommeraufenthalte produzierte er außer jener Abmagerungssucht eine ganze Reihe von Zwangstätigkeiten, die sich wenigstens teilweise direkt auf ihre Person bezogen. Als er einmal mit ihr auf einem Schiffe fuhr, während ein scharfer Wind ging, mußte er sie nötigen, seine Kappe aufzusetzen, weil sich bei ihm das Gebot gebildet hatte, *es dürfe ihr nichts geschehen*[2]. Es war eine Art von Schutzzwang, der

1 Die Verwendung von Namen und Worten zur Herstellung der Verknüpfung zwischen den unbewußten Gedanken (Regungen, Phantasien) und den Symptomen geschieht bei der Zwangsneurose lange nicht so häufig und so rücksichtslos wie bei Hysterie. Doch habe ich gerade für den Namen Richard ein anderes Beispiel bei einem vor langer Zeit analysierten Kranken in Erinnerung. Nach einem Zwiste mit seinem Bruder begann er zu grübeln, wie er sich seines Reichtums entledigen könne, er wolle nichts mehr mit Geld zu tun haben usf. Sein Bruder hieß Richard (*richard* im Französischen: ein *Reicher*).

2 Zu ergänzen: woran er schuld haben könnte.

auch andere Blüten trieb. Ein andermal stellte sich bei ihm während eines Zusammenseins im Gewitter der Zwang ein, zwischen Blitz und Donner bis 40 oder 50 *gezählt* zu haben, wofür ihm jedes Verständnis abging. Am Tage, als sie abreiste, stieß er mit dem Fuße gegen einen auf der Straße liegenden Stein und *mußte* ihn nun auf die Seite räumen, weil ihm die Idee kam, in einigen Stunden werde ihr Wagen auf derselben Straße fahren und vielleicht an diesem Stein zu Schaden kommen, aber einige Minuten später fiel ihm ein, das sei doch ein Unsinn, und er *mußte* nun zurückgehen und den Stein wieder an seine frühere Stelle mitten auf der Straße legen. Nach ihrer Abreise bemächtigte sich seiner ein *Verstehzwang*, der ihn allen den Seinigen unausstehlich machte. Er nötigte sich, jede Silbe, die irgend jemand zu ihm sprach, genau zu verstehen, als ob ihm sonst ein großer Schatz entginge. So fragte er immer: Was hast du jetzt gesagt? Und wenn man es ihm wiederholte, meinte er, es habe doch das erste Mal anders gelautet, und blieb unbefriedigt.

Alle diese Erzeugnisse der Krankheit hängen von einer Begebenheit ab, welche damals sein Verhältnis zur Geliebten dominierte. Als er sich vor dem Sommer von ihr in Wien verabschiedete, legte er eine ihrer Reden so aus, als ob sie ihn vor der anwesenden Gesellschaft verleugnen wollte, und war darüber sehr unglücklich. Im Sommeraufenthalte gab es Gelegenheit zur Aussprache, und da konnte die Dame ihm nachweisen, daß sie mit jenen von ihm mißverstandenen Worten ihn vielmehr vor Lächerlichkeit bewahren wollte. Er war nun wiederum sehr glücklich. Den deutlichsten Hinweis auf diesen Vorfall enthält der Verstehzwang, der so gebildet ist, als ob er sich gesagt hätte: Nach dieser Erfahrung darfst du jetzt nie wieder jemanden mißverstehen, wenn du dir überflüssige Pein ersparen willst. Aber dieser Vorsatz ist nicht nur von dem einen Anlaß her verallgemeinert, er ist auch – vielleicht wegen der Abwesenheit der Geliebten – von ihrer hochgeschätzten Person auf alle anderen, minderwertigen Personen verschoben. Der Zwang kann auch nicht allein aus der Befriedigung über die von ihr empfangene Aufklärung hervorgegangen sein, er muß noch etwas anderes ausdrücken, denn er läuft ja in den unbefriedigenden Zweifel an der Wiedergabe des Gehörten aus.

Die anderen Zwangsgebote leiten auf die Spur dieses andern Elementes. Der Schutzzwang kann nichts anderes bedeuten als die Reaktion – Reue und Buße – gegen eine gegensätzliche, also feindselige Regung, die sich vor der Aufklärung gegen die Geliebte gerichtet hatte. Der Zählzwang beim Gewitter deutet sich durch das beigebrachte Material als eine Abwehrmaßregel gegen Befürchtungen, welche Lebensgefahr bedeuteten. Durch die Analysen der ersterwähnten Zwangsvorstellungen sind wir bereits darauf vorbereitet, die feindseligen Regungen unseres Patienten für besonders heftig, von der Art der sinnlosen Wut zu schätzen, und dann finden wir, daß diese Wut gegen die Dame auch nach der Versöhnung ihren Beitrag zu den Zwangsbildungen stellt. In der Zweifelsucht, ob er richtig gehört, ist der fortwirkende Zweifel dargestellt, ob er wohl diesmal die Geliebte richtig verstanden hat und ihre Worte mit Recht als Beweis ihrer zärtlichen Neigung auffassen darf. Der Zweifel des Verstehzwanges ist Zweifel an ihrer Liebe. Es tobt in unserem Verliebten ein Kampf zwischen Liebe und Haß, die der gleichen Person gelten, und dieser Kampf wird plastisch dargestellt in der zwanghaften, auch symbolisch bedeutsamen Handlung, den Stein von dem Wege, den sie befahren soll, wegzuräumen und dann diese Liebestat wieder rückgängig zu machen, den Stein wieder hinzulegen, wo er lag, damit ihr Wagen an ihm scheitere und sie zu Schaden komme. Wir verstehen diesen zweiten Teil der Zwangshandlung nicht richtig, wenn wir ihn nur als kritische Abwendung vom krankhaften Tun auffassen, wofür er sich selbst ausgeben möchte. Daß auch er sich unter der Empfindung des Zwanges vollzieht, verrät, daß er selbst ein Stück des krankhaften Tuns ist, welches aber von dem Gegensatz zum Motiv des ersten Stückes bedingt wird.

Solche zweizeitige Zwangshandlungen, deren erstes Tempo vom zweiten aufgehoben wird, sind ein typisches Vorkommnis bei der Zwangsneurose. Sie werden vom bewußten Denken des Kranken natürlich mißverstanden und mit einer sekundären Motivierung versehen – *rationalisiert*[1]. Ihre wirkliche Bedeutung liegt aber in der Darstellung des Konfliktes zweier annähernd gleich großer gegensätzlicher Regungen, soviel ich bisher erfahren konnte, stets des

---

1 Vgl. Ernest Jones, Rationalization in everyday life. Journal of abnormal psychology, 1908.

Gegensatzes von Liebe und Haß. Sie beanspruchen ein besonderes theoretisches Interesse, weil sie einen neuen Typus der Symptombildung erkennen lassen. Anstatt, wie es bei Hysterie regelmäßig geschieht, ein Kompromiß zu finden, welches beiden Gegensätzen in einer Darstellung genügt, zwei Fliegen mit einem Schlag trifft[1], werden hier die beiden Gegensätze, jeder einzeln, befriedigt, zuerst der eine und dann der andere, natürlich nicht ohne daß der Versuch gemacht würde, zwischen den beiden einander feindseligen eine Art von logischer Verknüpfung – oft mit Beugung aller Logik – herzustellen.[2]

Der Konflikt zwischen Liebe und Haß tat sich bei unserem Patienten auch durch andere Anzeichen kund. Zur Zeit seiner wiedererwachenden Frömmigkeit richtete er sich Gebete ein, die allmählich bis zu 1 ½ Stunden in Anspruch nahmen, weil sich ihm – ein umgekehrter Bileam – in die frommen Formeln immer etwas einmengte, was sie ins Gegenteil verkehrte. Sagte er z. B. *Gott schütze ihn* – so gab der böse Geist schnell ein *»nicht«* dazu.[3] Einmal kam ihm dabei die Idee zu fluchen; da werde sich doch gewiß ein Widerspruch einschleichen; in diesem Einfalle brach sich die ursprüngliche, durch das Gebet verdrängte Intention Bahn. In solcher Bedrängnis fand er den Ausweg, die Gebete abzustellen und sie durch eine kurze Formel zu ersetzen, die aus den Anfangsbuchstaben oder

---

1 Vgl. Hysterische Phantasien und ihre Beziehung zur Bisexualität. (Enthalten in Bd. VII dieser Gesamtausgabe [der *Gesammelten Werke*].)

2 Ein anderer Zwangskranker berichtete mir einmal, er sei im Parke von Schönbrunn mit dem Fuße auf einen im Wege liegenden Ast gestoßen, den er nun in die den Weg begrenzende Hecke schleuderte. Auf dem Heimwege überkam ihn plötzlich die Sorge, in der neuen Lage könnte der jetzt vielleicht etwas vorragende Ast zum Anlasse eines Unfalles für jemand werden, der nach ihm an derselben Stelle vorbeigehe. Er mußte von der Trambahn abspringen, in den Park zurückeilen, die Stelle aufsuchen und den Ast in die frühere Lage zurückbringen, obwohl es jedem anderen als dem Kranken einleuchten würde, daß die frühere Lage doch für einen Passanten gefährlicher sein müßte als die neue im Gebüsche. Die zweite, feindselige Handlung, die sich als Zwang durchsetzte, hatte sich vor dem bewußten Denken mit der Motivierung der ersten, menschenfreundlichen geschmückt.

3 Vergleiche den ähnlichen Mechanismus der bekannten sakrilegischen Einfälle der Frommen.

Anfangssilben verschiedener Gebete zusammengebraut war. Diese sprach er dann so rasch aus, daß ihm nichts dazwischenfahren konnte.

Er brachte mir einmal einen Traum, der die Darstellung desselben Konfliktes in der Übertragung auf den Arzt enthielt: Meine Mutter ist gestorben. Er will kondolieren, fürchtet aber, daß er dabei das *impertinente Lachen* produzieren wird, das er schon wiederholt bei Todesfällen gezeigt hat. Er schreibt darum lieber eine Karte mit *p. c.*, aber diese Buchstaben verwandeln sich ihm beim Schreiben in *p. f.*[1]

Der Widerstreit seiner Gefühle gegen seine Dame war zu deutlich, als daß er sich seiner bewußten Wahrnehmung gänzlich hätte entziehen können, wenngleich wir aus den Zwangsäußerungen desselben schließen dürfen, daß er für die Tiefe seiner negativen Regungen die richtige Schätzung nicht besaß. Die Dame hatte seine erste Werbung vor zehn Jahren mit einem Nein beantwortet. Seither wechselten Zeiten, in denen er sie intensiv zu lieben glaubte, mit anderen, in welchen er gleichgültig gegen sie fühlte, auch in seinem Wissen miteinander ab. Wenn er im Laufe der Behandlung einen Schritt tun sollte, welcher ihn dem Ziele der Bewerbung näher brachte, so äußerte sich sein Widerstand gewöhnlich zuerst in der Überzeugung, er habe sie eigentlich gar nicht so lieb, die freilich bald überwunden wurde. Als sie einmal in schwerer Krankheit zu Bette lag, was seine äußerste Teilnahme hervorrief, brach bei ihrem Anblicke der Wunsch bei ihm durch: so soll sie immer liegen bleiben. Er deutete sich diesen Einfall durch das spitzfindige Mißverständnis, er wünsche nur darum ihr beständiges Kranksein, damit er die Angst vor wiederholten Krankheitsanfällen los werde, die er nicht ertragen könne![2] Gelegentlich beschäftigte er seine Phantasie mit Tagträumen, die er selbst als »Rachephantasien« erkannte und deren er sich schämte. Weil er meinte, daß sie einen großen Wert auf die soziale

---

1 [Abkürzung für »pour condoler« bzw. »pour féliciter«.] Dieser Traum gibt die Aufklärung des so häufigen und als rätselhaft betrachteten Zwangslachens bei Traueranlässen.

2 Ein Beitrag eines andern Motivs zu diesem Zwangseinfalle ist nicht abzuweisen: des Wunsches, sie wehrlos gegen seine Absichten zu wissen.

Stellung eines Bewerbers legen würde, phantasierte er, daß sie einen solchen Mann in amtlicher Position geheiratet habe. Er tritt nun in dasselbe Amt ein, bringt es dort viel weiter als jener, der zu seinem Untergebenen wird. Eines Tages hat dieser Mann eine unlautere Handlung begangen. Die Dame fällt ihm zu Füßen, beschwört ihn, ihren Mann zu retten. Er verspricht es, eröffnet ihr, daß er nur aus Liebe zu ihr in das Amt eingetreten sei, weil er einen solchen Moment vorausgesehen habe. Jetzt sei mit der Rettung ihres Mannes seine Mission erfüllt; er lege sein Amt nieder.

In anderen Phantasien, des Inhaltes, daß er ihr einen großen Dienst leiste u. dgl., ohne daß sie erfahre, daß er es sei, anerkannte er bloß die Zärtlichkeit, ohne den zur Verdrängung der Rachsucht bestimmten Edelmut nach Muster des Dumasschen Grafen von Monte Cristo nach dieser seiner Herkunft und Tendenz zu würdigen. Übrigens gestand er zu, daß er gelegentlich unter sehr deutlichen Impulsen stehe, der von ihm verehrten Dame etwas anzutun. Diese Impulse schwiegen meist in ihrer Gegenwart und träten in ihrer Abwesenheit hervor.

f) Die Krankheitsveranlassung

Eines Tages erwähnte unser Patient flüchtig eine Begebenheit, in welcher ich sofort die Krankheitsveranlassung, wenigstens den rezenten Anlaß des noch heute anhaltenden Krankheitsausbruches vor etwa 6 Jahren erkennen mußte. Er selbst hatte keine Ahnung, daß er etwas Bedeutsames vorgebracht hatte; er konnte sich nicht erinnern, der Begebenheit, die er übrigens niemals vergessen hatte, einen Wert beigelegt zu haben. Dieses Verhalten fordert eine theoretische Würdigung heraus.

Bei Hysterie ist es Regel, daß die rezenten Anlässe der Erkrankung der Amnesie ebenso verfallen wie die infantilen Erlebnisse, mit deren Hilfe jene ihre Affektenergie in Symptome umsetzen. Wo ein völliges Vergessen unmöglich ist, da wird die rezente traumatische Veranlassung doch von der Amnesie angenagt und zum mindesten ihrer bedeutsamsten Bestandteile beraubt. Wir sehen in solcher Amnesie den Erweis der stattgehabten Verdrängung. Anders ist es in der Regel bei der Zwangsneurose. Die infantilen Voraussetzungen der Neurose mögen einer – oft nur unvollständigen – Amnesie verfallen sein; die rezenten Anlässe der Erkrankung finden sich dagegen im Gedächtnis erhalten. Die Verdrängung hat sich hier eines andern, eigentlich einfacheren Mechanismus bedient; anstatt das Trauma zu vergessen, hat sie ihm die Affektbesetzung entzogen, so daß im Bewußtsein ein indifferenter, für unwesentlich erachteter Vorstellungsinhalt erübrigt. Der Unterschied liegt im psychischen Geschehen, das wir hinter den Phänomenen konstruieren dürfen; der Erfolg des Vorganges ist fast der nämliche, denn der indifferente Erinnerungsinhalt wird nur selten reproduziert und spielt in der bewußten Gedankentätigkeit der Person keine Rolle. Zur Unterscheidung der beiden Arten der Verdrängung können wir zunächst nur die Versicherung des Patienten verwenden, er habe die Empfindung, daß er das eine immer gewußt, das andere seit langer Zeit vergessen habe.[1]

Es ist darum kein seltenes Vorkommnis, daß Zwangskranke, die an Selbstvorwürfen leiden und ihre Affekte an falsche Veranlassungen geknüpft haben, dem Arzt auch von den richtigen Mitteilung machen, ohne zu ahnen, daß ihre Vorwürfe nur von diesen letzteren abgetrennt sind. Sie äußern sich dabei gelegentlich verwundert oder selbst wie prahlerisch: Daraus mache ich mir aber gar nichts. So war es auch in dem ersten Falle von Zwangsneurose, der mir vor vielen Jahren das Verständnis des Leidens eröffnete. Der Patient, ein Staatsbeamter, der an ungezählten Bedenklichkeiten litt, derselbe, von dem ich die Zwangshandlung an dem Ast im Schönbrunner Park berichtet habe, fiel mir dadurch auf, daß er mir für den Besuch in der Sprechstunde stets reine und glatte Papiergulden überreichte. (Wir hatten damals in Österreich noch kein Silbergeld.) Als ich ein-

1 Man muß also zugeben, daß es für die Zwangsneurose zweierlei Wissen und Kennen gibt, und darf mit dem gleichen Rechte behaupten, der Zwangskranke »kenne« seine Traumen, wie, daß er sie nicht »kenne«. Er kennt sie nämlich, insofern er sie nicht vergessen hat, er kennt sie nicht, da er nicht ihre Bedeutung erkennt. Es ist im normalen Leben oft auch nicht anders. Die Kellner, die den Philosophen Schopenhauer in seinem Stammgasthaus zu bedienen pflegten, »kannten« ihn in gewissem Sinne zu einer Zeit, da er sonst in und außerhalb Frankfurt unbekannt war, aber nicht in dem Sinne, den wir heute mit der »Kenntnis« von Schopenhauer verbinden.

mal bemerkte, man erkenne doch gleich den Staatsbeamten an den nagelneuen Gulden, die er von der Staatskasse beziehe, belehrte er mich, die Gulden seien keineswegs neu, sondern in seinem Hause gebügelt (geplättet) worden. Er mache sich ein Gewissen daraus, jemand schmutzige Papiergulden in die Hand zu geben; da klebten die gefährlichsten Bakterien daran, die dem Empfänger Schaden bringen könnten. Mir dämmerte damals bereits in unsicherer Ahnung der Zusammenhang der Neurosen mit dem Sexualleben, und so wagte ich es, den Patienten ein andermal zu befragen, wie er es in diesem Punkte hielte. Oh, alles in Ordnung, meinte er leichthin, ich leide keinen Mangel. Ich spiele in vielen guten Bürgerhäusern die Rolle eines lieben alten Onkels, und die benütze ich, um mir von Zeit zu Zeit ein junges Mädchen für eine Landpartie auszubitten. Ich richte es dann so ein, daß wir den Zug versäumen und auf dem Lande übernachten müssen. Ich nehme dann immer zwei Zimmer, ich bin sehr nobel; aber wenn das Mädchen zu Bett ist, komme ich zu ihr und masturbiere sie mit meinen Fingern. – Ja, fürchten Sie denn nicht, daß Sie ihr schaden, wenn Sie mit Ihrer schmutzigen Hand in ihren Genitalien herumarbeiten? – Da brauste er aber auf: Schaden? Was soll es ihr denn schaden? Keiner hat es noch geschadet, und jeder war es recht. Einige von ihnen sind jetzt schon verheiratet, und es hat ihnen nicht geschadet. – Er nahm meine Beanständung sehr übel auf und kam nie wieder. Ich konnte mir aber den Kontrast zwischen seiner Bedenklichkeit bei den Papiergulden und seine Rücksichtslosigkeit beim Mißbrauch der ihm anvertrauten Mädchen nur durch eine *Verschiebung* des Vorwurfsaffekts erklären. Die Tendenz dieser Verschiebung war deutlich genug; wenn er den Vorwurf dort beließ, wohin er gehörte, so mußte er auf eine sexuelle Befriedigung verzichten, zu der er wahrscheinlich durch starke infantile Determinanten gedrängt war. Er erzielte also durch die Verschiebung einen namhaften *Krankheitsgewinn*.

Auf die Krankheitsveranlassung bei unserem Patienten muß ich aber nun ausführlicher eingehen. Seine Mutter war als entfernte Verwandte in einer reichen Familie aufgezogen worden, die ein großes industrielles Unternehmen betrieb. Sein Vater trat gleichzeitig mit der Heirat in den Dienst dieses Unternehmens und gelangte so eigentlich infolge seiner Ehewahl zu ziemlichem Wohlstand. Durch

Neckereien zwischen den in vortrefflicher Ehe lebenden Eltern hatte der Sohn erfahren, daß der Vater einem hübschen armen Mädchen aus bescheidener Familie den Hof gemacht hatte, eine Zeitlang bevor er die Mutter kennenlernte. Dies die Vorgeschichte. Nach dem Tode des Vaters teilte die Mutter eines Tages dem Sohne mit, es sei zwischen ihr und ihren reichen Verwandten die Rede von seiner Zukunft gewesen, und einer der Vettern habe seine Bereitwilligkeit ausgedrückt, ihm eine seiner Töchter zu geben, wenn er seine Studien beendigt habe; die geschäftliche Verbindung mit der Firma werde ihm dann auch in seinem Berufe glänzende Aussichten eröffnen. Dieser Plan der Familie entzündete in ihm den Konflikt, ob er seiner armen Geliebten treu bleiben oder in die Fußstapfen des Vaters treten und das schöne, reiche, vornehme Mädchen, das ihm bestimmt worden, zur Frau nehmen solle. Und diesen Konflikt, der eigentlich ein solcher zwischen seiner Liebe und dem fortwirkenden Willen des Vaters war, löste er durch Erkrankung, richtiger gesagt: er entzog sich durch die Erkrankung der Aufgabe, ihn in der Realität zu lösen.[1]

Der Beweis für diese Auffassung liegt in der Tatsache, daß hartnäkkige Arbeitsunfähigkeit, die ihn die Beendigung seiner Studien um Jahre aufschieben ließ, der Haupterfolg der Erkrankung war. Was aber der Erfolg einer Krankheit ist, das lag in der Absicht derselben; die anscheinende Krankheitsfolge ist in Wirklichkeit die Ursache, das Motiv des Krankwerdens.

Meine Aufklärung fand begreiflicherweise bei dem Kranken zunächst keine Anerkennung. Er könne sich eine solche Wirkung des Heiratsplanes nicht vorstellen, derselbe habe ihm seinerzeit nicht den mindesten Eindruck gemacht. Im weiteren Verlaufe der Kur mußte er sich aber auf einem eigentümlichen Wege von der Richtigkeit meiner Vermutung überzeugen. Er erlebte mit Hilfe einer Übertragungsphantasie als neu und gegenwärtig, was er aus der Vergangenheit vergessen hatte oder was nur unbewußt bei ihm abgelaufen war. Aus einer dunkeln und schwierigen Periode der Behand-

---

1 Es ist hervorzuheben, daß die Flucht in die Krankheit ihm durch die Identifizierung mit dem Vater ermöglicht wurde. Diese gestattete ihm die Regression der Affekte auf die Kindheitsreste.

lungsarbeit ergab sich endlich, daß er ein junges Mädchen, welches er einmal auf der Stiege meines Hauses angetroffen, zu meiner Tochter erhoben hatte. Sie erregte sein Wohlgefallen und er imaginierte, daß ich nur darum so liebenswürdig und unerhört geduldig mit ihm sei, weil ich ihn zum Schwiegersohne wünsche, wobei er den Reichtum und die Vornehmheit meines Hauses bis zu dem ihm zum Vorbild passenden Niveau erhöhte. Gegen diese Versuchung stritt aber in ihm die unauslöschliche Liebe zu seiner Dame. Nachdem wir eine Reihe der schwersten Widerstände und ärgsten Beschimpfungen überwunden hatten, konnte er sich der überzeugenden Wirkung der vollen Analogie zwischen der phantasierten Übertragung und der damaligen Realität nicht entziehen. Ich gebe einen seiner Träume aus dieser Zeit wieder, um den Stil seiner Darstellung an einer Probe zu zeigen. *Er sieht meine Tochter vor sich, aber sie hat zwei Dreckpatzen anstatt der Augen.* Für jeden, der die Sprache der Träume versteht, wird die Übersetzung leicht sein: *Er heiratet meine Tochter nicht ihrer schönen Augen, sondern ihres Geldes wegen.*

g) Der Vaterkomplex und die Lösung der Rattenidee

Von der Krankheitsveranlassung reiferer Jahre führte ein Faden zurück in die Kindheit unseres Patienten. Er fand sich in einer Situation, wie sie nach seinem Wissen oder Vermuten der Vater vor seiner eigenen Eheschließung bestanden hatte, und konnte sich mit dem Vater identifizieren. Noch in anderer Weise spielte der verstorbene Vater in die rezente Erkrankung hinein. Der Krankheitskonflikt war im Wesen ein Widerstreit zwischen dem fortwirkenden Willen des Vaters und seiner eigenen verliebten Neigung. Nehmen wir Rücksicht auf die Mitteilungen, die der Patient in den ersten Stunden der Behandlung gemacht hatte, so können wir die Vermutung nicht abweisen, daß dieser Widerstreit ein uralter gewesen sei und sich schon in den Kinderjahren des Kranken ergeben habe.

Der Vater unseres Patienten war nach allen Auskünften ein ganz vortrefflicher Mann. Er war vor der Heirat Unteroffizier gewesen und hatte eine aufrichtige soldatische Art sowie eine Vorliebe für derbe Ausdrücke als Niederschlag aus diesem Stücke seines Lebens behalten. Außer den Tugenden, die der Leichenstein an jedermann zu rühmen pflegt, zeichnete ihn ein herzlicher Humor und eine gütige Nachsicht gegen seine Mitmenschen aus; es steht gewiß nicht im Widerspruche mit diesem Charakter, stellt sich vielmehr als Ergänzung zu ihm dar, daß er jäh und heftig sein konnte, was den Kindern, solange sie klein und schlimm waren, gelegentlich zu sehr empfindlichen Züchtigungen verhalf. Als die Kinder heranwuchsen, wich er von anderen Vätern darin ab, daß er sich nicht zur unantastbaren Autorität emporheben wollte, sondern in gutmütiger Offenheit die kleinen Verfehlungen und Mißgeschicke seines Lebens ihrer Mitwissenschaft preisgab. Der Sohn übertrieb gewiß nicht, wenn er aussprach, sie hätten miteinander verkehrt wie die besten Freunde, bis auf einen einzigen Punkt (vgl. S. 76f.). An diesem einen Punkte mußte es wohl gelegen sein, wenn den Kleinen der Gedanke an den Tod des Vaters mit ungewöhnlicher und ungebührlicher Intensität beschäftigte (S. 61), wenn solche Gedanken im Wortlaute seiner kindlichen Zwangsideen auftraten, wenn er sich wünschen konnte, der Vater möge sterben, damit ein gewisses Mädchen, durch Mitleid erweicht, zärtlicher gegen ihn werde (S. 74).

Es ist nicht zu bezweifeln, daß auf dem Gebiete der Sexualität etwas zwischen Vater und Sohn stand und daß der Vater in einen bestimmten Gegensatz zu der frühzeitig erwachten Erotik des Sohnes geraten war. Mehrere Jahre nach dem Tode des Vaters drängte sich dem Sohne, als er zum ersten Male die Lustempfindung eines Koitus erfuhr, die Idee auf: das ist doch großartig; dafür könnte man seinen Vater ermorden! Dies zugleich ein Nachklang und eine Verdeutlichung seiner kindlichen Zwangsideen. Kurz vor seinem Tode hatte der Vater übrigens direkt gegen die später dominierende Neigung unseres Patienten Stellung genommen. Er merkte, daß er die Gesellschaft jener Dame aufsuchte, und riet ihm von ihr mit den Worten ab, es sei nicht klug und er werde sich nur blamieren.

Zu diesen vollkommen gesicherten Anhaltspunkten kommt anderes hinzu, wenn wir uns zur Geschichte der onanistischen Sexualbetätigung unseres Patienten wenden. Es besteht auf diesem Gebiete ein noch nicht verwerteter Gegensatz zwischen den Ansichten der Ärzte und der Kranken. Letztere sind alle darin einig, die Onanie, unter der sie die Pubertätsmasturbation verstehen, als Wurzel und Urquell all ihrer Leiden hinzustellen; die Ärzte wissen im allgemeinen nicht, wie sie darüber denken sollen, aber unter dem Eindrucke der Erfahrung, daß auch die meisten später Normalen in den Pubertätsjahren eine Weile onaniert haben, neigen sie in der Mehrzahl dazu, die Angaben der Kranken als grobe Überschätzungen zu verurteilen. Ich meine, daß die Kranken auch hierin eher recht haben als die Ärzte. Den Kranken dämmert hier eine richtige Einsicht, während die Ärzte in Gefahr sind, etwas Wesentliches zu übersehen. Es verhält sich gewiß nicht so, wie die Kranken ihren Satz selbst verstehen wollen, daß die fast typisch zu nennende Pubertätsonanie für alle neurotischen Störungen verantwortlich zu machen sei. Der Satz bedarf der Deutung. Aber die Onanie der Pubertätsjahre ist in Wirklichkeit nichts anderes als die Auffrischung der bisher stets vernachlässigten Onanie der Kinderjahre, welche zumeist in den Jahren von 3 bis 4 oder 5 eine Art von Höhepunkt erreicht, und diese ist allerdings der deutlichste Ausdruck der sexuellen Konstitution des Kindes, in welcher auch wir die Ätiologie der späteren Neurosen suchen. Die Kranken beschuldigen unter solcher Verhüllung also eigentlich ihre infantile Sexualität, und darin haben sie vollauf recht. Das Problem der Onanie wird hingegen unlösbar, wenn man die Onanie als eine klinische Einheit auffassen will und daran vergißt, daß sie die Abfuhr der verschiedenartigsten Sexualkomponenten und der von ihnen gespeisten Phantasien darstellt. Die Schädlichkeit der Onanie ist nur zum geringen Anteil eine autonome, durch ihre eigene Natur bedingte. Der Hauptsache nach fällt sie mit der pathogenen Bedeutung des Sexuallebens überhaupt zusammen. Wenn so viele Individuen die Onanie, d. h. ein gewisses Ausmaß dieser Betätigung, ohne Schaden vertragen, so lehrt diese Tatsache nichts anderes, als daß bei ihnen die sexuelle Konstitution und der Ablauf der Entwicklungsvorgänge im Sexualleben die Ausübung der Funktion unter den kulturellen Bedingungen gestattet hat[1], während andere infolge ungünstiger Sexualkonstitution oder gestörter Entwicklung an ihrer Sexualität erkranken, d. h. die Anforderungen zur Unter-

1 Vgl. Drei Abhandlungen zur Sexualtheorie. 1905. (Bd. V dieser Gesamtausgabe [der *Gesammelten Werke*].)

drückung und Sublimierung der sexuellen Komponenten nicht ohne Hemmungen und Ersatzbildungen erfüllen können.

Unser Patient war in seinem Onanieverhalten recht auffällig; er entwickelte keine Pubertätsonanie und hätte also nach gewissen Erwartungen ein Anrecht darauf gehabt, frei von Neurose zu bleiben. Dagegen trat der Drang zur onanistischen Betätigung im 21. Jahre bei ihm auf, *kurze Zeit nach dem Tode des Vaters*. Er war sehr beschämt nach jeder Befriedigung und schwor ihr bald wieder ab. Von da an trat die Onanie nur bei seltenen und sehr merkwürdigen Anlässen wieder auf. »Besonders schöne Momente, die er erlebte, oder besonders schöne Stellen, die er las, riefen sie hervor. So z. B. als er an einem schönen Sommernachmittag einen Postillon in der Innern Stadt so herrlich blasen hörte, bis ein Wachmann es ihm untersagte, weil in der Stadt das Blasen verboten sei! Oder ein andermal, als er in ›Dichtung und Wahrheit‹ las, wie sich der junge Goethe in zärtlicher Aufwallung von der Wirkung eines Fluches befreite, den eine Eifersüchtige über die ausgesprochen, welche nach ihr seine Lippen küssen würde. Lange hatte er sich wie abergläubisch durch diesen Fluch abhalten lassen, jetzt aber zerriß er die Fessel und küßte sein Lieb herzlich ab.«

Er verwunderte sich nicht wenig, daß er gerade bei solchen schönen und erhebenden Anlässen zur Masturbation gedrängt worden sei. Ich mußte aber aus diesen beiden Beispielen als das Gemeinsame das Verbot und das Sichhinaussetzen über ein Gebot herausheben.

In denselben Zusammenhang gehörte auch sein sonderbares Benehmen zu einer Zeit, da er für eine Prüfung studierte und mit der ihm liebgewordenen Phantasie spielte, der Vater lebe noch und könne jeden Moment wiederkommen. Er richtete es sich damals so ein, daß sein Studium auf die spätesten Nachtstunden fiel. Zwischen 12 und 1 Uhr nachts unterbrach er sich, öffnete die zum Hausflur führende Tür, als ob der Vater davorstünde, und betrachtete dann, nachdem er zurückgekommen war, im Spiegel des Vorzimmers seinen entblößten Penis. Dies tolle Treiben wird unter der Voraussetzung verständlich, daß er sich so benahm, als ob er den Besuch des Vaters um die Geisterstunde erwartete. Zu seinen Lebzeiten war er eher ein fauler Student gewesen, worüber sich der Vater oft gekränkt hatte. Nun sollte er Freude an ihm haben, wenn er als Geist wiederkam und ihn beim Studieren traf. An dem andern Teile seines Tuns konnte der Vater aber unmöglich Freude haben; damit trotzte er ihm also und brachte so in einer unverstandenen Zwangshandlung die beiden Seiten seines Verhältnisses zum Vater nebeneinander zum Ausdrucke, ähnlich wie in der späteren Zwangshandlung vom Steine auf der Straße gegen die geliebte Dame.

Auf diese und ähnliche Anzeichen gestützt, wagte ich die Konstruktion, er habe als Kind im Alter von 6 Jahren irgendeine sexuelle Missetat im Zusammenhange mit der Onanie begangen und sei dafür vom Vater empfindlich gezüchtigt worden. Diese Bestrafung hätte der Onanie allerdings ein Ende gemacht, aber anderseits einen unauslöschlichen Groll gegen den Vater hinterlassen und dessen Rolle als Störer des sexuellen Genusses für alle Zeiten fixiert. (Vgl. die ähnlichen Vermutungen in einer der ersten Sitzungen, S. 62). Zu meinem großen Erstaunen berichtete nun der Patient, ein solcher Vorfall aus seinen ersten Kinderjahren sei ihm von der Mutter wiederholt erzählt worden und offenbar darum nicht in Vergessenheit geraten, weil sich so merkwürdige Dinge an ihn knüpften. Seine eigene Erinnerung wisse allerdings nichts davon. Die Erzählung aber lautete: Als er noch sehr klein war – die genauere Zeitbestimmung ließe sich noch durch das Zusammentreffen mit der Todeskrankheit einer älteren Schwester gewinnen –, soll er etwas Arges angestellt haben, wofür ihn der Vater prügelte. Da sei der kleine Knirps in eine schreckliche Wut geraten und habe noch unter den Schlägen den Vater beschimpft. Da er aber noch keine Schimpfwörter kannte, habe er ihm alle Namen von Gegenständen gegeben, die ihm einfielen, und gesagt: du Lampe, du Handtuch, du Teller usw. Der Vater hielt erschüttert über diesen elementaren Ausbruch im Schlagen inne und äußerte: Der Kleine da wird entweder ein großer Mann oder ein großer Verbrecher![1] Er meint, der Eindruck dieser Szene sei sowohl für ihn wie für den Vater ein dauernd wirksamer gewesen. Der Vater habe ihn nie wieder geprügelt; er selbst leitet aber ein Stück seiner Charakterveränderung von dem Erlebnisse ab.

1 Die Alternative war unvollständig. An den häufigsten Ausgang so vorzeitiger Leidenschaftlichkeit, an den in Neurose, hatte der Vater nicht gedacht.

Aus Angst vor der Größe seiner Wut sei er von da an feige geworden. Er hatte übrigens sein ganzes Leben über schreckliche Angst vor Schlägen und verkroch sich vor Entsetzen und Empörung, wenn eines seiner Geschwister geprügelt wurde.
Eine erneuerte Nachfrage bei der Mutter brachte außer der Bestätigung dieser Erzählung die Auskunft, daß er damals zwischen 3 und 4 Jahre alt war und daß er die Strafe verdient, weil er jemanden *gebissen* hatte. Näheres erinnerte auch die Mutter nicht mehr; sie meinte recht unsicher, die von dem Kleinen beschädigte Person möge die Kinderfrau gewesen sein; von einem sexuellen Charakter des Delikts war in ihrer Mitteilung nicht die Rede.[1]

1 Man hat es in den Psychoanalysen häufig mit solchen Begebenheiten aus den ersten Kinderjahren zu tun, in denen die infantile Sexualtätigkeit zu gipfeln scheint und häufig durch einen Unfall oder eine Bestrafung ein katastrophales Ende findet. Sie zeigen sich schattenhaft in Träumen an, werden oft so deutlich, daß man sie greifbar zu besitzen vermeint, aber sie entziehen sich doch der endgültigen Klarstellung, und wenn man nicht mit besonderer Vorsicht und mit Geschick verfährt, muß man es unentschieden lassen, ob eine solche Szene wirklich vorgefallen ist. Auf die richtige Spur der Deutung wird man durch die Erkenntnis geführt, daß von solchen Szenen mehr als eine Version, oft sehr verschiedenartige, in der unbewußten Phantasie des Patienten aufzuspüren sind. Wenn man in der Beurteilung der Realität nicht irregehen will, muß man sich vor allem daran erinnern, daß die »Kindheitserinnerungen« der Menschen erst in einem späteren Alter (meist zur Zeit der Pubertät) festgestellt und dabei einem komplizierten Umarbeitungsprozeß unterzogen werden, welcher der Sagenbildung eines Volkes über seine Urgeschichte durchaus analog ist. Es läßt sich deutlich erkennen, daß der heranwachsende Mensch in diesen Phantasiebildungen über seine erste Kindheit *das Andenken an seine autoerotische Betätigung zu verwischen sucht*, indem er seine Erinnerungsspuren auf die Stufe der Objektliebe hebt, also wie ein richtiger Geschichtsschreiber die Vergangenheit im Lichte der Gegenwart erblicken will. Daher die Überfülle von Verführungen und Attentaten in diesen Phantasien, wo die Wirklichkeit sich auf autoerotische Betätigung und auf Anregung dazu durch Zärtlichkeiten und Strafen beschränkt. Ferner wird man gewahr, daß der über seine Kindheit Phantasierende *seine Erinnerungen sexualisiert*, d. h., daß er banale Erlebnisse mit seiner Sexualbetätigung in Beziehung bringt, sein Sexualinteresse über sie ausdehnt, wobei er wahrscheinlich den Spuren des wirklich vorhandenen Zusammenhanges nachfährt. Daß es nicht die Absicht dieser Bemerkungen ist, die von mir behauptete Bedeutung der infantilen Sexualität nachträglich durch die Reduktion auf das Sexualinteresse der Pubertät herabzusetzen, wird mir

Indem ich die Diskussion dieser Kindheitsszene in die Fußnote verweise, führe ich an, daß durch deren Auftauchen seine Weigerung, an eine prähistorisch erworbene und später latent gewordene Wut

---

jeder glauben, der die von mir mitgeteilte »Analyse der Phobie eines fünfjährigen Knaben« im Gedächtnis hat. Ich beabsichtige nur, technische Anweisungen zur Auflösung jener Phantasiebildungen zu geben, welche dazu bestimmt sind, das Bild jener infantilen Sexualbetätigung zu verfälschen.

Nur selten ist man wie bei unserem Patienten in der glücklichen Lage, die tatsächliche Grundlage dieser Dichtungen über die Urzeit durch das unerschütterliche Zeugnis eines Erwachsenen festzustellen. Immerhin läßt die Aussage der Mutter den Weg für mehrfache Möglichkeiten offen. Daß sie die sexuelle Natur des Vergehens, für welches das Kind gestraft wurde, nicht proklamierte, mag seinen Grund in ihrer eigenen Zensur haben, welche bei allen Eltern gerade dieses Element aus der Vergangenheit ihrer Kinder auszuschalten bemüht ist. Es ist aber ebenso möglich, daß das Kind damals wegen einer banalen Unart nicht sexueller Natur von der Kinderfrau oder der Mutter selbst zurechtgewiesen und dann wegen seiner gewalttätigen Reaktion vom Vater gezüchtigt wurde. Die Kinderfrau oder eine andere dienende Person wird in solchen Phantasien regelmäßig durch die vornehmere der Mutter ersetzt. Wenn man sich in die Deutung der diesbezüglichen Träume des Patienten tiefer einließ, fand man die deutlichsten Hinweise auf eine episch zu nennende Dichtung, in welcher sexuelle Gelüste gegen Mutter und Schwester und der frühzeitige Tod dieser Schwester mit jener Züchtigung des kleinen Helden durch den Vater zusammengebracht wurden. Es gelang nicht, dieses Gewebe von Phantasieumhüllungen Faden für Faden abzuspinnen; gerade der therapeutische Erfolg war hier das Hindernis. Der Patient war hergestellt, und das Leben forderte von ihm, mehrfache, ohnedies zu lange aufgeschobene Aufgaben in Angriff zu nehmen, die mit der Fortsetzung der Kur nicht verträglich waren. Man mache mir also aus dieser Lücke in der Analyse keinen Vorwurf. Die wissenschaftliche Erforschung durch die Psychoanalyse ist ja heute nur ein Nebenerfolg der therapeutischen Bemühung, und darum ist die Ausbeute oft gerade bei unglücklich behandelten Fällen am größten.

Der Inhalt des kindlichen Sexuallebens besteht in der autoerotischen Betätigung der vorherrschenden Sexualkomponenten, in Spuren von Objektliebe und in der Bildung jenes Komplexes, den man den *Kernkomplex der Neurosen* nennen könnte, der die ersten zärtlichen wie feindseligen Regungen gegen Eltern und Geschwister umfaßt, nachdem die Wißbegierde des Kleinen, meist durch die Ankunft eines neuen Geschwisterchens, geweckt worden ist. Aus der Uniformität dieses Inhaltes und aus der Konstanz der späteren modifizierenden Einwirkungen erklärt es sich leicht, daß im allgemeinen stets die nämlichen Phantasien über die Kindheit gebildet werden, gleichgültig wieviel oder wie wenig Beiträge das wirkliche Erleben dazu gestellt hat. Es entspricht

gegen den geliebten Vater zu glauben, zuerst ins Wanken geriet. Ich hatte nur eine stärkere Wirkung erwartet, denn diese Begebenheit war ihm so oft auch vom Vater erzählt worden, daß ihre Realität keinem Zweifel unterlag. Mit einer Fähigkeit, die Logik zu beugen, welche bei den sehr intelligenten Zwangskranken jedesmal höchst befremdend wirkt, machte er aber immer wieder gegen die Beweiskraft der Erzählung geltend, er erinnere sich doch nicht selbst daran. Er mußte sich also die Überzeugung, daß sein Verhältnis zum Vater wirklich jene unbewußte Ergänzung erforderte, erst auf dem schmerzhaften Wege der Übertragung erwerben. Es kam bald dazu, daß er mich und die Meinigen in Träumen, Tagesphantasien und Einfällen aufs gröblichste und unflätigste beschimpfte, während er mir doch mit Absicht niemals etwas anderes als die größte Ehrerbietung entgegenbrachte. Sein Benehmen während der Mitteilung dieser Beschimpfungen war das eines Verzweifelten. »Wie kommen Herr Professor dazu, sich von einem schmierigen, hergelaufenen Kerl wie ich so beschimpfen zu lassen? Sie müssen mich hinauswerfen; ich verdiene es nicht besser.« Bei diesen Reden pflegte er vom Diwan aufzustehen und im Zimmer herumzulaufen, was er zuerst mit Feinfühligkeit motivierte; er bringe es nicht über sich, so gräßliche Dinge zu sagen, während er behaglich daliege. Er fand aber bald selbst die triftigere Erklärung, daß er sich meiner Nähe entziehe, aus Angst, von mir geprügelt zu werden. Wenn er sitzen blieb, so benahm er sich wie einer, der sich in verzweifelter Angst vor maßlosen Züchtigungen schützen will; er stützte den Kopf in die Hände, deckte sein Gesicht mit dem Arme, lief plötzlich mit schmerzlich verzerrten Zügen davon usw. Er erinnerte, daß der Vater jähzornig gewesen war und in seiner Heftigkeit manchmal nicht mehr wußte, wie weit er gehen durfte. In solcher Schule des Leidens gewann er allmählich die ihm mangelnde Überzeugung, die sich jedem andern, nicht persönlich Beteiligten wie selbstverständlich ergeben hätte; dann war aber auch der Weg zur Auflösung der Rattenvorstellung frei. Eine Fülle von bisher zurückgehaltenen tat-

---

durchaus dem infantilen Kernkomplex, daß der Vater zur Rolle des sexuellen Gegners und des Störers der autoerotischen Sexualbetätigung gelangt, und die Wirklichkeit hat daran zumeist einen guten Anteil.

sächlichen Mitteilungen wurde nun auf der Höhe der Kur zur Herstellung des Zusammenhanges verfügbar.

In der Darstellung desselben werde ich, wie angekündigt, aufs äußerste verkürzen und resümieren. Das erste Rätsel war offenbar, weshalb die beiden Reden des tschechischen Hauptmannes, die Rattenerzählung und die Aufforderung, dem Oberleutnant A. das Geld zurückzugeben, so aufregend auf ihn gewirkt und so heftige pathologische Reaktionen hervorgerufen hatten. Es war anzunehmen, daß hier »Komplexempfindlichkeit« vorlag, daß durch jene Reden hyperästhetische Stellen seines Unbewußten unsanft berührt worden waren. So war es auch; er befand sich, wie jedesmal im militärischen Verhältnisse, in einer unbewußten Identifizierung mit dem Vater, der selbst durch mehrere Jahre gedient hatte und vieles aus seiner Soldatenzeit zu erzählen pflegte. Nun gestattete der Zufall, der bei der Symptombildung mithelfen darf wie der Wortlaut beim Witz, daß eines der kleinen Abenteuer des Vaters ein wichtiges Element mit der Aufforderung des Hauptmannes gemeinsam hatte. Der Vater hatte einmal eine kleine Summe Geldes, über die er als Unteroffizier verfügen sollte, im Kartenspiele verloren (*Spielratte*) und wäre in arge Bedrängnis gekommen, wenn ein Kamerad sie ihm nicht vorgestreckt hätte. Nachdem er das Militär verlassen und wohlhabend geworden war, suchte er den hilfreichen Kameraden auf, um ihm das Geld zurückzugeben, fand ihn aber nicht mehr. Unser Patient war nicht sicher, ob ihm die Rückerstattung überhaupt je gelang; die Erinnerung an diese Jugendsünde des Vaters war ihm peinlich, da doch sein Unbewußtes von feindseligen Ausstellungen am Charakter des Vaters erfüllt war. Die Worte des Hauptmannes: Du mußt dem Oberleutnant A. die Kronen 3.80 zurückgeben, klangen ihm wie eine Anspielung an jene uneingelöste Schuld des Vaters.

Die Mitteilung aber, daß das Postfräulein in Z. die Nachnahme mit einigen für ihn schmeichelhaften Worten selbst erlegt hatte[1], ver-

1 Vergessen wir nicht, daß er dies erfahren hatte, ehe der Hauptmann die (unberechtigte) Aufforderung der Rückzahlung an Oberleutnant A. an ihn richtete. Es ist dies der für das Verständnis unentbehrliche Punkt, durch dessen Unterdrückung er sich die heilloseste Verwirrung bereitete und mir eine Zeitlang den Einblick in den Sinn des Ganzen verwehrte.

stärkte die Identifizierung mit dem Vater auf einem andern Gebiete. Er trug jetzt nach, daß in dem kleinen Orte, wo sich auch das Postamt befand, die hübsche Wirtstochter dem schmucken jungen Offizier viel Entgegenkommen gezeigt hatte, so daß er sich vornehmen konnte, nach Schluß der Manöver dorthin zurückzukommen, um seine Chancen bei dem Mädchen zu verfolgen. Nun war ihr in dem Postfräulein eine Konkurrentin erstanden; er konnte, wie der Vater in seinem Eheroman, schwanken, welcher von beiden er nach dem Verlassen des Militärdienstes seine Gunst zuwenden sollte. Wir merken mit einem Male, daß seine sonderbare Unschlüssigkeit, ob er nach Wien reisen oder an den Ort des Postamtes zurückkehren solle, seine beständigen Versuchungen, auf der Reise umzukehren (vgl. S. 68 f.), nicht so sinnlos waren, wie sie uns zuerst erscheinen mußten. Für sein bewußtes Denken war die Anziehung des Ortes Z., an dem sich das Postamt befand, durch das Bedürfnis motiviert, dort mit Hilfe des Oberleutnants A. seinen Eid zu erfüllen. In Wirklichkeit war das im nämlichen Ort befindliche Postfräulein der Gegenstand seiner Sehnsucht und der Oberleutnant nur ein guter Ersatz für sie, da er am selben Ort gewohnt[1] und selbst den militärischen Postdienst versehen hatte. Als er dann hörte, nicht der Oberleutnant A., sondern ein anderer Offizier B. habe an dem Tage bei der Post amtiert, zog er auch diesen in seine Kombination und konnte sein Schwanken zwischen den beiden ihm gnädig gesinnten Mädchen nun in den Delirien mit den beiden Offizieren wiederholen.[2]

Bei der Aufklärung der Wirkungen, welche von der Rattenerzählung des Hauptmannes ausgingen, müssen wir uns enger an den

---

1 [In den Ausgaben vor 1924 hieß es: »wohnte«. Siehe die nächste Anmerkung.]

2 (*Zusatz 1923*:) Nachdem der Patient alles dazu getan hatte, die kleine Begebenheit von der Rückzahlung der Nachnahme für den Zwicker zu verwirren, ist es vielleicht auch meiner Darstellung nicht gelungen, sie ohne Rückstand durchsichtig zu machen. Ich reproduziere darum hier eine kleine Karte, durch die Mr. und Mrs. Strachey die Situation zu Ende der Waffenübung verdeutlichen wollten. Meine Übersetzer haben mit Recht bemerkt, daß das Benehmen des Patienten noch immer unverständlich ist, solange man nicht ausdrücklich anführt, daß Oblt. A. früher am Ort des Postamtes Z. gewohnt und dort die militärische Post versehen hatte, daß er aber in den letzten Tagen der Übung

Ablauf der Analyse halten. Es ergab sich zunächst eine außerordentliche Fülle von assoziativem Material, ohne daß vorläufig die Situation der Zwangsbildung durchsichtiger wurde. Die Vorstellung der mit den Ratten vollzogenen Strafe hatte eine Anzahl von Trieben gereizt, eine Menge von Erinnerungen geweckt, und die Ratten hatten darum in dem kurzen Intervalle zwischen der Erzählung des Hauptmannes und seiner Mahnung, das Geld zurückzugeben, eine Reihe von symbolischen Bedeutungen erworben, zu welchen in der

---

dieses Amt an Oblt. B. abgegeben und nach A. versetzt worden war. Der »grausame« Hauptmann wußte noch nichts von dieser Änderung, daher sein Irrtum, die Nachnahme sei an Oblt. A. zurückzuzahlen.

[Die »kleine Karte«, die Freud seit 1924 in den *Gesammelten Schriften* wie auch in späteren deutschen Ausgaben an dieser Stelle einfügte, stimmt allerdings mit

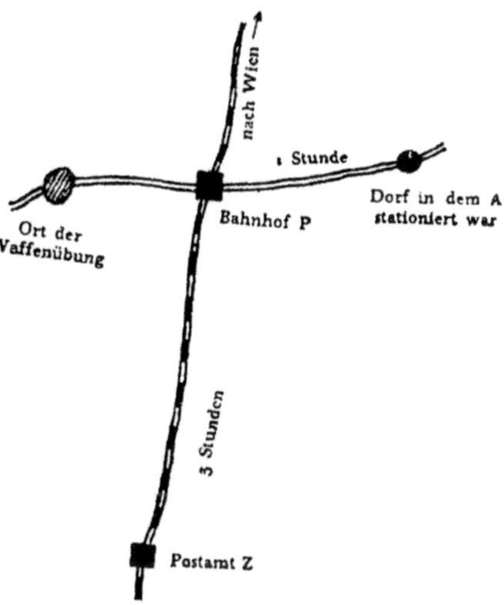

einigen der im Fallbericht erwähnten Details nicht überein. Mrs. Alix und Mr. James Strachey machten hierauf aufmerksam und fertigten für ihre überarbeitete Übersetzung dieser Krankengeschichte und deren Veröffentlichung in Band 10 der *Standard Edition of the Complete Psychological Works of Sigmund Freud* 1955 eine völlig neue Zeichnung an, deren Schema 1973 in Band 7 der *Studienausgabe*, S. 77, Anm., übernommen wurde, da sie die Orientierung erheblich erleichtert.]

Folgezeit immer neue hinzutraten. Mein Bericht über all dies kann freilich nur sehr unvollständig ausfallen. Die Rattenstrafe rüttelte vor allem die Analerotik auf, die in seiner Kindheit eine große Rolle gespielt hatte und durch jahrelang fortgesetzten Wurmreiz unterhalten worden war. Die Ratten kamen so zur Bedeutung: Geld[1], welcher Zusammenhang sich durch den Einfall Raten zu Ratten anzeigte. Er hatte sich in seinen Zwangsdelirien eine förmliche Rattenwährung eingesetzt; z. B. als ich ihm auf Befragen den Preis einer Behandlungsstunde mitteilte, hieß es bei ihm, was ich ein halbes Jahr später erfuhr: soviel Gulden soviel Ratten. In diese Sprache wurde allmählich der ganze Komplex der Geldinteressen, die sich an die Erbschaft nach dem Vater knüpften, umgesetzt, d. h. alle dahin gehörigen Vorstellungen wurden über diese Wortbrücke *Raten – Ratten* ins Zwanghafte eingetragen und dem Unbewußten unterworfen. Diese Geldbedeutung der Ratten stützte sich überdies auf die Mahnung des Hauptmannes, den Betrag der Nachnahme zurückzugeben, mit Hilfe der Wortbrücke *Spielratte*, von der aus der Zugang zur Spielverfehlung des Vaters aufzufinden war.

Die Ratte war ihm aber auch als Träger gefährlicher Infektionen bekannt und konnte darum als Symbol für die beim Militär so berechtigte Angst vor *syphilitischer Infektion* verwendet werden, wohinter allerlei Zweifel an der Lebensführung des Vaters während seiner militärischen Dienstzeit versteckt waren. In anderem Sinne: Träger der syphilitischen Infektion war der *Penis* selbst, und so wurde die Ratte zum Geschlechtsglied, für welche Verwendung sie noch ein anderes Anrecht geltend machen konnte. Der Penis, besonders der des kleinen Kindes, kann ohne weiteres als *Wurm* beschrieben werden, und in der Erzählung des Hauptmannes wühlten die Ratten im After wie in seinen Kinderjahren die großen Spulwürmer. So ruhte die Penisbedeutung der Ratten wiederum auf der Analerotik. Die Ratte ist ohnedies ein schmutziges Tier, das sich von Exkrementen nährt und in Kanälen lebt, die den Abfall führen.[2]

1 Vgl. »Charakter und Analerotik«. (Enthalten in Bd. VII dieser Gesamtausgabe [der *Gesammelten Werke*].)

2 Wer diese Sprünge der neurotischen Phantasie kopfschüttelnd ablehnen will, der sei an ähnliche Capriccios erinnert, in denen sich die Phantasie der Künstler gelegentlich ergeht, z. B. an die *Diableries érotiques* von Le Poitevin.

Es ist ziemlich überflüssig anzuführen, welcher Ausbreitung das Rattendelirium durch diese neue Bedeutung fähig wurde. »Soviel Ratten – soviel Gulden« konnte z. B. als eine treffliche Charakteristik eines ihm sehr verhaßten weiblichen Gewerbes gelten. Hingegen ist es wohl nicht gleichgültig, daß die Einsetzung des Penis für die Ratte in der Erzählung des Hauptmannes eine Situation von Verkehr per anum ergab, die ihm in ihrer Beziehung auf Vater und Geliebte besonders widerlich erscheinen mußte. Trat diese Situation in der Zwangsandrohung wieder auf, welche sich nach der Mahnung des Hauptmannes bei ihm gestaltete, so erinnerte dies unverkennbar an gewisse bei den Südslawen gebräuchliche Flüche, deren Wortlaut man in der von F. S. Krauß herausgegebenen »Anthropophyteia« nachlesen kann. All dieses Material und noch anderes reihte sich übrigens mit dem Deckeinfall *»heiraten«* in das Gefüge der Rattendiskussion ein.

Daß die Erzählung von der Rattenstrafe bei unserem Patienten alle vorzeitlich unterdrückten Regungen eigensüchtiger und sexueller Grausamkeit in Aufruhr brachte, wird ja durch seine eigene Schilderung und durch seine Mimik bei der Wiedererzählung bezeugt. Doch fiel trotz all dieses reichen Materials so lange kein Licht auf die Bedeutung seiner Zwangsidee, bis eines Tages die *Rattenmamsell* aus Ibsens »Klein Eyolf« auftauchte und die Folgerung unabweisbar machte, in vielen Ausgestaltungen seiner Zwangsdelirien bedeuteten die Ratten auch Kinder.[1] Forschte man nach der Entstehung dieser neuen Bedeutung, so stieß man sofort auf die ältesten und bedeutsamsten Wurzeln. Bei einem Besuche am Grabe des Vaters hatte er einmal ein großes Tier, das er für eine Ratte hielt, am Grabhügel vorbeihuschen gesehen.[2] Er nahm an, sie käme aus dem Grabe des Vaters selbst und hätte soeben ihre Mahlzeit von seinem Leich-

1 Ibsens Rattenmamsell ist ja sicherlich von dem sagenhaften Rattenfänger von Hameln abgeleitet, der zuerst die Ratten ins Wasser lockt und dann mit denselben Mitteln die Kinder der Stadt auf Nimmerwiederkehr verführt. Auch Klein Eyolf stürzt sich unter dem Banne der Rattenmamsell ins Wasser. Die Ratte erscheint in der Sage überhaupt nicht so sehr als ekelhaftes, sondern als unheimliches, man möchte sagen chthonisches Tier und wird zur Darstellung der Seelen Verstorbener verwendet.

2 Eines der auf dem Wiener Zentralfriedhofe so häufigen Erdwiesel.

nam eingenommen. Von der Vorstellung der Ratte bleibt als unzertrennlich, daß sie mit scharfen Zähnen nagt und beißt[1]; die Ratte ist aber nicht etwa ohne Strafe bissig, gefräßig und schmutzig, sondern sie wird von den Menschen, wie er oft mit Grausen gesehen hatte, grausam verfolgt und schonungslos erschlagen. Oft hatte er Mitleid mit solchen armen Ratten verspürt. Nun war er selbst ein so ekelhafter, schmutziger, kleiner Kerl gewesen, der in der Wut um sich beißen konnte und dafür fürchterlich gezüchtigt worden war (vgl. Seite 95). Er konnte wirklich sein ganz »natürlich Ebenbild«[2] in der Ratte finden. Das Schicksal hatte ihm in der Erzählung des Hauptmannes sozusagen ein Komplexreizwort zugerufen, und er versäumte nicht, mit seiner Zwangsidee darauf zu reagieren.

Ratten waren also Kinder nach seinen frühesten und folgenschwersten Erfahrungen. Und nun brachte er eine Mitteilung, die er lange genug aus dem Zusammenhang ferngehalten hatte, die aber jetzt das Interesse, das er für Kinder haben mußte, voll aufklärte. Die Dame, die er durch so lange Jahre verehrte und zu heiraten sich doch nicht entschließen konnte, war infolge einer gynäkologischen Operation, der Entfernung beider Ovarien, zur Kinderlosigkeit verurteilt; es war dies sogar für ihn, der Kinder außerordentlich liebte, der Hauptgrund seines Schwankens.

Erst jetzt wurde es möglich, den unbegreiflichen Vorgang bei der Bildung seiner Zwangsidee zu verstehen; mit Zuhilfenahme der infantilen Sexualtheorien und der Symbolik, die man aus der Deutung von Träumen kennt, ließ sich alles sinnreich übersetzen. Als der Hauptmann auf der Nachmittagsrast, bei der er seinen Zwicker einbüßte, von der Rattenstrafe erzählte, packte ihn zuerst nur der grausam lüsterne Charakter der vorgestellten Situation. Aber sofort stellte sich die Verbindung mit jener Kinderszene her, in der er selbst gebissen hatte; der Hauptmann, der für solche Strafen eintreten konnte, rückte ihm an die Stelle des Vaters und zog einen Teil

---

1 »Doch dieser Schwelle Zauber zu zerspalten,
Bedarf ich eines Rattenzahns.
– – – – –
Noch einen Biß, so ist's geschehn« – sagt Mephisto.

2 Auerbachs Keller.

der wiederkehrenden Erbitterung auf sich, die sich damals gegen den grausamen Vater empört hatte. Die flüchtig auftauchende Idee, es könnte einer ihm lieben Person etwas dergleichen geschehen, wäre zu übersetzen durch die Wunschregung: Dir sollte man so etwas tun, die sich gegen den Erzähler, dahinter aber schon gegen den Vater richtete. Als ihm dann 1 ½ Tage später[1] der Hauptmann das mit Nachnahme angelangte Paket überreicht und ihn mahnt, die 3 Kronen 80 Heller dem Oberleutnant A. zurückzugeben, weiß er bereits, daß der »grausame Vorgesetzte« sich irrt und daß er niemand anderem als dem Postfräulein verpflichtet ist. Es liegt ihm also nahe, eine höhnische Antwort zu bilden wie: Ja freilich, was fällt dir denn ein? oder: Ja, Schnecken, oder: Ja, einen Schmarren[2] werd' ich ihm das Geld zurückgeben, Antworten, die er nicht hätte aussprechen müssen. Aber aus dem unterdes aufgerührten Vaterkomplex und der Erinnerung an jene Infantilszene gestaltet sich ihm die Antwort: Ja, ich werde dem A. das Geld zurückgeben, wenn mein Vater und meine Geliebte Kinder bekommen, oder: So wahr mein Vater und die Dame Kinder bekommen können, so gewiß werde ich ihm das Geld zurückgeben. Also eine höhnende Beteuerung an eine unerfüllbare absurde Bedingung geknüpft.[3]

Aber nun war das Verbrechen begangen, die beiden ihm teuersten Personen, Vater und Geliebte, von ihm geschmäht; das forderte Strafe, und die Bestrafung bestand in dem Auferlegen eines unmöglich zu erfüllenden Eides, der den Wortlaut des Gehorsams gegen die unberechtigte Mahnung des Vorgesetzten einhielt: *Jetzt mußt du wirklich dem A. das Geld zurückgeben*. Im krampfhaften Gehorsam verdrängte er sein besseres Wissen, daß der Hauptmann seine

1 Nicht am nächsten Abend, wie er zuerst erzählte. Es ist ganz unmöglich, daß der bestellte Zwicker noch am selben Tage angelangt wäre. Er verkürzt diese Zwischenzeit in der Erinnerung, weil in ihr die entscheidenden Gedankenverbindungen sich herstellten und weil er die in sie fallende Begegnung mit dem Offizier verdrängt, der ihm vom freundlichen Benehmen des Postfräuleins erzählte.

2 Wienerisch.

3 Die Absurdität bedeutet also auch in der Sprache des Zwangsdenkens Hohn so wie im Traume. Siehe Traumdeutung, 8. Aufl. S. 297 [in den *Gesammelten Werken*, Bd. 2/3, S. 447].

Mahnung auf eine irrige Voraussetzung gründe: »Ja, du mußt dem A. das Geld zurückgeben, wie der Stellvertreter des Vaters verlangt hat. Der Vater kann nicht irren.« Auch die Majestät kann nicht irren, und wenn sie einen Untertan mit einem ihm nicht gebührenden Titel angesprochen hat, so trägt er fortan diesen Titel.

Von diesem Vorgange gelangt in sein Bewußtsein nur undeutliche Kunde, aber die Auflehnung gegen das Gebot des Hauptmannes und der Umschlag ins Gegenteil sind auch im Bewußtsein vertreten. (Zuerst: *Nicht* das Geld zurückgeben, sonst geschieht das... [die Rattenstrafe][1], und dann die Verwandlung in den gegenteiligen Eidauftrag als Strafe für die Auflehnung.)

Man vergegenwärtige sich noch die Konstellation, in welche die Bildung der großen Zwangsidee fiel. Er war durch lange Abstinenz sowie durch das freundliche Entgegenkommen, auf das der junge Offizier bei den Frauen rechnen darf, libidinös geworden, war überdies in einer gewissen Entfremdung von seiner Dame zur Waffenübung eingerückt. Diese Libidosteigerung machte ihn geneigt, den uralten Kampf gegen die Autorität des Vaters wieder aufzunehmen, und er getraute sich an sexuelle Befriedigung bei anderen Frauen zu denken. Die Zweifel am Andenken des Vaters und die Bedenken gegen den Wert der Geliebten hatten sich gesteigert; in solcher Verfassung ließ er sich zur Schmähung gegen beide hinreißen, und dann bestrafte er sich dafür. Er wiederholte damit ein altes Vorbild. Wenn er dann nach Schluß der Waffenübung so lange schwankt, ob er nach Wien reisen oder bleiben und den Eid erfüllen solle, so stellt er damit in einem die beiden Konflikte dar, die ihn von jeher bewegt hatten, ob er dem Vater gehorsam und ob er der Geliebten treu bleiben solle.[2]

Noch ein Wort über die Deutung des Inhaltes der Sanktion: sonst wird an den beiden Personen die Rattenstrafe vollzogen. Sie ruht auf

1 [Diese eckigen Klammern sind von Freud.]

2 Es ist vielleicht interessant hervorzuheben, daß der Gehorsam gegen den Vater wiederum mit der Abwendung von der Dame zusammenfällt. Wenn er bleibt und dem A. das Geld zurückgibt, so hat er die Buße gegen den Vater erfüllt und gleichzeitig seine Dame gegen die Anziehung eines anderen Magneten verlassen. Der Sieg in diesem Konflikte verbleibt der Dame, allerdings mit Unterstützung der normalen Besinnung.

der Geltung zweier infantiler Sexualtheorien, über die ich an anderer Stelle Auskunft gegeben habe.[1] Die erste dieser Theorien geht dahin, daß die Kinder aus dem After herauskommen; die zweite schließt konsequent mit der Möglichkeit an, daß Männer ebensowohl Kinder kriegen können wie Frauen. Nach den technischen Regeln der Traumdeutung kann das Aus-dem-Darm-Herauskommen durch seinen Gegensatz: ein In-den-Darm-Hineinkriechen (wie bei der Rattenstrafe) dargestellt werden und umgekehrt.

Einfachere Lösungen für so schwere Zwangsideen oder Lösungen mit anderen Mitteln zu erwarten, ist man wohl nicht berechtigt. Mit der Lösung, die sich uns ergab, war das Rattendelirium beseitigt.

---

1 Vgl. »Über infantile Sexualtheorien« (Bd. VII dieser Gesamtausgabe [der *Gesammelten Werke*]).

II
Zur Theorie[1]

a) Einige allgemeine Charaktere der Zwangsbildungen[2]

Meine im Jahre 1896 gegebene Definition der Zwangsvorstellungen, sie seien »verwandelte, aus der Verdrängung wiederkehrende Vorwürfe, die sich immer auf eine sexuelle, mit Lust ausgeführte Aktion der Kinderjahre beziehen«[3], erscheint mir heute formell angreifbar, obwohl sie aus den besten Elementen zusammengesetzt ist. Sie strebte zu sehr nach Vereinheitlichung und nahm sich den Vorgang der Zwangskranken selbst zum Muster, welche mit der ihnen eigentümlichen Neigung zur Unbestimmtheit die verschiedenartigsten psychischen Bildungen als »Zwangsvorstellungen« zusammenwerfen.[4] Es ist in der Tat korrekter, von »Zwangsdenken« zu sprechen und hervorzuheben, daß die Zwangsgebilde den Wert der verschiedenartigsten psychischen Akte haben können. Sie lassen sich als Wünsche, Versuchungen, Impulse, Reflexionen, Zweifel, Gebote und Verbote bestimmen. Die Kranken haben im allgemeinen das Bestreben, diese Bestimmtheit abzuschwächen und den seines Affektindex beraubten Inhalt als Zwangsvorstellung zu führen. Ein Beispiel für solche Behandlung eines Wunsches, der zur bloßen

1 [Diese Überschrift wurde erst 1924 hinzugefügt.]

2 Verschiedene der hier und im nächsten Abschnitte behandelten Punkte sind in der Literatur der Zwangsneurose bereits erwähnt worden, wie man aus dem gründlichen Hauptwerke über diese Krankheitsform, dem 1904 veröffentlichten Buch von L. Löwenfeld, »Die psychischen Zwangserscheinungen«, ersehen kann.

3 »Weitere Bemerkungen über die Abwehrneuropsychosen« (Bd. I dieser Gesamtausgabe [der *Gesammelten Werke*]).

4 Dieser Mangel der Definition wird im Aufsatze selbst verbessert. Es heißt darin: »Die wiederbelebten Erinnerungen und die aus ihnen gebildeten Vorwürfe treten aber niemals unverändert ins Bewußtsein ein, sondern was als Zwangsvorstellung und Zwangsaffekt bewußt wird, die pathogene Erinnerung für das bewußte Leben substituiert, sind *Kompromißbildungen* zwischen den verdrängten und den verdrängenden Vorstellungen.« In der Definition ist also ein besonderer Akzent auf das Wort »verwandelt« zu legen.

»Denkverbindung« herabgesetzt werden sollte, bot uns unser Patient in einer der ersten Sitzungen (S. 74).

Man muß auch bald zugestehen, daß bisher nicht einmal die Phänomenologie des Zwangsdenkens entsprechend gewürdigt werden konnte. In dem sekundären Abwehrkampf, den der Kranke gegen die in sein Bewußtsein eingedrungenen »Zwangsvorstellungen« führt, kommen Bildungen zustande, die einer besonderen Benennung würdig sind. Man denke z. B. an die Gedankenreihen, die unseren Patienten während seiner Rückfahrt von der Waffenübung beschäftigen. Es sind nicht rein vernünftige Erwägungen, die den Zwangsgedanken entgegengesetzt werden, sondern gleichsam Mischlinge zwischen beiden Denkungsarten, sie nehmen gewisse Voraussetzungen des Zwanges, den sie bekämpfen, in sich auf und stellen sich (mit den Mitteln der Vernunft) auf den Boden des krankhaften Denkens. Ich meine, solche Bildungen verdienen den Namen von *»Delirien«*. Ein Beispiel, das ich an seine Stelle in der Krankengeschichte einzufügen bitte, wird die Unterscheidung klarmachen. Als unser Patient sich eine Zeitlang während seines Studiums dem beschriebenen tollen Treiben hingegeben hatte, bis in die späte Nacht zu arbeiten, dann für den Geist des Vaters die Türe zu öffnen, dann seine Genitalien im Spiegel zu beschauen (S. 94), suchte er sich mit der Mahnung zurechtzubringen, was wohl der Vater dazu sagen würde, wenn er wirklich noch am Leben wäre. Aber dieses Argument hatte keinen Erfolg, solange es in dieser vernünftigen Form vorgebracht wurde; der Spuk hörte erst auf, nachdem er dieselbe Idee in die Form einer deliriösen Drohung gebracht hatte: Wenn er diesen Unsinn noch einmal übe, werde dem Vater im Jenseits ein Übel zustoßen.

Der Wert der sicherlich berechtigten Unterscheidung zwischen primärem und sekundärem Abwehrkampf wird in unerwarteter Weise durch die Erkenntnis eingeschränkt, *daß die Kranken den Wortlaut ihrer eigenen Zwangsvorstellungen nicht kennen*. Es klingt paradox, hat aber seinen guten Sinn. Im Verlaufe einer Psychoanalyse wächst nämlich nicht nur der Mut des Kranken, sondern gleichsam auch der seiner Krankheit; sie getraut sich deutlicherer Äußerungen. Um die bildliche Darstellung zu verlassen, es geht wohl so zu, daß der Kranke, der sich bisher erschreckt von der Wahrnehmung seiner krankhaften Produktionen abgewendet hatte, ihnen nun seine Aufmerksamkeit schenkt und sie deutlicher und ausführlicher erfährt.[1]

Eine schärfere Kenntnis der Zwangsbildungen gewinnt man überdies auf zwei besonderen Wegen. Erstens macht man die Erfahrung, daß die Träume den eigentlichen Text des Zwangsgebotes u. dgl. bringen können, der im Wachen nur verstümmelt und entstellt, wie in einer verunstalteten Depesche, bekannt worden ist. Diese Texte treten im Traume als *Reden* auf, entgegen der Regel, daß Reden im Traume von Reden am Tage herrühren.[2] Zweitens gewinnt man in der analytischen Verfolgung einer Krankengeschichte die Überzeugung, daß oft mehrere aufeinander folgende, aber im Wortlaute nicht identische Zwangsvorstellungen im Grunde doch eine und dieselbe sind. Die Zwangsvorstellung ist das erstemal glücklich abgewiesen worden, sie kehrt nun ein andermal in entstellter Form wieder, wird nicht erkannt und kann sich vielleicht gerade infolge ihrer Entstellung im Abwehrkampfe besser behaupten. Die ursprüngliche Form aber ist die richtige, die oft ihren Sinn ganz unverhüllt erkennen läßt. Hat man eine unverständliche Zwangsidee mühselig aufgeklärt, so kann man nicht selten vom Kranken hören, daß ein Einfall, Wunsch, Versuchung wie der konstruierte, wirklich vor der Zwangsidee einmal aufgetreten ist, aber sich nicht gehalten hat. Die Beispiele hiefür aus der Geschichte unseres Patienten würden leider zu umständlich ausfallen.

Die offiziell so bezeichnete »Zwangsvorstellung« trägt also in ihrer Entstellung gegen den ursprünglichen Wortlaut die Spuren des primären Abwehrkampfes an sich. Ihre Entstellung macht sie nun lebensfähig, denn das bewußte Denken ist genötigt, sie in ähnlicher Weise mißzuverstehen wie den Trauminhalt, der selbst ein Kompromiß- und Entstellungsprodukt ist und vom wachen Denken weiter mißverstanden wird.

1 Bei manchen Kranken geht die Abwendung ihrer Aufmerksamkeit so weit, daß sie den Inhalt einer Zwangsvorstellung überhaupt nicht angeben, eine Zwangshandlung, die sie unzählige Male ausgeführt, nicht beschreiben können.

2 Vgl. »Traumdeutung«, 8. Aufl. S. 285 [in den *Gesammelten Werken*, Bd. 2/3, S. 421–424].

Das Mißverständnis des bewußten Denkens läßt sich nun nicht nur an den Zwangsideen selbst, sondern auch an den Produkten des sekundären Abwehrkampfes, z. B. an den Schutzformeln nachweisen. Hiefür kann ich zwei gute Beispiele bringen. Unser Patient gebrauchte als Abwehrformel ein rasch ausgesprochenes *aber*, von einer abweisenden Handbewegung begleitet. Er erzählte dann einmal, diese Formel habe sich in letzter Zeit verändert; er sage nicht mehr *áber*, sondern *abér*. Nach dem Grunde dieser Fortentwicklung befragt, gab er an, das stumme *e* der zweiten Silbe gebe ihm keine Sicherheit gegen die gefürchtete Einmengung von etwas Fremdem und Gegensätzlichem, und darum habe er beschlossen, das *e* zu akzentuieren. Diese Aufklärung, ganz im Stile der Zwangsneurose gehalten, erwies sich doch als unzutreffend, sie konnte höchstens den Wert einer Rationalisierung beanspruchen; in Wirklichkeit war das *abér* eine Angleichung an *Abwehr*, welchen Terminus er aus den theoretischen Gesprächen über die Psychoanalyse kannte. Die Kur war also in mißbräuchlicher und deliriöser Weise zur Verstärkung einer Abwehrformel verwendet worden. Ein andermal sprach er von seinem Hauptzauberwort, das er zum Schutze gegen alle Anfechtungen aus den Anfangsbuchstaben aller heilkräftigsten Gebete zusammengesetzt und mit einem angehängten *Amen* versehen hatte. Ich kann das Wort selbst nicht hierhersetzen aus Gründen, die sich sogleich ergeben werden.[1] Denn als ich es erfuhr, mußte ich bemerken, daß es vielmehr ein Anagramm des Namens seiner verehrten Dame war; in diesem Namen war ein *S* enthalten, welches er ans Ende und unmittelbar vor das angehängte *Amen* gesetzt hatte. Er hatte also – wir dürfen sagen: seinen Samen mit der Geliebten zusammengebracht, d. h. mit ihrer Person in der Vorstellung onaniert. Diesen aufdringlichen Zusammenhang hatte er aber selbst nicht bemerkt; die Abwehr hatte sich vom Verdrängten narren lassen. Übrigens ein gutes Beispiel für den Satz, daß mit der Zeit das Abzuwehrende sich regelmäßig Eingang in das verschafft, wodurch es abgewehrt wird.

1 [Aus den inzwischen veröffentlichten ›Originalnotizen zu einem Fall von Zwangsneurose‹ (S. Freud, *Gesammelte Werke*, Nachtragsband, Frankfurt am Main 1987, S. 503–569) geht hervor, daß das Wort »Glejisamen« oder »Glejsamen« hieß. Der Vorname der Dame war »Gisela«.]

Wenn behauptet wird, daß die Zwangsgedanken eine Entstellung erfahren haben ähnlich wie die Traumgedanken, ehe sie zum Trauminhalte werden, so darf uns die Technik dieser Entstellung interessieren, und es stünde nichts im Wege, die verschiedenen Mittel derselben an einer Reihe von übersetzten und verstandenen Zwangsideen darzulegen. Auch hiervon kann ich aber unter den Bedingungen dieser Publikation nur einzelne Proben geben. Nicht alle Zwangsideen unseres Patienten waren so kompliziert gebaut und so schwer aufzuschließen wie die große Rattenvorstellung. Bei anderen war eine sehr einfache Technik gebraucht worden, die der Entstellung durch Auslassung – Ellipse –, die beim Witz so vorzügliche Anwendung findet, aber auch hier ihre Schuldigkeit als Schutzmittel gegen das Verständnis tat.

Eine seiner ältesten und beliebtesten Zwangsideen (vom Wert einer Mahnung oder Warnung) lautete z. B.: *Wenn ich die Dame heirate, geschieht dem Vater ein Unglück* (im Jenseits). Setzen wir die übersprungenen und aus der Analyse bekannten Zwischenglieder ein, so lautet der Gedankengang: Wenn der Vater lebte, so würde er über meinen Vorsatz, die Dame zu heiraten, ebenso wütend werden wie damals in der Kinderszene, so daß ich wiederum eine Wut gegen ihn bekäme und ihm alles Böse wünschte, was sich kraft der Allmacht[1] meiner Wünsche an ihm erfüllen müßte.

Oder ein anderer Fall von elliptischer Auflösung, gleichfalls einer Warnung oder eines asketischen Verbotes. Er hatte eine herzige kleine Nichte, die er sehr liebte. Eines Tages bekam er die Idee: *Wenn du dir einen Koitus gestattest, wird der Ella ein Unglück geschehen* (sterben). Mit Einsetzung des Ausgelassenen: Bei jedem Koitus, auch mit einer Fremden, mußt du doch daran denken, daß der Sexualverkehr in deiner Ehe nie ein Kind zur Folge haben wird (die Sterilität seiner Geliebten). Das wird dir so leid tun, daß du auf die kleine Ella neidisch werden und der Schwester das Kind nicht gönnen wirst. Diese neidischen Regungen müssen den Tod des Kindes zur Folge haben.[2]

1 Über diese »Allmacht« siehe später.

2 An die Verwendung der Auslassungstechnik beim Witze will ich durch einige Beispiele erinnern, die ich einer Schrift von mir entnehme. (Der Witz und seine Beziehung zum Unbewußten, 1905; 4. Aufl. 1925, S. 63. Enthalten in Bd. VI

Die elliptische Entstellungstechnik scheint für die Zwangsneurose typisch zu sein; ich bin ihr auch bei den Zwangsgedanken anderer Patienten begegnet. Besonders durchsichtig und durch eine gewisse Ähnlichkeit mit der Struktur der Rattenvorstellung interessant war ein Fall von Zweifel bei einer wesentlich an Zwangshandlungen leidenden Dame. Sie ging mit ihrem Manne in Nürnberg spazieren und ließ sich von ihm in einen Laden begleiten, in dem sie verschiedene Gegenstände für ihr Kind, darunter auch einen Kamm, einkaufte. Der Mann, dem das Wählen zu lange dauerte, gab an, er habe auf dem Wege einige Münzen bei einem Antiquar gesehen, die er erwerben wolle; er werde sie nach dem Kaufe aus diesem Laden abholen. Er blieb aber nach ihrer Schätzung viel zu lange aus. Als er wiederkam und auf die Frage, wo er sich aufgehalten, antwortete: Eben bei jenem Antiquar, bekam sie in demselben Momente den quälenden Zweifel, ob sie den fürs Kind gekauften Kamm nicht vielmehr seit jeher besessen habe. Natürlich verstand sie den simplen Zusammenhang nicht aufzudecken. Wir können gar nicht anders als diesen Zweifel für einen verschobenen erklären und den vollständigen unbewußten Gedanken in folgender Art konstruieren: Wenn es wahr ist, daß du nur beim Antiquar warst, wenn ich das glauben soll, dann kann ich ebenso glauben, daß ich diesen eben gekauften Kamm schon seit Jahren besitze. Also eine höhnische persiflierende Gleichstellung, ähnlich wie der Gedanke unseres Patienten: Ja, so gewiß die beiden (Vater und Dame) Kinder bekommen werden, so gewiß werde ich dem A. das Geld zurückgeben. Bei der Dame hing der Zweifel an der ihr unbewußten Eifersucht, die sie annehmen ließ, ihr Mann habe das Intervall zu einem galanten Besuch benutzt.

Eine psychologische Würdigung des Zwangsdenkens versuche ich

---

dieser Gesamtausgabe [der *Gesammelten Werke*].) »In Wien lebt ein geistreicher und kampflustiger Schriftsteller, der sich durch die Schärfe seiner Invektive wiederholt körperliche Mißhandlungen von seiten der Angegriffenen zugezogen hat. Als einmal eine neue Missetat eines seiner habituellen Gegner beredet wurde, äußerte ein Dritter: *Wenn der X. das hört, bekommt er eine Ohrfeige*... Der Widersinn vergeht, wenn man in die Lücke einsetzt: *Dann schreibt er einen so bissigen Artikel gegen den Betreffenden, daß*« usw. – Dieser elliptische Witz zeigt auch inhaltliche Übereinstimmung mit dem obigen ersten Beispiel.

diesmal nicht zu unternehmen. Sie würde außerordentlich wertvolle Ergebnisse bringen und zur Klärung unserer Einsichten in das Wesen des Bewußten und Unbewußten mehr leisten als das Studium der Hysterie und der hypnotischen Erscheinungen. Es wäre sehr wünschenswert, daß die Philosophen und Psychologen, welche vom Hörensagen her oder aus ihren konventionellen Definitionen scharfsinnige Lehren über das Unbewußte entwickeln, sich vorher die entscheidenden Eindrücke aus den Erscheinungen des Zwang[s]-denkens holten; man könnte es beinahe fordern, wenn es nicht soviel mühseliger wäre als die ihnen sonst vertrauten Arbeitsweisen. Ich werde hier nur noch anführen, daß bei der Zwangsneurose gelegentlich die unbewußten seelischen Vorgänge in reinster, unentstellter Form zum Bewußten durchbrechen, daß der Durchbruch von den verschiedensten Stadien des unbewußten Denkprozesses her erfolgen kann und daß die Zwangsvorstellungen im Momente des Durchbruches meist als längst bestehende Bildungen erkannt werden können. Daher die auffällige Erscheinung, daß der Zwangskranke, wenn man mit ihm dem ersten Auftreten einer Zwangsidee nachforscht, dieselbe im Laufe der Analyse immer weiter nach rückwärts verlegen muß, immer neue erste Veranlassungen für sie findet.

b) Einige psychische Besonderheiten der Zwangskranken – ihr Verhältnis zur Realität, zum Aberglauben und zum Tod

Ich habe hier einige seelische Charaktere der Zwangskranken zu behandeln, welche an sich nicht wichtig scheinen, aber auf dem Wege zum Verständnisse von Wichtigerem liegen. Sie waren bei meinem Patienten sehr deutlich ausgesprochen – ich weiß aber, daß sie nicht seiner Individualität, sondern seinem Leiden zuzurechnen sind und sich in ganz typischer Weise bei anderen Zwangskranken wiederfinden.

Unser Patient war in hohem Grade abergläubisch, und dies zwar, obwohl er ein hochgebildeter, aufgeklärter Mann von bedeutendem Scharfsinn war und zuzeiten versichern konnte, daß er von all dem Plunder nichts für wahr halte. Er war also abergläubisch und war es doch nicht und unterschied sich doch deutlich von den ungebildeten

Abergläubischen, die sich eins mit ihrem Glauben fühlen. Er schien zu verstehen, daß sein Aberglaube von seinem Zwangsdenken abhing, obwohl er sich zuzeiten voll zu ihm bekannte. Ein so widerspruchsvolles und schwankendes Benehmen läßt sich am ehesten unter dem Gesichtswinkel eines bestimmten Erklärungsversuches erfassen. Ich habe nicht gezögert anzunehmen, daß er betreffs dieser Dinge zwei verschiedene und entgegengesetzte Überzeugungen hatte und nicht etwa eine noch unfertige Meinung. Zwischen diesen beiden Meinungen oszillierte er dann in sichtbarster Abhängigkeit von seiner sonstigen Stellung zum Zwangsleiden. Sowie er eines Zwanges Herr geworden war, belächelte er seine Leichtgläubigkeit mit überlegenem Verständnis, und es ereignete sich ihm nichts, was ihn hätte erschüttern können, und sobald er wieder unter die Herrschaft eines ungelösten Zwanges – oder was gleichwertig ist: eines Widerstandes – gekommen war, erlebte er die sonderbarsten Zufälle, welche der gläubigen Überzeugung zu Hilfe kamen.

Sein Aberglaube war immerhin der eines gebildeten Mannes und sah von Abgeschmacktheiten, wie die Angst vor dem Freitag, vor der Zahl 13 u. dgl., ab. Er glaubte aber an Vorzeichen, an prophetische Träume, begegnete beständig jenen Personen, mit denen er sich unerklärlicherweise eben beschäftigt hatte, und erhielt Briefe von Korrespondenten, die sich ihm nach den längsten Pausen plötzlich in geistige Erinnerung gebracht hatten. Dabei war er rechtschaffen genug oder vielmehr so weit seiner offiziellen Überzeugung getreu, daß er Fälle nicht vergessen hatte, in denen die intensivsten Ahnungen zu nichts gekommen waren, z. B. einmal als er sich in den Sommeraufenthalt begab, die sichere Ahnung, er werde nicht mehr lebend nach Wien zurückkehren. Auch gab er zu, daß die größte Mehrzahl der Vorzeichen Dinge betrafen, die keine besondere Bedeutung für seine Person hatten, und daß, wenn er einem Bekannten begegnete, an den er sehr lange nicht und gerade wenige Momente vorher gedacht hatte, sich zwischen diesem wundersam Erschauten und ihm weiter nichts zutrug. Natürlich war er auch nicht imstande, es in Abrede zu stellen, daß alles Bedeutsame seines Lebens sich ohne Vorzeichen zugetragen hatte, so wie er z. B. vom Tode des Vaters ahnungslos überrascht worden war. Aber alle solche Argumente änderten an dem Zwiespalt seiner Überzeugungen nichts und erwiesen nur den Zwangscharakter seines Aberglaubens, der bereits aus dessen mit dem Widerstand gleichsinnigen Schwankungen zu erschließen war.

Ich war natürlich nicht in der Lage, alle seine älteren Wundergeschichten rationell aufzuklären, aber für das, was sich von ähnlichen Dingen während der Zeit der Behandlung ereignete, konnte ich ihm nachweisen, daß er selbst beständig an der Fabrikation der Wunder beteiligt sei und welcher Mittel er sich dabei bediene. Er arbeitete mit dem indirekten Sehen und Lesen, mit Vergessen und vor allem mit Gedächtnistäuschungen. Am Ende half er mir selbst die kleinen Taschenspielerkünste aufdecken, durch welche jene Wunder gemacht wurden. Als interessante infantile Wurzel seines Glaubens an das Eintreffen von Ahnungen und von Vorhersagen ergab sich einmal die Erinnerung, daß die Mutter so oft, wenn ein Termin gewählt werden sollte, gesagt hatte: »An dem und dem Tage kann ich nicht; da werde ich liegen müssen.« Und wirklich lag sie an dem angekündigten Tage jedesmal zu Bett!

Unverkennbar, daß es ihm ein Bedürfnis war, im Erleben solche Stützpunkte für seinen Aberglauben zu finden, daß er darum die bekannten unerklärlichen Zufälligkeiten des Alltags so sehr beachtete und mit dem unbewußten Tun nachhalf, wo diese nicht ausreichten. Dies Bedürfnis habe ich bei vielen anderen Zwangskranken gefunden und vermute es bei noch mehreren. Es scheint mir aus dem psychologischen Charakter der Zwangsneurose gut erklärlich. Wie ich vorhin (S. 87 f.) auseinandergesetzt, erfolgt bei dieser Störung die Verdrängung nicht durch Amnesie, sondern durch Zerreißung von kausalen Zusammenhängen infolge von Affektentziehung. Eine gewisse mahnende Kraft – die ich an anderer Stelle mit einer endopsychischen Wahrnehmung verglichen habe[1] – scheint nun diesen verdrängten Beziehungen zu verbleiben, so daß sie auf dem Wege der Projektion in die Außenwelt eingetragen werden und dort Zeugnis ablegen für das im Psychischen Unterbliebene.

Ein anderes den Zwangskranken gemeinsames seelisches Bedürfnis, das mit dem eben erwähnten eine gewisse Verwandtschaft hat und

1 Zur Psychopathologie des Alltagslebens. (Diese Gesamtausgabe [die *Gesammelten Werke*], Bd. IV, S. 287.)

dessen Verfolgung tief in die Trieberforschung führt, ist das nach der *Unsicherheit* im Leben oder nach dem *Zweifel.* Die Herstellung der Unsicherheit ist eine der Methoden, welche die Neurose anwendet, um den Kranken aus der *Realität* zu ziehen und von der Welt zu isolieren, was ja in der Tendenz jeder psychoneurotischen Störung liegt. Es ist wiederum überdeutlich, wieviel die Kranken dazutun, um einer Sicherheit auszuweichen und in einem Zweifel verharren zu können; ja, bei einigen findet diese Tendenz einen lebendigen Ausdruck in ihrer Abneigung gegen – Uhren, die wenigstens die Zeitbestimmung sichern, und in ihren unbewußt ausgeführten Kunststückchen, jedes solche den Zweifel ausschließende Instrument unschädlich zu machen. Unser Patient hatte eine besondere Geschicklichkeit in der Vermeidung von Auskünften entwickelt, welche einer Entscheidung in seinem Konflikt förderlich gewesen wären. So war er über die für die Eheschließung maßgebendsten Verhältnisse seiner Geliebten nicht aufgeklärt, wußte angeblich nicht zu sagen, wer die Operation an ihr ausgeführt und ob sie ein- oder doppelseitig gewesen sei. Er wurde dazu verhalten, das Vergessene zu erinnern und das Vernachlässigte zu erkunden.

Die Vorliebe der Zwangskranken für die Unsicherheit und den Zweifel wird für sie zum Motiv, um ihre Gedanken vorzugsweise an jene Themen zu heften, wo die Unsicherheit eine allgemein menschliche ist, unser Wissen oder unser Urteil durch Notwendigkeit dem Zweifel ausgesetzt bleiben mußte. Solche Themen sind vor allem: Die Abstammung vom Vater, die Lebensdauer, das Leben nach dem Tode und das Gedächtnis, dem wir ja Glauben zu schenken pflegen, ohne für seine Verläßlichkeit die mindeste Gewähr zu besitzen.[1]

1 Lichtenberg: »Ob der Mond bewohnt ist, weiß der Astronom ungefähr mit der Zuverlässigkeit, mit der er weiß, wer sein Vater war, aber nicht mit der, woher er weiß, wer seine Mutter gewesen ist.« – Es war ein großer Kulturfortschritt, als die Menschen sich entschlossen, den Schluß neben das Zeugnis der Sinne zu stellen und vom Mutterrecht zum Vaterrecht überzugehen. – Prähistorische Figuren, in denen eine kleinere Gestalt auf dem Kopfe einer größeren sitzt, stellen die Abstammung vom Vater dar: die mutterlose Athene entspringt aus dem Haupte des Zeus. Noch in unserer Sprache heißt der *Zeuge* vor Gericht, der etwas beglaubigt, nach dem männlichen Anteil am Geschäfte der Fortpflanzung, und schon in den Hieroglyphen wird der Zeuge mit dem Bilde der männlichen Genitalien geschrieben.

Der Unsicherheit des Gedächtnisses bedient sich die Zwangsneurose in ausgiebigster Weise zur Symptombildung; welche Rolle Lebensdauer und Jenseits inhaltlich im Denken der Kranken spielen, werden wir bald erfahren. Ich will als passendsten Übergang vorher noch jenen Zug des Aberglaubens bei unserem Patienten besprechen, dessen Erwähnung an einer früheren Stelle (S. 112) gewiß bei mehr als einem Leser Befremden erregt haben wird.

Ich meine die von ihm behauptete *Allmacht* seiner Gedanken und Gefühle, guten und bösen Wünsche. Die Versuchung, diese Idee für einen Wahn zu erklären, welcher das Maß der Zwangsneurose überschreitet, ist gewiß nicht gering; allein ich habe dieselbe Überzeugung bei einem andern Zwangskranken gefunden, der seit langem hergestellt ist und sich normal betätigt, und eigentlich benehmen sich alle Zwangsneurotiker so, als ob sie diese Überzeugung teilten. Es wird unsere Aufgabe sein, diese Überschätzung aufzuklären. Nehmen wir ohneweiters an, daß in diesem Glauben ein Stück des alten Kindergrößenwahnes ehrlich eingestanden wird, und befragen wir unseren Patienten, worauf er seine Überzeugung stützt. Er antwortet mit der Berufung auf zwei Erlebnisse. Als er zum zweitenmal in jene Wasserheilanstalt kam, in welcher er die erste und einzige Beeinflussung seines Leidens erfahren hatte, verlangte er das nämliche Zimmer wieder, welches seine Beziehungen zu einer der Pflegerinnen durch seine Lage begünstigt hatte. Er erhielt die Antwort: das Zimmer sei schon vergeben, ein alter Professor habe es bereits bezogen, und er reagiert auf diese seine Kuraussichten sehr herabsetzende Nachricht mit den unfreundlichen Worten: Dafür soll ihn aber der Schlag treffen. Vierzehn Tage später erwachte er aus dem Schlaf, durch die Vorstellung einer Leiche gestört, und am Morgen hörte er, daß den Professor wirklich der Schlag getroffen und daß man ihn etwa um die Zeit seines Erwachens aufs Zimmer gebracht habe. Das andere Erlebnis betraf ein älteres, sehr liebebedürftiges Mädchen, welches sich sehr entgegenkommend gegen ihn benahm und ihn einmal direkt befragte, ob er sie nicht liebhaben könne. Er gab eine ausweichende Antwort; wenige Tage nachher hörte er, daß sich das Mädchen aus dem Fenster gestürzt habe. Er machte sich nun Vorwürfe und sagte sich, es wäre in seiner Macht gelegen, sie am Leben zu erhalten, wenn er ihr seine Liebe geschenkt hätte. Auf solche Weise gewann er die Überzeugung von der Allmacht seiner Liebe und seines Hasses. Ohne die Allmacht der Liebe zu leugnen, wollen wir hervorheben, daß es sich in beiden Fällen um den Tod handelt, und werden uns der naheliegenden Erklärung anschließen, daß unser Patient wie andere Zwangskranke gezwungen ist, die Wirkung seiner feindseligen Gefühle in der Außenwelt zu überschätzen, weil seiner bewußten Kenntnis ein großes Stück der innern psychischen Wirkung derselben Gefühle entgeht. Seine Liebe – oder vielmehr sein Haß – sind wirklich übermächtig; sie schaffen gerade jene Zwangsgedanken, deren Herkunft er nicht versteht und gegen die er sich erfolglos wehrt.[1]

Zum Thema des Todes hatte unser Patient ein ganz besonderes Verhältnis. Er nahm an allen Todesfällen warmen Anteil, beteiligte sich pietätvoll an den Leichenbegängnissen, so daß er von den Geschwistern spöttisch der Leichenvogel genannt werden konnte; er brachte aber auch in der Phantasie beständig Leute um, um herzliche Teilnahme mit den Hinterbliebenen zu äußern. Der Tod einer älteren Schwester, als er zwischen 3 und 4 Jahren alt war, spielte in seinen Phantasien eine große Rolle und war in die innigste Beziehung zu den kindlichen Missetaten jener Jahre gebracht worden. Wir wissen ferner, wie frühzeitig der Gedanke an den Tod des Vaters ihn beschäftigt hatte, und dürfen seine Erkrankung selbst als Reaktion auf dieses 15 Jahre vorher im Zwange gewünschte Ereignis auffassen. Nichts anderes als eine Kompensation für diese Todeswünsche gegen den Vater ist die befremdliche Erstreckung seiner Zwangsbefürchtungen auf das »Jenseits«. Sie wurde eingeführt, als die Trauer um den verstorbenen Vater 1½ Jahre später eine Auffrischung erfuhr, und sollte, der Realität zum Trotze und dem Wunsche, der sich vorher in allerlei Phantasien versucht hatte, zuliebe, den Tod des Vaters wiederaufheben. Wir haben den Zusatz »im Jenseits« an mehreren Stellen (S. 109, 112) übersetzen gelernt mit den Worten: »wenn der Vater noch lebte«.

Aber nicht viel anders als unser Patient benehmen sich andere

---

1 (*Zusatz 1923*:) Die Allmacht der Gedanken, richtiger der Wünsche, ist seither als ein wesentliches Stück des primitiven Seelenlebens erkannt worden. (Siehe »Totem und Tabu«, Bd. IX dieser Gesamtausgabe [der *Gesammelten Werke*].)

Zwangskranke, denen das Schicksal nicht ein erstes Zusammentreffen mit dem Phänomen des Todes in so frühen Jahren beschieden hat. Ihre Gedanken beschäftigen sich unausgesetzt mit der Lebensdauer und der Todesmöglichkeit anderer, ihre abergläubischen Neigungen hatten zuerst keinen andern Inhalt und haben vielleicht überhaupt keine andere Herkunft. Vor allem aber bedürfen sie der Todesmöglichkeit zur Lösung der von ihnen ungelöst gelassenen Konflikte. Ihr wesentlicher Charakter ist, daß sie der Entscheidung zumal in Liebessachen unfähig sind; sie trachten jede Entscheidung hinauszuschieben, und im Zweifel, für welche Person oder für welche Maßregel gegen eine Person sie die Entscheidung treffen sollen, muß das alte deutsche Reichsgericht ihr Vorbild werden, dessen Prozesse gewöhnlich durch den Tod der streitenden Parteien vor dem Richterspruch beendigt wurden. So lauern sie in jedem Lebenskonflikt auf den Tod einer für sie bedeutsamen, zumeist einer geliebten Person, sei es eines Teiles der Eltern, sei es eines Nebenbuhlers oder eines der Liebesobjekte, zwischen denen ihre Neigung schwankt. Mit dieser Würdigung des Todeskomplexes bei der Zwangsneurose streifen wir aber bereits an das Triebleben der Zwangskranken, das uns nun beschäftigen soll.

c) Das Triebleben und die Ableitung von Zwang und Zweifel

Wenn wir zur Kenntnis der psychischen Kräfte gelangen wollen, deren Gegenspiel diese Neurose aufgebaut hat, so müssen wir auf das zurückgreifen, was wir bei unserem Patienten über die Anlässe seiner Erkrankung im reifen Alter und in der Kindheit erfahren haben. Er erkrankte in den zwanziger Jahren, als er vor die Versuchung gestellt wurde, ein anderes Mädchen als die von ihm längst Geliebte zu heiraten, und entzog sich der Entscheidung dieses Konfliktes durch Aufschub aller für deren Vorbereitung erforderlichen Tätigkeiten, wozu ihm die Neurose die Mittel lieferte. Das Schwanken zwischen der Geliebten und der anderen läßt sich auf den Konflikt zwischen dem Einfluß des Vaters und der Liebe zur Dame reduzieren, also auf eine Konfliktwahl zwischen Vater und Sexualobjekt, wie sie den Erinnerungen und Zwangseinfällen zufolge schon in früher Kindheit bestanden hatte. Überdies ist durch sein ganzes Leben unverkennbar, daß in bezug auf seine Geliebte wie auf seinen Vater ein Widerstreit zwischen Liebe und Haß bei ihm bestand. Rachephantasien und Zwangserscheinungen wie der Verstehzwang oder die Hantierung mit dem Steine auf der Landstraße bezeugen diesen Zwiespalt in ihm, der bis zu einem gewissen Grade normal verständlich war, denn die Geliebte hatte ihm durch eine erste Abweisung und durch spätere Kühle Grund zu feindseligen Gefühlen gegeben. Aber die gleiche Zwiespältigkeit der Gefühle beherrschte, wie wir durch die Übersetzung seiner Zwangsgedanken erfahren haben, sein Verhältnis zum Vater, und auch der Vater mußte ihm in Kinderzeiten Grund zur Feindseligkeit gegeben haben, wie wir fast mit Sicherheit feststellen konnten. Sein aus Zärtlichkeit und Feindseligkeit zusammengesetztes Verhältnis zur Geliebten fiel zum großen Teile in seine bewußte Wahrnehmung. Er täuschte sich höchstens über das Maß und über den Ausdruck des negativen Gefühls, hingegen war die einst intensiv bewußt gewesene Feindseligkeit gegen den Vater ihm längst entrückt und konnte nur gegen seinen heftigsten Widerstand ins Bewußtsein zurückgebracht werden. In der Verdrängung des infantilen Hasses gegen den Vater erblicken wir jenen Vorgang, welcher alles weitere Geschehen in den Rahmen der Neurose zwang.

Die einzeln bei unserem Patienten aufgezählten Gefühlskonflikte sind nicht unabhängig voneinander, sondern paarig miteinander verlötet. Der Haß gegen die Geliebte mußte sich zur Anhänglichkeit an den Vater summieren und umgekehrt. Aber die zwei Konfliktströmungen, die nach dieser Vereinfachung erübrigen, der Gegensatz zwischen dem Vater und der Geliebten und der Widerspruch von Liebe und Haß in jedem einzelnen Verhältnisse, haben inhaltlich wie genetisch nichts miteinander zu schaffen. Der erste der beiden Konflikte entspricht dem normalen Schwanken zwischen Mann und Weib als Objekten der Liebeswahl, welches dem Kinde zuerst in der berühmten Frage nahegebracht wird: Wen hast du lieber, Papa oder Mama? und das ihn dann durchs Leben begleitet trotz aller Verschiedenheiten in der Ausbildung der Empfindungsintensitäten und in der Fixierung der endgültigen Sexualziele. Nur verliert diese Gegensätzlichkeit normalerweise bald den Charakter des scharfen Widerspruches, des unerbittlichen Entweder – Oder: es wird Raum für die ungleichen Ansprüche beider Teile geschaffen, obwohl auch beim Normalen jederzeit die Wertschätzung des einen Geschlechtes durch die Entwertung des anderen gehoben wird.

Fremdartiger berührt uns der andere der Konflikte, der zwischen Liebe und Haß. Wir wissen, daß beginnende Verliebtheit häufig als Haß wahrgenommen wird, daß Liebe, der die Befriedigung versagt ist, sich leicht zum Teil in Haß umsetzt, und hören von den Dichtern, daß in stürmischen Stadien der Verliebtheit beide gegensätzliche Gefühle eine Zeitlang nebeneinander wie im Wettstreite bestehen können. Aber ein chronisches Nebeneinander von Liebe und Haß gegen dieselbe Person, beide Gefühle von höchster Intensität, setzt uns in Erstaunen. Wir hätten erwartet, daß die große Liebe längst den Haß überwunden hätte oder von ihm aufgezehrt worden wäre. Wirklich ist ein solcher Fortbestand der Gegensätze nur unter besonderen psychologischen Bedingungen und durch Mitwirkung des unbewußten Zustandes möglich. Die Liebe hat den Haß nicht auslöschen, sondern nur ins Unbewußte drängen können, und im Unbewußten kann er, gegen die Aufhebung durch die Bewußtseinswirkung geschützt, sich erhalten und selbst wachsen. Die bewußte Liebe pflegt unter diesen Umständen reaktionsweise zu einer besonders hohen Intensität anzuschwellen, damit sie der ihr konstant auferlegten Arbeit gewachsen sei, ihr Gegenspiel in der Verdrängung zurückzuhalten. Eine sehr frühzeitig, in den prähistorischen Kindheitsjahren erfolgte Scheidung der beiden Gegensätze mit Verdrängung des einen Anteiles, gewöhnlich des Hasses, scheint die Bedingung dieser befremdenden Konstellation des Liebeslebens zu sein.[1]

Wenn man eine Anzahl von Analysen Zwangskranker überschaut, so muß man den Eindruck gewinnen, daß ein solches Verhalten von Liebe und Haß wie bei unserem Patienten zu den häufigsten, ausge-

---

1 Vgl. die Erörterungen hierüber in einer der ersten Sitzungen. – (*Zusatz 1923*:) Für diese Gefühlskonstellation ist später von Bleuler der passende Name »Ambivalenz« geschaffen worden. Vgl. übrigens die spätere Fortführung dieser Erörterungen im Aufsatze »Die Disposition zur Zwangsneurose« (Bd. VIII dieser Gesamtausgabe [der *Gesammelten Werke*]).

sprochensten und darum wahrscheinlich bedeutsamsten Charakteren der Zwangsneurose gehört. Aber so verlockend es wäre, das Problem der »Neurosenwahl« auf das Triebleben zu beziehen, man hat doch Gründe genug, dieser Versuchung aus dem Wege zu gehen, und muß sich sagen, daß man bei allen Neurosen die nämlichen unterdrückten Triebe als Symptomträger aufdeckt. Der von der Liebe in der Unterdrückung des Unbewußten zurückgehaltene Haß spielt doch auch eine große Rolle in der Pathogenese der Hysterie und der Paranoia. Wir kennen das Wesen der Liebe zu wenig, um hier eine bestimmte Entscheidung zu treffen; insbesondere das Verhältnis ihres *negativen* Faktors[1] zur sadistischen Komponente der Libido ist völlig ungeklärt. Es hat daher etwa den Wert einer vorläufigen Auskunft, wenn wir sagen: in den besprochenen Fällen von unbewußtem Hasse sei die sadistische Komponente der Liebe konstitutionell besonders stark entwickelt gewesen, habe darum eine vorzeitige und allzu gründliche Unterdrückung erfahren, und nun leiten sich die beobachteten Phänomene der Neurose einerseits von der durch Reaktion in die Höhe getriebenen bewußten Zärtlichkeit, anderseits von dem im Unbewußten als Haß fortwirkenden Sadismus ab.

Wie immer aber dies merkwürdige Verhalten von Liebe und Haß zu verstehen sein mag, sein Vorkommen ist durch die Beobachtung an unserem Patienten über jeden Zweifel erhaben, und es ist erfreulich zu sehen, wie leicht begreiflich nun die rätselhaften Vorgänge der Zwangsneurose durch die Beziehung auf dieses eine Moment werden. Steht einer intensiven Liebe ein fast ebenso starker Haß bindend entgegen, so muß die nächste Folge eine partielle Willenslähmung sein, eine Unfähigkeit zur Entschließung in all den Aktionen, für welche die Liebe das treibende Motiv sein soll. Aber die Unentschlossenheit bleibt nicht lange auf eine Gruppe von Handlungen beschränkt. Denn erstens, welche Handlungen eines Liebenden träten nicht mit seinem Hauptmotiv in Beziehung? Zweitens kommt dem sexuellen Verhalten eine vorbildliche Macht zu, mit der es um-

1 »Ja oft habe ich den Wunsch, ihn nicht mehr unter den Lebenden zu sehen. Und doch, wenn das je einträfe, ich weiß, ich würde noch viel unglücklicher sein, so wehrlos, so ganz wehrlos bin ich gegen ihn«, sagt Alkibiades über den Sokrates im Symposion (übersetzt von R. Kassner).

formend auf die übrigen Reaktionen eines Menschen wirkt, und drittens liegt es im psychologischen Charakter der Zwangsneurose, von dem Mechanismus der *Verschiebung* den ausgiebigsten Gebrauch zu machen. So breitet sich die Entschlußlähmung allmählich über das gesamte Tun des Menschen aus.

Damit ist die Herrschaft von *Zwang* und *Zweifel*, wie sie uns im Seelenleben der Zwangskranken entgegentreten, gegeben. Der Zweifel entspricht der innern Wahrnehmung der Unentschlossenheit, welche, infolge der Hemmung der Liebe durch den Haß, bei jeder beabsichtigten Handlung sich des Kranken bemächtigt. Er ist eigentlich ein Zweifel an der Liebe, die ja das subjektiv Sicherste sein sollte, der auf alles übrige diffundiert und sich vorzugsweise auf das indifferenteste Kleinste[1] verschoben hat. Wer an seiner Liebe zweifelt, darf, muß doch auch an allem andern, geringeren, zweifeln?[2]

Es ist derselbe Zweifel, der bei den Schutzmaßregeln zur Unsicherheit und zur fortgesetzten Wiederholung führt, um diese Unsicherheit zu bannen, der es endlich zustande bringt, daß diese Schutzhandlungen ebenso unvollziehbar werden wie die ursprünglich gehemmte Liebesentschließung. Ich mußte anfangs meiner Erfahrungen eine andere und allgemeinere Ableitung der Unsicherheit bei den Zwangskranken annehmen, die sich näher an die Norm anzuschließen schien. Wenn ich z. B. während der Abfassung eines Briefes durch Zwischenfragen einer andern Person gestört worden bin, so empfinde ich hernach eine berechtigte Unsicherheit, was ich wohl unter dem Einflusse der Störung geschrieben haben mag, und ich bin genötigt, zur Sicherheit den Brief, nachdem er fertig geworden ist, nochmals durchzulesen. So konnte ich auch meinen, daß die Unsicherheit der Zwangskranken, z. B. bei ihren Gebeten, daher rühre, daß sich ihnen unaufhörlich unbewußte Phantasien als Störer

---

1 Vgl. die Darstellung durch ein Kleinstes als Witztechnik.

2 Hamlets Liebesverse an Ophelia:

Doubt thou the stars are fire;
Doubt that the sun doth move;
Doubt truth to be a liar;
But never doubt I love. (II, 2.)

in die Tätigkeit des Betens mengten. Diese Annahme war richtig und ist doch leicht mit unserer früheren Behauptung zu versöhnen. Es trifft zu, daß die Unsicherheit, eine Schutzmaßregel vollzogen zu haben, von den störenden unbewußten Phantasien herrührt, aber diese Phantasien enthalten eben den gegenteiligen Impuls, der gerade durch das Gebet abgewehrt werden sollte. Es wird dies einmal überdeutlich bei unserem Patienten, indem die Störung nicht unbewußt bleibt, sondern sich laut vernehmen läßt. Wenn er beten will *»Gott schütze sie«*, so stürzt plötzlich aus dem Unbewußten ein feindseliges *»nicht«* dazu heraus, und er hat erraten, daß es der Ansatz zu einem Fluche ist (S. 85). Bliebe dieses »nicht« stumm, so befände auch er sich im Zustande der Unsicherheit und würde sein Beten immer mehr verlängern; auf das Lautwerden hin hat er endlich das Beten aufgegeben. Ehe er das tat, versuchte er wie andere Zwangskranke allerlei Methoden, um die Einmengung des Gegensatzes hintanzuhalten, die Verkürzung der Gebete, das beschleunigte Aussprechen derselben; andere bemühen sich, jede solche Schutzaktion sorgfältig von anderem zu *»isolieren«*. Aber alle diese Techniken fruchten auf die Dauer nichts; hat der liebevolle Impuls in seiner Verschiebung auf eine geringfügige Handlung etwas durchführen können, so wird ihm der feindselige bald auch dahin folgen und sein Werk wieder aufheben.

Wenn dann der Zwangskranke die schwache Stelle in der Sicherung unseres Seelenlebens, die Unverläßlichkeit des Gedächtnisses, entdeckt hat, so kann er mit ihrer Hilfe den Zweifel auf alles ausdehnen, auch auf bereits vollzogene Handlungen, die noch nicht in Beziehung zum Liebe-Haß-Komplex standen, und auf die ganze Vergangenheit. Ich erinnere an das Beispiel jener Frau, die eben im Laden einen Kamm für ihre kleine Tochter gekauft hatte und nach dem Argwohn an ihrem Mann zu zweifeln begann, ob sie ihn nicht vielmehr schon längst besessen: Sagt diese Frau nicht direkt: Wenn ich an deiner Liebe zweifeln kann (und das ist nur eine Projektion ihres Zweifels an der eigenen Liebe zu ihm), so kann ich auch daran, so kann ich an allem zweifeln, und gibt so den verborgenen Sinn des neurotischen Zweifels unserem Verständnisse preis?

Der *Zwang* aber ist ein Versuch zur Kompensation des Zweifels und zur Korrektur der unerträglichen Hemmungszustände, von denen der Zweifel Zeugnis ablegt. Ist es endlich mit Hilfe der Verschiebung gelungen, irgendeinen der gehemmten Vorsätze zum Entschluß zu bringen, so muß dieser ausgeführt werden; es ist freilich nicht der ursprüngliche mehr, aber die dort aufgestaute Energie wird auf die Gelegenheit, an der Ersatzhandlung ihre Abfuhr zu finden, nicht mehr verzichten. Sie äußert sich also in Geboten und Verboten, indem bald der zärtliche, bald der feindliche Impuls diesen Weg zur Abfuhr erobert. Die Spannung, wenn das Zwangsgebot nicht ausgeführt werden soll, ist eine unerträgliche und wird als höchste Angst wahrgenommen. Aber der Weg selbst zu der auf ein Kleinstes verschobenen Ersatzhandlung wird so heiß umstritten, daß diese meist nur als Schutzmaßregel im engsten Anschlusse an einen abzuwehrenden Impuls durchgesetzt werden kann.

Durch eine Art von *Regression* treten ferner vorbereitende Akte an die Stelle der endgültigen Entschließung, das Denken ersetzt das Handeln, und irgendeine Gedankenvorstufe der Tat setzt sich mit Zwangsgewalt durch anstatt der Ersatzhandlung. Je nachdem diese Regression vom Handeln aufs Denken mehr oder weniger ausgeprägt ist, nimmt der Fall von Zwangsneurose den Charakter des Zwangsdenkens (Zwangsvorstellung) oder des Zwangshandelns im engeren Sinne an. Diese eigentlichen Zwangshandlungen werden aber nur dadurch ermöglicht, daß in ihnen eine Art Versöhnung der beiden einander bekämpfenden Impulse in Kompromißbildungen statthat. Die Zwangshandlungen nähern sich nämlich immer mehr, und je länger das Leiden andauert, um so deutlicher, den infantilen Sexualhandlungen nach Art der Onanie. So ist es bei dieser Form der Neurose doch zu Liebesakten gekommen, aber nur mit Zuhilfenahme einer neuen Regression, nicht mehr zu Akten, die einer Person gelten, dem Objekte von Liebe und Haß, sondern zu autoerotischen Handlungen wie in der Kindheit.

Die erstere Regression, die vom Handeln aufs Denken, wird durch einen andern an der Entstehung der Neurose beteiligten Faktor begünstigt. Ein fast regelmäßiges Vorkommnis in den Geschichten der Zwangskranken ist das frühzeitige Auftreten und die vorzeitige Verdrängung des sexuellen Schau- und Wißtriebes, der ja auch bei unserem Patienten ein Stück seiner infantilen Sexualbetätigung dirigiert.[1]

Wir haben der Bedeutung der sadistischen Komponente für die Genese der Zwangsneurose bereits gedacht; wo der Wißtrieb in der Konstitution des Zwangskranken überwiegt, da wird das Grübeln zum Hauptsymptom der Neurose. Der Denkvorgang selbst wird sexualisiert, indem die sexuelle Lust, die sich sonst auf den Inhalt des Denkens bezieht, auf den Denkakt selbst gewendet wird, und die Befriedigung beim Erreichen eines Denkergebnisses wird als sexuelle Befriedigung empfunden. Diese Beziehung des Wißtriebes zu den Denkvorgängen macht ihn besonders geeignet, in den verschiedenen Formen der Zwangsneurose, an denen er Anteil hat, die Energie, die sich vergeblich zur Handlung durchzudringen bemüht, aufs Denken zu locken, wo sich die Möglichkeit einer andern Art von Lustbefriedigung bietet. So kann sich mit Hilfe des Wißtriebes die Ersatzhandlung durch vorbereitende Denkakte weiter ersetzen. Der Aufschub im Handeln findet aber bald seinen Ersatz durch das Verweilen im Denken, und der ganze Prozeß ist schließlich mit Erhaltung all seiner Eigentümlichkeiten auf ein neues Gebiet übersetzt, wie die Amerikaner ein Haus zu *»moven«* vermögen.

Ich würde mich nun getrauen, den lange gesuchten psychologischen Charakter, der den Produkten der Zwangsneurose das »Zwangsartige« verleiht, in Anlehnung an die obenstehenden Erörterungen zu bestimmen. Zwanghaft werden solche Denkvorgänge, welche (infolge der Gegensatzhemmung am motorischen Ende der Denksysteme) mit einem – qualitativ wie quantitativ – sonst nur für das Handeln bestimmten Energieaufwand unternommen werden, also *Gedanken, die regressiv Taten vertreten müssen.* Die Annahme wird wohl keinen Widerspruch erfahren, daß das Denken sonst aus ökonomischen Gründen mit kleineren Energieverschiebungen (wahrscheinlich auf höherem Niveau) betrieben wird als das zur Abfuhr und zur Veränderung der Außenwelt bestimmte Handeln.

---

1 Hiermit hängt wahrscheinlich auch die im Durchschnitt recht große intellektuelle Begabung der Zwangskranken zusammen.

Was als Zwangsgedanke überstark zum Bewußtsein durchgedrungen ist, muß nun gegen die auflösenden Bemühungen des bewußten Denkens versichert werden. Wir wissen bereits, daß dieser Schutz durch die *Entstellung* erreicht wird, welche der Zwangsgedanke vor seinem Bewußtwerden erfahren hat. Doch ist dies nicht das einzige Mittel. Überdies wird selten versäumt, die einzelne Zwangsidee der Situation ihrer Entstehung zu entrücken, in welcher sie trotz der Entstellung am leichtesten dem Verständnisse zugänglich wäre. In dieser Absicht wird einerseits ein *Intervall* zwischen die pathogene Situation und die abfolgende Zwangsidee *eingeschoben*, welches die Kausalerforschungen des bewußten Denkens irreführt; anderseits wird der Inhalt der Zwangsidee durch *Verallgemeinerung* aus seinen speziellen Beziehungen gelöst.

Ein Beispiel hiefür gibt unser Patient im »Verstehzwang« (S. 83); ein besseres vielleicht eine andere Kranke, die sich verbot, irgendwelchen Schmuck zu tragen, obwohl die Veranlassung auf ein einziges Schmuckstück zurückging, um welches sie ihre Mutter beneidet hatte und von dem sie hoffte, es würde ihr dereinst durch Erbschaft zufallen. Endlich dient noch zum Schutze der Zwangsidee gegen die bewußte Lösungsarbeit der unbestimmt oder zweideutig gewählte Wortlaut, wenn man diesen von der einheitlichen Entstellung absondern will. Dieser mißverstandene Wortlaut kann nun in die Delirien eingehen, und die weiteren Fortbildungen oder Ersetzungen des Zwanges werden an das Mißverständnis anknüpfen anstatt an den richtigen Text. Doch kann man beobachten, daß diese Delirien bestrebt sind, immer wieder neue Beziehungen zu dem nicht im bewußten Denken aufgenommenen Gehalt und Wortlaut des Zwanges zu gewinnen.

Einer einzigen Bemerkung wegen möchte ich noch zum Triebleben der Zwangsneurose zurückkehren. Unser Patient erwies sich auch als ein *Riecher*, der nach seiner Behauptung in der Kindheit wie ein Hund jeden Menschen nach dem Geruch erkannt hatte und dem auch heute noch Riechwahrnehmungen mehr sagten als anderen.[1] Ich habe ähnliches auch bei anderen Neurotikern, Zwangskranken

---

1 Ich füge hinzu, daß in seinen Kinderjahren starke koprophile Neigungen gewaltet hatten. Dazu die bereits betonte Analerotik (S. 102).

und Hysterikern gefunden und gelernt, der Rolle einer seit der Kindheit untergegangenen Riechlust in der Genese der Neurosen Rechnung zu tragen.[1] Ganz allgemein möchte ich die Frage aufwerfen, ob nicht die mit der Abkehrung des Menschen vom Erdboden unvermeidlich gewordene Verkümmerung des Geruch[s]sinnes und die so hergestellte organische Verdrängung der Riechlust einen guten Anteil an seiner Befähigung zu neurotischen Erkrankungen haben kann. Es ergäbe sich ein Verständnis dafür, daß bei steigender Kultur gerade das Sexualleben die Opfer der Verdrängung bringen muß. Wir wissen ja längst, welch inniger Zusammenhang in der tierischen Organisation zwischen dem Sexualtrieb und der Funktion des Riechorgans hergestellt ist.

Zum Schlusse dieser Arbeit will ich die Hoffnung aussprechen, daß meine in jedem Sinne unvollständigen Mitteilungen wenigstens anderen die Anregung bringen mögen, durch weitere Vertiefung in das Studium der Zwangsneurose mehr zutage zu fördern. Das Charakteristische dieser Neurose, das, was sie von der Hysterie unterscheidet, ist meines Erachtens nicht im Triebleben, sondern in den psychologischen Verhältnissen zu suchen. Ich kann meinen Patienten nicht verlassen, ohne dem Eindrucke Worte zu leihen, daß er gleichsam in drei Persönlichkeiten zerfallen war; ich würde sagen: in eine unbewußte und zwei vorbewußte, zwischen denen sein Bewußtsein oszillieren konnte. Sein Unbewußtes umschloß die frühzeitig unterdrückten, als leidenschaftlich und böse zu bezeichnenden Regungen; in seinem Normalzustande war er gut, lebensfroh, überlegen, klug und aufgeklärt, aber in einer dritten psychischen Organisation huldigte er dem Aberglauben und der Askese, so daß er zwei Überzeugungen haben und zweierlei Weltanschauungen vertreten konnte. Diese vorbewußte Person enthielt vorwiegend die Reaktionsbildungen auf seine verdrängten Wünsche, und es war leicht vorherzusehen, daß sie bei weiterem Bestande der Krankheit die normale Person aufgezehrt hätte. Ich habe jetzt Gelegenheit, eine an schweren Zwangshandlungen leidende Dame zu studieren, die in ähnlicher Weise in eine tolerante, heitere und in eine schwer verdüsterte, asketische Persönlichkeit zerfallen ist, die erstere als ihr

1 Z. B. bei gewissen Formen des Fetischismus.

offizielles Ich vorschiebt, während sie von der letzteren beherrscht wird. Beide psychischen Organisationen haben Zugang zu ihrem Bewußtsein, und hinter der asketischen Person ist das ihr völlig unbekannte Unbewußte ihres Wesens aufzufinden, bestehend aus uralten, längst verdrängten Wunschregungen.[1]

1 (*Zusatz 1923:*) Der Patient, dem die mitgeteilte Analyse seine psychische Gesundheit wiedergegeben hatte, ist wie so viele andere wertvolle und hoffnungsvolle junge Männer im großen Krieg umgekommen.

AUS DER GESCHICHTE EINER INFANTILEN NEUROSE

[»Der Wolfsmann«]

(1918 [1914])

AUS DER GESCHICHTE EINER INFANTILEN NEUROSE

I
Vorbemerkungen

Der Krankheitsfall, über welchen ich hier – wiederum nur in fragmentarischer Weise – berichten werde[1], ist durch eine Anzahl von Eigentümlichkeiten ausgezeichnet, welche zu ihrer Hervorhebung vor der Darstellung auffordern. Er betrifft einen jungen Mann, welcher in seinem achtzehnten Jahr nach einer gonorrhoischen Infektion als krank zusammenbrach und gänzlich abhängig und existenzunfähig war, als er mehrere Jahre später in psychoanalytische Behandlung trat. Das Jahrzehnt seiner Jugend vor dem Zeitpunkt der Erkrankung hatte er in annähernd normaler Weise durchlebt und seine Mittelschulstudien ohne viel Störung erledigt. Aber seine früheren Jahre waren von einer schweren neurotischen Störung be-

---

1 Diese Krankengeschichte ist kurz nach Abschluß der Behandlung im Winter 1914/1915 niedergeschrieben worden unter dem damals frischen Eindruck der Umdeutungen, welche C. G. Jung und Alf. Adler an den psychoanalytischen Ergebnissen vornehmen wollten. Sie knüpft also an den im »Jahrbuch der Psychoanalyse« VI, 1914 veröffentlichten Aufsatz: »Zur Geschichte der psychoanalytischen Bewegung« (Bd. X dieser Gesamtausgabe [der *Gesammelten Werke*]) an und ergänzt die dort enthaltene, im wesentlichen persönliche Polemik durch objektive Würdigung des analytischen Materials. Sie war ursprünglich für den nächsten Band des Jahrbuches bestimmt, aber da sich das Erscheinen desselben durch die Hemmungen des großen Krieges ins Unbestimmbare verzögerte, entschloß ich mich, sie dieser von einem neuen Verleger veranstalteten Sammlung [*Sammlung kleiner Schriften zur Neurosenlehre*, Bd. 4, Wien (Heller) 1918] anzuschließen. Manches, was in ihr zum erstenmal hätte ausgesprochen werden sollen, hatte ich unterdes in meinen 1916/1917 gehaltenen »Vorlesungen zur Einführung in die Psychoanalyse« behandeln müssen. Der Text der ersten Niederschrift hat keine Abänderungen von irgendwelchem Belang erfahren; Zusätze sind durch eckige Klammern kenntlich gemacht. [Vgl. unten, S. 182–185 und 219–221. Im übrigen stammen eckige Klammern in dieser Taschenbuch-Serie, sofern nichts Gegenteiliges vermerkt ist, von der Redaktion.]

herrscht gewesen, welche knapp vor seinem vierten Geburtstag als Angsthysterie (Tierphobie) begann, sich dann in eine Zwangsneurose mit religiösem Inhalt umsetzte und mit ihren Ausläufern bis in sein zehntes[1] Jahr hineinreichte.

Nur diese infantile Neurose wird der Gegenstand meiner Mitteilungen sein. Trotz der direkten Aufforderung des Patienten habe ich es abgelehnt, die vollständige Geschichte seiner Erkrankung, Behandlung und Herstellung zu schreiben, weil ich diese Aufgabe als technisch undurchführbar und sozial unzulässig erkannte. Damit fällt auch die Möglichkeit weg, den Zusammenhang zwischen seiner infantilen und seiner späteren, definitiven Erkrankung aufzuzeigen. Ich kann von dieser letzteren nur angeben, daß der Kranke ihretwegen lange Zeit in deutschen Sanatorien zugebracht hat und damals von der zuständigsten Stelle als ein Fall von »manisch-depressivem Irresein« klassifiziert worden ist. Diese Diagnose traf sicherlich für den Vater des Patienten zu, dessen an Tätigkeit und Interessen reiches Leben durch wiederholte Anfälle von schwerer Depression gestört worden war. An dem Sohne selbst habe ich bei mehrjähriger Beobachtung keinen Stimmungswandel beobachten können, der an Intensität und nach den Bedingungen seines Auftretens über die ersichtliche psychische Situation hinausgegangen wäre. Ich habe mir die Vorstellung gebildet, daß dieser Fall so wie viele andere, die von der klinischen Psychiatrie mit mannigfaltigen und wechselnden Diagnosen belegt werden, als Folgezustand nach einer spontan abgelaufenen, mit Defekt ausgeheilten Zwangsneurose aufzufassen ist.

Meine Beschreibung wird also von einer infantilen Neurose handeln, die nicht während ihres Bestandes, sondern erst fünfzehn Jahre nach ihrem Ablauf analysiert worden ist. Diese Situation hat ihre Vorzüge ebensowohl wie ihre Nachteile im Vergleiche mit der anderen. Die Analyse, die man am neurotischen Kind selbst vollzieht, wird von vornherein vertrauenswürdiger erscheinen, aber sie kann nicht sehr inhaltsreich sein; man muß dem Kind zuviel Worte und Gedanken leihen und wird vielleicht doch die tiefsten Schichten undurchdringlich für das Bewußtsein finden. Die Analyse der Kind-

1 [In den Ausgaben vor 1924 stand hier: »achtes«.]

heitserkrankung durch das Medium der Erinnerung bei dem Erwachsenen und geistig Gereiften ist von diesen Einschränkungen frei; aber man wird die Verzerrung und Zurichtung in Rechnung bringen, welcher die eigene Vergangenheit beim Rückblick aus späterer Zeit unterworfen ist. Der erste Fall gibt vielleicht die überzeugenderen Resultate, der zweite ist der bei weitem lehrreichere.

Auf alle Fälle darf man aber behaupten, daß Analysen von kindlichen Neurosen ein besonders hohes theoretisches Interesse beanspruchen können. Sie leisten für das richtige Verständnis der Neurosen Erwachsener ungefähr soviel wie die Kinderträume für die Träume der Erwachsenen. Nicht etwa, daß sie leichter zu durchschauen oder ärmer an Elementen wären; die Schwierigkeit der Einfühlung ins kindliche Seelenleben macht sie sogar zu einem besonders harten Stück Arbeit für den Arzt. Aber es sind doch in ihnen so viele der späteren Auflagerungen weggefallen, daß das Wesentliche der Neurose unverkennbar hervortritt. Der Widerstand gegen die Ergebnisse der Psychoanalyse hat bekanntlich in der gegenwärtigen Phase des Kampfes um die Psychoanalyse eine neue Form angenommen. Man begnügte sich früher damit, den von der Analyse behaupteten Tatsachen die Wirklichkeit zu bestreiten, wozu eine Vermeidung der Nachprüfung die beste Technik schien. Dies Verfahren scheint sich nun langsam zu erschöpfen; man schlägt jetzt den anderen Weg ein, die Tatsachen anzuerkennen, aber die Folgerungen, die sich aus ihnen ergeben, durch Umdeutungen zu beseitigen, so daß man sich der anstößigen Neuheiten doch wieder erwehrt hat. Das Studium der kindlichen Neurosen erweist die volle Unzulänglichkeit dieser seichten oder gewaltsamen Umdeutungsversuche. Es zeigt den überragenden Anteil der so gern verleugneten libidinösen Triebkräfte an der Gestaltung der Neurose auf und läßt die Abwesenheit fernliegender kultureller Zielstrebungen erkennen, von denen das Kind noch nichts weiß und die ihm darum nichts bedeuten können.

Ein anderer Zug, welcher die hier mitzuteilende Analyse der Aufmerksamkeit empfiehlt, hängt mit der Schwere der Erkrankung und der Dauer ihrer Behandlung zusammen. Die in kurzer Zeit zu einem günstigen Ausgang führenden Analysen werden für das Selbstgefühl des Therapeuten wertvoll sein und die ärztliche Bedeutung der

Psychoanalyse dartun; für die Förderung der wissenschaftlichen Erkenntnis bleiben sie meist belanglos. Man lernt nichts Neues aus ihnen. Sie sind ja nur darum so rasch geglückt, weil man bereits alles wußte, was zu ihrer Erledigung notwendig war. Neues kann man nur aus Analysen erfahren, die besondere Schwierigkeiten bieten, zu deren Überwindung man dann viel Zeit verbraucht. Nur in diesen Fällen erreicht man es, in die tiefsten und primitivsten Schichten der seelischen Entwicklung herabzusteigen und von dort die Lösungen für die Probleme der späteren Gestaltungen zu holen. Man sagt sich dann, daß strenggenommen erst die Analyse, welche so weit vorgedrungen ist, diesen Namen verdient. Natürlich belehrt ein einzelner Fall nicht über alles, was man wissen möchte. Richtiger gesagt, er könnte alles lehren, wenn man nur imstande wäre, alles aufzufassen, und nicht durch die Ungeübtheit der eigenen Wahrnehmung genötigt wäre, sich mit wenigem zu begnügen.

An solchen fruchtbringenden Schwierigkeiten ließ der hier zu beschreibende Krankheitsfall nichts zu wünschen übrig. Die ersten Jahre der Behandlung erzielten kaum eine Änderung. Eine glückliche Konstellation fügte es, daß trotzdem alle äußeren Verhältnisse die Fortsetzung des therapeutischen Versuches ermöglichten. Ich kann mir leicht denken, daß bei weniger günstigen Umständen die Behandlung nach einiger Zeit aufgegeben worden wäre. Für den Standpunkt des Arztes kann ich nur aussagen, daß er sich in solchem Falle ebenso »zeitlos« verhalten muß wie das Unbewußte selbst, wenn er etwas erfahren und erzielen will. Das bringt er schließlich zustande, wenn er auf kurzsichtigen therapeutischen Ehrgeiz zu verzichten vermag. Das Ausmaß von Geduld, Gefügigkeit, Einsicht und Zutrauen, welches von seiten des Kranken und seiner Angehörigen erforderlich ist, wird man in wenigen anderen Fällen erwarten dürfen. Der Analytiker darf sich aber sagen, daß die Ergebnisse, welche er an einem Falle in so langer Arbeit gewonnen hat, nun dazu verhelfen werden, die Behandlungsdauer einer nächsten, ebenso schweren Erkrankung wesentlich zu verkürzen und so die Zeitlosigkeit des Unbewußten fortschreitend zu überwinden, nachdem man sich ihr ein erstes Mal unterworfen hat.

Der Patient, mit dem ich mich hier beschäftige, blieb lange Zeit hinter einer Einstellung von gefügiger Teilnahmslosigkeit unangreifbar verschanzt. Er hörte zu, verstand und ließ sich nichts nahekommen. Seine untadelige Intelligenz war wie abgeschnitten von den triebhaften Kräften, welche sein Benehmen in den wenigen ihm übriggebliebenen Lebensrelationen beherrschten. Es bedurfte einer langen Erziehung, um ihn zu bewegen, einen selbständigen Anteil an der Arbeit zu nehmen, und als infolge dieser Bemühung die ersten Befreiungen auftraten, stellte er sofort die Arbeit ein, um weitere Veränderungen zu verhüten und sich in der hergestellten Situation behaglich zu erhalten. Seine Scheu vor einer selbständigen Existenz war so groß, daß sie alle Beschwerden des Krankseins aufwog. Es fand sich ein einziger Weg, um sie zu überwinden. Ich mußte warten, bis die Bindung an meine Person stark genug geworden war, um ihr das Gleichgewicht zu halten, dann spielte ich diesen einen Faktor gegen den anderen aus. Ich bestimmte, nicht ohne mich durch gute Anzeichen der Rechtzeitigkeit leiten zu lassen, daß die Behandlung zu einem gewissen Termin abgeschlossen werden müsse, gleichgültig, wie weit sie vorgeschritten sei. Diesen Termin war ich einzuhalten entschlossen; der Patient glaubte endlich an meinen Ernst. Unter dem unerbittlichen Druck dieser Terminsetzung gab sein Widerstand, seine Fixierung ans Kranksein nach, und die Analyse lieferte nun in unverhältnismäßig kurzer Zeit all das Material, welches die Lösung seiner Hemmungen und die Aufhebung seiner Symptome ermöglichte. Aus dieser letzten Zeit der Arbeit, in welcher der Widerstand zeitweise verschwunden war und der Kranke den Eindruck einer sonst nur in der Hypnose erreichbaren Luzidität machte, stammen auch alle die Aufklärungen, welche mir das Verständnis seiner infantilen Neurose gestatteten.

So illustrierte der Verlauf dieser Behandlung den von der analytischen Technik längst gewürdigten Satz, daß die Länge des Weges, welchen die Analyse mit dem Patienten zurückzulegen hat, und die Fülle des Materials, welches auf diesem Wege zu bewältigen ist, nicht in Betracht kommen gegen den Widerstand, den man während der Arbeit antrifft, und nur so weit in Betracht kommen, als sie dem Widerstande notwendigerweise proportional sind. Es ist derselbe Vorgang, wie wenn jetzt eine feindliche Armee Wochen und Monate verbraucht, um eine Strecke Landes zu durchziehen, die sonst in friedlichen Zeiten in wenigen Schnellzugsstunden durchfahren wird und die von der eigenen Armee kurz vorher in einigen Tagen zurückgelegt wurde.

Eine dritte Eigentümlichkeit der hier zu beschreibenden Analyse hat nur den Entschluß, sie mitzuteilen, weiterhin erschwert. Die Ergebnisse derselben haben sich im ganzen mit unserem bisherigen Wissen befriedigend gedeckt oder guten Anschluß daran gefunden. Manche Einzelheiten sind mir aber selbst so merkwürdig und unglaubwürdig erschienen, daß ich Bedenken trug, bei anderen um Glauben für sie zu werben. Ich habe den Patienten zur strengsten Kritik seiner Erinnerungen aufgefordert, aber er fand nichts Unwahrscheinliches an seinen Aussagen und hielt an ihnen fest. Die Leser mögen wenigstens überzeugt sein, daß ich selbst nur berichte, was mir als unabhängiges Erlebnis, unbeeinflußt durch meine Erwartung, entgegengetreten ist. So blieb mir denn nichts übrig, als mich des weisen Wortes zu erinnern, es gebe mehr Dinge zwischen Himmel und Erde, als unsere Schulweisheit sich träumen läßt. Wer es verstünde, seine mitgebrachten Überzeugungen noch gründlicher auszuschalten, könnte gewiß noch mehr von solchen Dingen entdecken.

II
Übersicht des Milieus und der Krankengeschichte

Ich kann die Geschichte meines Patienten weder rein historisch noch rein pragmatisch schreiben, kann weder eine Behandlungs- noch eine Krankengeschichte geben, sondern werde mich genötigt sehen, die beiden Darstellungsweisen miteinander zu kombinieren. Es hat sich bekanntlich kein Weg gefunden, um die aus der Analyse resultierende Überzeugung in der Wiedergabe derselben irgendwie unterzubringen. Erschöpfende protokollarische Aufnahmen der Vorgänge in den Analysenstunden würden sicherlich nichts dazu leisten; ihre Anfertigung ist auch durch die Technik der Behandlung ausgeschlossen. Man publiziert also solche Analysen nicht, um Überzeugung bei denen hervorzurufen, die sich bisher abweisend und ungläubig verhalten haben. Man erwartet nur solchen Forschern etwas Neues zu bringen, die sich durch eigene Erfahrungen an Kranken bereits Überzeugungen erworben haben.

Ich werde damit beginnen, die Welt des Kindes zu schildern und von seiner Kindheitsgeschichte mitzuteilen, was ohne Anstrengung zu erfahren war und mehrere Jahre hindurch nicht vollständiger und nicht durchsichtiger wurde.

Jung verheiratete Eltern, die noch eine glückliche Ehe führen, auf welche bald ihre Erkrankungen die ersten Schatten werfen, die Unterleibskrankheiten der Mutter und die ersten Verstimmungsanfälle des Vaters, die seine Abwesenheit vom Hause zur Folge hatten. Die Krankheit des Vaters lernt der Patient natürlich erst sehr viel später verstehen, die Kränklichkeit der Mutter wird ihm schon in frühen Kinderjahren bekannt. Sie gab sich darum verhältnismäßig wenig mit den Kindern ab. Eines Tages, gewiß vor seinem vierten Jahr[1], hört er, von der Mutter an der Hand geführt, die Klagen der Mutter an den Arzt mit an, den sie vom Hause weg begleitet, und prägt sich ihre Worte ein, um sie später für sich selbst zu verwenden. Er ist nicht das einzige Kind; vor ihm steht eine um zwei Jahre ältere Schwester, lebhaft, begabt und voreilig schlimm, der eine große Rolle in seinem Leben zufällt.

1 [In den Ausgaben vor 1924: »vielleicht in seinem sechsten Jahr«.]

Eine Kinderfrau betreut ihn, soweit er sich zurückerinnert, ein ungebildetes altes Weib aus dem Volke, von unermüdlicher Zärtlichkeit für ihn. Er ist ihr der Ersatz für einen eigenen früh verstorbenen Sohn. Die Familie lebt auf einem Landgut, welches im Sommer mit einem anderen vertauscht wird. Die große Stadt ist von beiden Gütern nicht weit. Es ist ein Abschnitt in seiner Kindheit, als die Eltern die Güter verkaufen und in die Stadt ziehen. Nahe Verwandte halten sich oft für lange Zeiten auf diesem oder jenem Gut auf, Brüder des Vaters, Schwestern der Mutter und deren Kinder, die Großeltern von Mutterseite. Im Sommer pflegen die Eltern auf einige Wochen zu verreisen. Eine Deckerinnerung zeigt ihm, wie er mit seiner Kinderfrau dem Wagen nachschaut, der Vater, Mutter und Schwester entführt, und darauf friedlich ins Haus zurückgeht. Er muß damals sehr klein gewesen sein.[1] Im nächsten Sommer wurde die Schwester zu Hause gelassen und eine englische Gouvernante aufgenommen, der die Oberaufsicht über die Kinder zufiel.

In späteren Jahren war ihm viel von seiner Kindheit erzählt worden.[2] Vieles wußte er selbst, aber natürlich ohne zeitlichen oder inhaltlichen Zusammenhang. Eine dieser Überlieferungen, die aus Anlaß seiner späteren Erkrankung ungezählte Male vor ihm wiederholt worden war, macht uns mit dem Problem bekannt, dessen Lösung uns beschäftigen wird. Er soll zuerst ein sehr sanftes, gefügiges und eher ruhiges Kind gewesen sein, so daß man zu sagen pflegte, er hätte das Mädchen werden sollen und die ältere Schwester der Bub. Aber einmal, als die Eltern von der Sommerreise zurückkamen, fanden sie ihn verwandelt. Er war unzufrieden, reizbar, heftig gewor-

1 2 ½ Jahre. Fast alle Zeiten ließen sich später mit Sicherheit bestimmen.

2 Mitteilungen solcher Art darf man in der Regel als Material von uneingeschränkter Glaubwürdigkeit verwerten. Es läge darum nahe, die Lücken in der Erinnerung des Patienten durch Erkundigungen bei den älteren Familienmitgliedern mühelos auszufüllen, allein ich kann nicht entschieden genug von solcher Technik abraten. Was die Angehörigen über Befragen und Aufforderung erzählen, unterliegt allen kritischen Bedenken, die in Betracht kommen können. Man bedauert es regelmäßig, sich von diesen Auskünften abhängig gemacht zu haben, hat dabei das Vertrauen in die Analyse gestört und eine andere Instanz über sie gesetzt. Was überhaupt erinnert werden kann, kommt im weiteren Verlauf der Analyse zum Vorschein.

den, fand sich durch jeden Anlaß gekränkt, tobte dann und schrie wie ein Wilder, so daß die Eltern, als der Zustand andauerte, die Besorgnis äußerten, es werde nicht möglich sein, ihn später einmal in die Schule zu schicken. Es war der Sommer, in dem die englische Gouvernante anwesend war, die sich als eine närrische, unverträgliche, übrigens dem Trunke ergebene Person erwies. Die Mutter war darum geneigt, die Charakterveränderung des Knaben mit der Einwirkung dieser Engländerin zusammenzubringen, und nahm an, sie habe ihn durch ihre Behandlung gereizt. Die scharfsichtige Großmutter, die den Sommer mit den Kindern geteilt hatte, vertrat die Ansicht, daß die Reizbarkeit des Knaben durch die Zwistigkeiten zwischen der Engländerin und der Kinderfrau hervorgerufen sei. Die Engländerin hatte die Kinderfrau wiederholt eine Hexe geheißen, sie gezwungen, das Zimmer zu verlassen; der Kleine hatte offen die Partei seiner geliebten »Nanja« genommen und der Gouvernante seinen Haß bezeigt. Wie dem sein mochte, die Engländerin wurde bald nach der Rückkehr der Eltern weggeschickt, ohne daß sich am unleidlichen Wesen des Kindes etwas änderte.

Die Erinnerung an diese schlimme Zeit ist bei dem Patienten erhalten geblieben. Er meint, die erste seiner Szenen habe er gemacht, als er einmal zu Weihnachten nicht doppelt beschenkt wurde, wie ihm gebührt hätte, weil der Weihnachtstag gleichzeitig sein Geburtstag war. Mit seinen Ansprüchen und Empfindlichkeiten verschonte er auch die geliebte Nanja nicht, ja quälte vielleicht sie am unerbittlichsten. Aber diese Phase der Charakterveränderung ist in seiner Erinnerung unlösbar verknüpft mit vielen anderen sonderbaren und krankhaften Erscheinungen, die er zeitlich nicht anzuordnen weiß. Er wirft all das, was jetzt berichtet werden soll, was unmöglich gleichzeitig gewesen sein kann und voll inhaltlichen Widerspruchs ist, in einen und denselben Zeitraum, den er »noch auf dem ersten Gut« benennt. Mit fünf Jahren, glaubt er, hätten sie dieses Gut verlassen. Er weiß also zu erzählen, daß er an einer Angst gelitten, welche sich seine Schwester zunutze machte, um ihn zu quälen. Es gab ein gewisses Bilderbuch, in dem ein Wolf dargestellt war, aufrecht stehend und ausschreitend. Wenn er dieses Bild zu Gesicht bekam, fing er an wie rasend zu schreien, er fürchtete sich, der Wolf werde kommen und ihn auffressen. Die Schwester wußte es aber immer so einzurichten, daß er dieses Bild sehen mußte, und ergötzte sich an seinem Schrecken. Er fürchtete sich indes auch vor anderen Tieren, großen und kleinen. Einmal jagte er einem schönen großen Schmetterling mit gelb gestreiften Flügeln, die in Zipfel ausliefen, nach, um ihn zu fangen. (Es war wohl ein »Schwalbenschwanz«.) Plötzlich faßte ihn entsetzliche Angst vor dem Tier, er gab die Verfolgung schreiend auf. Auch vor Käfern und Raupen hatte er Angst und Abscheu. Doch wußte er sich zu erinnern, daß er um dieselbe Zeit Käfer gequält und Raupen zerschnitten; auch Pferde waren ihm unheimlich. Wenn ein Pferd geschlagen wurde, schrie er auf und mußte deswegen einmal den Zirkus verlassen. Anderemale liebte er es selbst, Pferde zu schlagen. Ob diese entgegengesetzten Arten des Verhaltens gegen Tiere wirklich gleichzeitig in Kraft gewesen oder ob sie einander nicht vielmehr abgelöst hatten, dann aber, in welcher Folge und wann, das ließ seine Erinnerung nicht entscheiden. Er konnte auch nicht sagen, ob seine schlimme Zeit durch eine Phase von Krankheit ersetzt worden war oder sich durch diese hindurch fortgesetzt hatte. Jedenfalls war man durch seine nun folgenden Mitteilungen zur Annahme berechtigt, daß er in jenen Kinderjahren eine sehr gut kenntliche Erkrankung an Zwangsneurose durchgemacht hatte. Er erzählte, er sei eine lange Zeit hindurch sehr fromm gewesen. Vor dem Einschlafen mußte er lange beten und eine unendliche Reihe von Kreuzen schlagen. Er pflegte auch abends mit einem Sessel, auf den er stieg, die Runde vor allen Heiligenbildern zu machen, die im Zimmer hingen, und jedes einzelne andächtig zu küssen. Zu diesem frommen Zeremoniell stimmte es dann sehr schlecht – oder vielleicht doch ganz gut –, daß er sich an gotteslästerliche Gedanken erinnerte, die ihm wie eine Eingebung des Teufels in den Sinn kamen. Er mußte denken: Gott – Schwein oder Gott – Kot. Irgendeinmal auf einer Reise in einen deutschen Badeort war er von dem Zwang gequält, an die heilige Dreieinigkeit zu denken, wenn er drei Häufchen Pferdemist oder anderen Kot auf der Straße liegen sah. Damals befolgte er auch ein eigentümliches Zeremoniell, wenn er Leute sah, die ihm leid taten, Bettler, Krüppel, Greise. Er mußte geräuschvoll ausatmen, um nicht so zu werden wie sie, unter gewissen anderen Bedingungen auch den Atem kräftig einziehen. Es lag mir natürlich nahe anzunehmen, daß diese deutlich zwangsneurotischen Symptome einer etwas späteren Zeit und Entwicklungsstufe angehörten als die Zeichen von Angst und die grausamen Handlungen gegen Tiere.

Die reiferen Jahren des Patienten waren durch ein sehr ungünstiges Verhältnis zu seinem Vater bestimmt, der damals nach wiederholten Anfällen von Depression die krankhaften Seiten seines Charakters nicht verbergen konnte. In den ersten Kinderjahren war dies Verhältnis ein sehr zärtliches gewesen, wie die Erinnerung des Sohnes bewahrt hatte. Der Vater hatte ihn sehr lieb und spielte gerne mit ihm. Er war von klein auf stolz auf den Vater und äußerte nur, er wolle so ein Herr werden wie der. Die Nanja hatte ihm gesagt, die Schwester sei das Kind der Mutter, er aber das des Vaters, womit er sehr zufrieden war. Zu Ausgang der Kindheit war eine Entfremdung zwischen ihm und dem Vater eingetreten. Der Vater zog die Schwester unzweifelhaft vor, und er war sehr gekränkt darüber. Später wurde die Angst vor dem Vater dominierend.

Gegen das achte Jahr etwa verschwanden alle die Erscheinungen, die der Patient der mit der Schlimmheit beginnenden Lebensphase zurechnet. Sie verschwanden nicht mit einem Schlage, sondern kehrten einige Male wieder, wichen aber endlich, wie der Kranke meint, dem Einfluß der Lehrer und Erzieher, die dann an die Stelle der weiblichen Pflegepersonen traten. Dies also sind im knappsten Umriß die Rätsel, deren Lösung der Analyse aufgegeben wurde: Woher rührte die plötzliche Charakterveränderung des Knaben, was bedeuteten seine Phobie und seine Perversitäten, wie kam er zu seiner zwanghaften Frömmigkeit und wie hängen alle diese Phänomene zusammen? Ich erinnere nochmals daran, daß unsere therapeutische Arbeit einer späteren, rezenten neurotischen Erkrankung galt und daß Aufschlüsse über jene früheren Probleme sich nur ergeben konnten, wenn der Verlauf der Analyse für eine Zeit von der Gegenwart abführte, um uns zu dem Umweg durch die kindliche Urzeit zu nötigen.

III
Die Verführung und ihre nächsten Folgen

Die nächste Vermutung richtete sich begreiflicherweise gegen die englische Gouvernante, während deren Anwesenheit die Veränderung des Knaben aufgetreten war. Es waren zwei an sich unverständliche Deckerinnerungen erhalten, die sich auf sie bezogen. Sie hatte einmal, als sie vorausging, zu den Nachkommenden gesagt: Schauen Sie doch auf mein Schwänzchen! Ein andermal war ihr auf einer Fahrt der Hut weggeflogen zur großen Befriedigung der Geschwister. Das deutete auf den Kastrationskomplex hin und gestattete etwa die Konstruktion, eine von ihr an den Knaben gerichtete Drohung hätte zur Entstehung seines abnormen Benehmens viel beigetragen. Es ist ganz ungefährlich, solche Konstruktionen den Analysierten mitzuteilen, sie schaden der Analyse niemals, wenn sie irrig sind, und man spricht sie doch nicht aus, wenn man nicht Aussicht hat, irgendeine Annäherung an die Wirklichkeit durch sie zu erreichen. Als nächste Wirkung dieser Aufstellung traten Träume auf, deren Deutung nicht vollkommen gelang, die aber immer um denselben Inhalt zu spielen schienen. Es handelte sich in ihnen, soweit man sie verstehen konnte, um aggressive Handlungen des Knaben gegen die Schwester oder gegen die Gouvernante und um energische Zurechtweisungen und Züchtigungen dafür. Als hätte er... nach dem Bad... die Schwester entblößen... ihr die Hüllen... oder Schleier... abreißen wollen und ähnliches. Es gelang aber nicht, aus der Deutung einen sicheren Inhalt zu gewinnen, und als man den Eindruck empfangen hatte, es werde in diesen Träumen das nämliche Material in immer wieder wechselnder Weise verarbeitet, war die Auffassung dieser angeblichen Reminiszenzen gesichert. Es konnte sich nur um Phantasien handeln, die der Träumer irgendeinmal, wahrscheinlich in den Pubertätsjahren, über seine Kindheit gemacht hatte und die jetzt in so schwer kenntlicher Form wieder aufgetaucht waren.

Ihr Verständnis ergab sich mit einem Schlage, als der Patient sich plötzlich der Tatsache besann, die Schwester habe ihn ja, »als er noch sehr klein war, auf dem ersten Gut«, zu sexuellen Tätlichkeiten verführt. Zunächst kam die Erinnerung, daß sie auf dem Abort, den die Kinder häufig gemeinsam benützten, die Aufforderung vorgebracht: Wollen wir uns den Popo zeigen, und dem Wort auch die Tat habe folgen lassen. Späterhin stellte sich das Wesentlichere der Verführung mit allen Einzelheiten der Zeit und der Lokalität ein. Es war im Frühjahr, zu einer Zeit, da der Vater abwesend war; die Kinder spielten auf dem Boden in einem Raum, während im benachbarten die Mutter arbeitete. Die Schwester hatte nach seinem Glied gegriffen, damit gespielt und dabei unbegreifliche Dinge über die Nanja wie zur Erklärung gesagt. Die Nanja tue dasselbe mit allen Leuten, z. B. mit dem Gärtner, sie stelle ihn auf den Kopf und greife dann nach seinen Genitalien.

Damit war das Verständnis der vorhin erratenen Phantasien gegeben. Sie sollten die Erinnerung an einen Vorgang, welcher später dem männlichen Selbstgefühl des Patienten anstößig erschien, verlöschen, und erreichten dieses Ziel, indem sie einen Wunschgegensatz an Stelle der historischen Wahrheit setzten. Nach diesen Phantasien hatte nicht er die passive Rolle gegen die Schwester gespielt, sondern im Gegenteile, er war aggressiv gewesen, hatte die Schwester entblößt sehen wollen, war zurückgewiesen und bestraft worden und darum in die Wut geraten, von der die häusliche Tradition soviel erzählte. Zweckmäßig war es auch, die Gouvernante in diese Dichtung zu verweben, der nun einmal von Mutter und Großmutter die Hauptschuld an seinen Wutanfällen zugeteilt wurde. Diese Phantasien entsprachen also genau der Sagenbildung, durch welche eine später große und stolze Nation die Kleinheit und das Mißgeschick ihrer Anfänge zu verhüllen sucht.

In Wirklichkeit konnte die Gouvernante an der Verführung und ihren Folgen nur einen sehr entlegenen Anteil haben. Die Szenen mit der Schwester fanden im Frühjahr des nämlichen Jahres statt, in dessen Hochsommermonanten die Engländerin als Ersatz der abwesenden Eltern eintrat. Die Feindseligkeit des Knaben gegen die Gouvernante kam vielmehr auf eine andere Weise zustande. Indem sie die Kinderfrau beschimpfte und als Hexe verleumdete, trat sie bei ihm in die Fußstapfen der Schwester, die zuerst jene ungeheuerlichen Dinge von der Kinderfrau erzählt hatte, und gestattete ihm so, an ihr die Abneigung zum Vorschein zu bringen, die sich infolge der Verführung, wie wir hören werden, gegen die Schwester entwickelt hatte.

Die Verführung durch die Schwester war aber gewiß keine Phantasie. Ihre Glaubwürdigkeit wurde durch eine niemals vergessene Mitteilung aus späteren, reifen Jahren erhöht. Ein um mehr als ein Jahrzehnt älterer Vetter hatte ihm in einem Gespräch über die Schwester gesagt, er erinnere sich sehr wohl daran, was für ein vorwitzig sinnliches Ding sie gewesen sei. Als Kind von vier oder fünf Jahren habe sie sich einmal auf seinen Schoß gesetzt und ihm die Hose geöffnet, um nach seinem Glied zu greifen.

Ich möchte jetzt die Kindergeschichte meines Patienten unterbrechen, um von dieser Schwester, ihrer Entwicklung, weiteren Schicksalen und von ihrem Einfluß auf ihn zu sprechen. Sie war zwei Jahre älter als er und ihm immer voraus geblieben. Als Kind bubenhaft unbändig, schlug sie dann eine glänzende intellektuelle Entwicklung ein, zeichnete sich durch scharfen realistischen Verstand aus, bevorzugte die Naturwissenschaften in ihren Studien, produzierte aber auch Gedichte, die der Vater hoch einschätzte. Ihren zahlreichen ersten Bewerbern war sie geistig sehr überlegen, pflegte sich über sie lustig [zu] machen. In den ersten Zwanzigerjahren aber begann sie verstimmt zu werden, klagte, daß sie nicht schön genug sei, und zog sich von allem Umgang zurück. Auf eine Reise in Begleitung einer befreundeten älteren Dame geschickt, erzählte sie nach ihrer Heimkehr ganz unwahrscheinliche Dinge, wie sie von ihrer Begleiterin mißhandelt worden sei, blieb aber an die vorgebliche Peinigerin offenbar fixiert. Auf einer zweiten Reise bald nachher vergiftete sie sich und starb fern vom Hause. Wahrscheinlich entsprach ihre Affektion dem Beginne einer Dementia praecox. Sie war eine der Zeugen für die ansehnliche neuropathische Heredität in der Familie, keineswegs aber die einzige. Ein Onkel, Vaterbruder, starb nach langen Jahren einer Sonderlingsexistenz unter Zeichen, die auf eine schwere Zwangsneurose schließen lassen; eine gute Anzahl von Seitenverwandten war und ist mit leichteren nervösen Störungen behaftet.

Für unseren Patienten war die Schwester in der Kindheit – von der Verführung zunächst abgesehen – ein unbequemer Konkurrent um die Geltung bei den Eltern, dessen schonungslos gezeigte Überlegenheit er sehr drückend empfand. Er neidete ihr dann besonders den Respekt, den der Vater vor ihren geistigen Fähigkeiten und intellektuellen Leistungen bezeugte, während er, seit seiner Zwangsneurose intellektuell gehemmt, sich mit einer geringen Einschätzung begnügen mußte. Von seinem vierzehnten Jahr an begann das Verhältnis der Geschwister sich zu bessern; ähnliche geistige Anlage und gemeinsame Opposition gegen die Eltern führten sie so weit zusammen, daß sie wie die besten Kameraden miteinander verkehrten. In der stürmischen sexuellen Erregtheit seiner Pubertätszeit wagte er es, eine intime körperliche Annäherung bei ihr zu suchen. Als sie ihn ebenso entschieden als geschickt abgewiesen hatte, wandte er sich von ihr sofort zu einem kleinen Bauernmädchen, das im Hause bedienstet war und den gleichen Namen wie die Schwester trug. Er hatte damit einen für seine heterosexuelle Objektwahl bestimmenden Schritt vollzogen, denn alle die Mädchen, in die er sich dann später, oft unter den deutlichsten Anzeichen des Zwanges, verliebte, waren gleichfalls dienende Personen, deren Bildung und Intelligenz weit hinter der seinigen zurückstehen mußten. Waren alle diese Liebesobjekte Ersatzpersonen für die ihm versagte Schwester, so ist nicht abzuweisen, daß eine Tendenz zur Erniedrigung der Schwester, zur Aufhebung ihrer intellektuellen Überlegenheit, die ihn einst so bedrückt hatte, dabei die Entscheidung über seine Objektwahl bekam.

Motiven dieser Art, die dem Willen zur Macht, dem Behauptungstrieb des Individuums entstammen, hat Alf. Adler wie alles andere so auch das sexuelle Verhalten der Menschen untergeordnet. Ich bin, ohne die Geltung solcher Macht- und Vorrechtsmotive je zu leugnen, nie davon überzeugt gewesen, daß sie die ihnen zugeschriebene dominierende und ausschließliche Rolle spielen können. Hätte ich die Analyse meines Patienten nicht bis zu Ende geführt, so hätte ich die Beobachtung dieses Falles zum Anlaß nehmen müssen, um eine Korrektur meines Vorurteils im Sinne von Adler vorzunehmen. Unerwarteterweise brachte der Schluß dieser Analyse neues Material, aus dem sich wiederum ergab, daß diese Machtmotive (in unserem Falle die Erniedrigungstendenz) die Objektwahl nur im Sinne eines Beitrags und einer Rationalisierung bestimmt hatten, während die eigentliche, tiefere Determinierung mir gestattete, an meinen früheren Überzeugungen festzuhalten.[1]

Als die Nachricht vom Tode der Schwester anlangte, erzählte der Patient, empfand er kaum eine Andeutung von Schmerz. Er zwang sich zu Zeichen von Trauer und konnte sich in aller Kühle darüber freuen, daß er jetzt der alleinige Erbe des Vermögens geworden sei. Er befand sich schon seit mehreren Jahren in seiner rezenten Krankheit, als sich dies zutrug. Ich gestehe aber, daß diese eine Mitteilung mich in der diagnostischen Beurteilung des Falles für eine ganze Weile unsicher machte. Es war zwar anzunehmen, daß der Schmerz über den Verlust des geliebtesten Mitglieds seiner Familie eine Ausdruckshemmung durch die fortwirkende Eifersucht gegen sie und durch die Einmengung der unbewußt gewordenen inzestuösen Verliebtheit erfahren würde, aber auf einen Ersatz für den unterbliebenen Schmerzausbruch vermochte ich nicht zu verzichten. Ein solcher fand sich endlich in einer anderen, ihm unverständlich gebliebenen Gefühlsäußerung. Wenige Monate nach dem Tode der Schwester machte er selbst eine Reise in die Gegend, wo sie gestorben war, suchte dort das Grab eines großen Dichters auf, der damals sein Ideal war, und vergoß heiße Tränen auf diesem Grabe. Dies war eine auch ihn befremdende Reaktion, denn er wußte, daß mehr als zwei Menschenalter seit dem Tode des verehrten Dichters dahingegangen waren. Er verstand sie erst, als er sich erinnerte, daß der Vater die Gedichte der verstorbenen Schwester mit denen des großen Poeten in Vergleich zu bringen pflegte. Einen anderen Hinweis auf die richtige Auffassung dieser scheinbar an den Dichter gerichteten Huldigung hatte er mir durch einen Irrtum in seiner Erzählung gegeben, den ich an dieser Stelle hervorziehen konnte. Er hatte vorher wiederholt angegeben, daß sich die Schwester erschossen habe, und mußte dann berichtigen, daß sie Gift genommen hatte. Der Poet aber war in einem Pistolenduell erschossen worden.

Ich kehre nun zur Geschichte des Bruders zurück, die ich aber von hier ein Stück weit pragmatisch darstellen muß. Als das Alter des Knaben zur Zeit, da die Schwester ihre Verführungsaktionen begann, stellte sich 3 ¼ Jahre[2] heraus. Es geschah, wie gesagt, im Früh-

1 S. unten S. 217f.

2 [In den Ausgaben vor 1924: »3 ¼–3 ½ Jahre«.]

jahr desselben Jahres, in dessen Herbst die Eltern ihn bei ihrer Rückkehr so gründlich verwandelt fanden. Es liegt nun sehr nahe, diese Wandlung mit der unterdes stattgehabten Erweckung seiner Sexualtätigkeit in Zusammenhang zu bringen.

Wie reagierte der Knabe auf die Verlockungen der älteren Schwester? Die Antwort lautet: mit Ablehnung, aber die Ablehnung galt der Person, nicht der Sache. Die Schwester war ihm als Sexualobjekt nicht genehm, wahrscheinlich, weil sein Verhältnis zu ihr bereits durch den Wettbewerb um die Liebe der Eltern im feindseligen Sinne bestimmt war. Er wich ihr aus, und ihre Werbungen nahmen auch bald ein Ende. Aber er suchte an ihrer Statt eine andere, geliebtere Person zu gewinnen, und Mitteilungen der Schwester selbst, die sich auf das Vorbild der Nanja berufen hatte, lenkten seine Wahl auf diese. Er begann also vor der Nanja mit seinem Glied zu spielen, was, wie in so vielen anderen Fällen, wenn die Kinder die Onanie nicht verbergen, als Verführungsversuch aufgefaßt werden muß. Die Nanja enttäuschte ihn, sie machte ein ernstes Gesicht und erklärte, das sei nicht gut. Kinder, die das täten, bekämen an der Stelle eine »Wunde«.

Die Wirkung dieser Mitteilung, die einer Drohung gleichkam, ist nach verschiedenen Richtungen zu verfolgen. Seine Anhänglichkeit an die Nanja wurde dadurch gelockert. Er hätte böse auf sie werden können; später, als seine Wutanfälle einsetzten, zeigte es sich auch, daß er wirklich gegen sie erbittert war. Allein es war für ihn charakteristisch, daß er jede Libidoposition, die er aufgeben sollte, zunächst hartnäckig gegen das Neue verteidigte. Als die Gouvernante auf dem Schauplatz erschien und die Nanja beschimpfte, aus dem Zimmer jagte, ihre Autorität vernichten wollte, übertrieb er vielmehr seine Liebe zu der Bedrohten und benahm sich abweisend und trotzig gegen die angreifende Gouvernante. Nichtsdestoweniger begann er im geheimen ein anderes Sexualobjekt zu suchen. Die Verführung hatte ihm das passive Sexualziel gegeben, an den Genitalien berührt zu werden; wir werden hören, bei wem er dies erreichen wollte und welche Wege ihn zu dieser Wahl führten.

Es entspricht ganz unseren Erwartungen, wenn wir hören, daß mit seinen ersten genitalen Erregungen seine Sexualforschung einsetzte und daß er bald auf das Problem der Kastration geriet. Er konnte in dieser Zeit zwei Mädchen, seine Schwester und ihre Freundin, beim Urinieren beobachten. Sein Scharfsinn hätte ihn schon bei diesem Anblicke den Sachverhalt verstehen lassen können, allein er benahm sich dabei, wie wir es von anderen männlichen Kindern wissen. Er lehnte die Idee, daß er hier die von der Nanja angedrohte Wunde bestätigt sehe, ab, und gab sich die Erklärung, das sei der »vordere Popo« der Mädchen. Das Thema der Kastration war mit dieser Entscheidung nicht abgetan; aus allem, was er hörte, entnahm er neue Hindeutungen darauf. Als den Kindern einmal gefärbte Zuckerstangen verteilt wurden, erklärte die Gouvernante, die zu wüsten Phantasien geneigt war, es seien Stücke von zerschnittenen Schlangen. Von da aus erinnerte er sich, daß der Vater einmal auf einem Spazierweg eine Schlange getroffen und sie mit seinem Stocke in Stücke zerschlagen habe. Er hörte die Geschichte (aus Reineke Fuchs) vorlesen, wie der Wolf im Winter Fische fangen wollte und seinen Schwanz als Köder benützte, wobei der Schwanz im Eis abbrach. Er erfuhr die verschiedenen Namen, mit denen man je nach der Intaktheit ihres Geschlechts die Pferde bezeichnet. Er war also mit dem Gedanken an die Kastration beschäftigt, aber er hatte noch keinen Glauben daran und keine Angst davor. Andere Sexualprobleme erstanden ihm aus den Märchen, die ihm um diese Zeit bekannt wurden. Im »Rotkäppchen« und in den »Sieben Geißlein« wurden die Kinder aus dem Leib des Wolfs herausgeholt. War der Wolf also ein weibliches Wesen oder konnten auch Männer Kinder im Leib haben? Das war um diese Zeit noch nicht entschieden. Übrigens kannte er zur Zeit dieser Forschung noch keine Angst vor dem Wolf.

Eine der Mitteilungen des Patienten wird uns den Weg zum Verständnis der Charakterveränderung bahnen, die während der Abwesenheit der Eltern im entferntern Anschluß an die Verführung bei ihm hervortrat. Er erzählt, daß er nach der Abweisung und Drohung der Nanja die Onanie sehr bald aufgab. *Das beginnende Sexualleben unter der Leitung der Genitalzone war also einer äußeren Hemmung erlegen und durch deren Einfluß auf eine frühere Phase prägenitaler Organisation zurückgeworfen worden.* Infolge der Unterdrückung der Onanie nahm das Sexualleben des Knaben sadistisch-analen Charakter an. Er wurde reizbar, quälerisch, befriedigte sich in solcher Weise an Tieren und Menschen. Sein Hauptobjekt war die geliebte Nanja, die er zu peinigen verstand, bis sie in Tränen ausbrach. So rächte er sich an ihr für die erfahrene Abweisung und befriedigte gleichzeitig sein sexuelles Gelüste in der der regressiven Phase entsprechenden Form. Er begann Grausamkeit gegen kleine Tiere zu üben, Fliegen zu fangen, um ihnen die Flügel auszureißen, Käfer zu zertreten; in seiner Phantasie liebte er es, auch große Tiere, Pferde, zu schlagen. Das waren also durchwegs aktive, sadistische Betätigungen; von den analen Regungen dieser Zeit wird in einem späteren Zusammenhange die Rede sein.

Es ist sehr wertvoll, daß in der Erinnerung des Patienten auch gleichzeitige Phantasien ganz anderer Art auftauchten, des Inhalts, daß Knaben gezüchtigt und geschlagen wurden, besonders auf den Penis geschlagen; und für wen diese anonymen Objekte als Prügelknaben dienten, läßt sich leicht aus anderen Phantasien erraten, die sich ausmalten, wie der Thronfolger in einen engen Raum eingesperrt und geschlagen wird. Der Thronfolger war offenbar er selbst; der Sadismus hatte sich also in der Phantasie gegen die eigene Person gewendet und war in Masochismus umgeschlagen. Das Detail, daß das Geschlechtsglied selbst die Züchtigung empfing, läßt den Schluß zu, daß bei dieser Umwandlung bereits ein Schuldbewußtsein beteiligt war, welches sich auf die Onanie berief.

Es blieb in der Analyse kein Zweifel, daß diese passiven Strebungen gleichzeitig oder sehr bald nach den aktiv-sadistischen aufgetreten waren.[1] Dies entspricht der ungewöhnlich deutlichen, intensiven und anhaltenden *Ambivalenz* des Kranken, die sich hier zum erstenmal in der gleichmäßigen Ausbildung der gegensätzlichen Partialtriebpaare äußerte. Dieses Verhalten bleib für ihn auch in der Folge ebenso charakteristisch wie der weitere Zug, daß eigentlich keine der jemals geschaffenen Libidopositionen durch eine spätere völlig aufgehoben wurde. Sie blieb vielmehr neben allen anderen bestehen und gestattete ihm ein unausgesetztes Schwanken, welches sich mit dem Erwerb eines fixierten Charakters unvereinbar erwies.

---

1 Unter passiven Strebungen verstehe ich solche mit passivem Sexualziel, habe aber dabei nicht etwa eine Triebverwandlung, sondern nur eine Zielverwandlung im Auge.

Die masochistischen Strebungen des Knaben leiten zu einem anderen Punkt über, dessen Erwähnung ich mir aufgespart habe, weil er erst durch die Analyse der nächstfolgenden Phase seiner Entwicklung sichergestellt werden kann. Ich erwähnte schon, daß er nach der Abweisung durch die Nanja seine libidinöse Erwartung von ihr löste und eine andere Person als Sexualobjekt in Aussicht nahm. Diese Person war der damals abwesende Vater. Zu dieser Wahl wurde er gewiß durch ein Zusammentreffen von Momenten geführt, auch durch zufällige wie die Erinnerung an die Zerstückelung der Schlange; vor allem aber erneuerte er damit seine erste und ursprünglichste Objektwahl, die sich dem Narzißmus des kleinen Kindes entsprechend auf dem Wege der Identifizierung vollzogen hatte. Wir haben schon gehört, daß der Vater sein bewundertes Vorbild gewesen war, daß er, gefragt, was er werden wollte, zu antworten pflegte: ein Herr wie der Vater. Dies Identifizierungsobjekt seiner aktiven Strömung wurde nun das Sexualobjekt einer passiven Strömung in der sadistisch-analen Phase. Es macht den Eindruck, als hätte ihn die Verführung durch die Schwester in die passive Rolle gedrängt und ihm ein passives Sexualziel gegeben. Unter dem fortwirkenden Einfluß dieses Erlebnisses beschrieb er nun den Weg von der Schwester über die Nanja zum Vater, von der passiven Einstellung zum Weib bis zu der zum Manne und hatte dabei doch die Anknüpfung an seine frühere spontane Entwicklungsphase gefunden. Der Vater war jetzt wieder sein Objekt, die Identifizierung war der höheren Entwicklung entsprechend durch Objektwahl abgelöst, die Verwandlung der aktiven in eine passive Einstellung war der Erfolg und das Zeichen der dazwischen vorgefallenen Verführung. Eine aktive Einstellung gegen den übermächtigen Vater in der sadistischen Phase wäre natürlich nicht so leicht durchführbar gewesen. Als der Vater im Spätsommer oder Herbst zurückkam, bekamen seine Wutanfälle und Tobszenen eine neue Verwendung. Gegen die Nanja hatten sie aktiv-sadistischen Zwecken gedient; gegen den Vater verfolgten sie masochistische Absichten. Er wollte durch die Vorführung seiner Schlimmheit Züchtigung und Schläge von seiten des Vaters erzwingen, sich so bei ihm die erwünschte masochistische Sexualbefriedigung holen. Seine Schreianfälle waren also geradezu Verführungsversuche. Der Motivierung des Masochismus entsprechend hätte er bei solcher Züchtigung auch die Befriedigung seines Schuldgefühls gefunden. Eine Erinnerung hat ihm aufbewahrt, wie er während einer solchen Szene von Schlimmheit sein Schreien verstärkt, sobald der Vater zu ihm kommt. Der Vater schlägt ihn aber nicht, sondern sucht ihn zu beschwichtigen, indem er mit den Polstern des Bettchens vor ihm Ball spielt.

Ich weiß nicht, wie oft die Eltern und Erzieher angesichts der unerklärlichen Schlimmheit des Kindes Anlaß hätten, sich dieses typischen Zusammenhanges zu erinnern. Das Kind, das sich so unbändig benimmt, legt ein Geständnis ab und will Strafe provozieren. Es sucht in der Züchtigung gleichzeitig die Beschwichtigung seines Schuldbewußtseins und die Befriedigung seiner masochistischen Sexualstrebung.

Die weitere Klärung unseres Krankheitsfalles verdanken wir nun der mit großer Bestimmtheit auftretenden Erinnerung, daß alle Angstsymptome erst von einem gewissen Vorfall an zu den Zeichen der Charakteränderung hinzugetreten seien. Vorher habe es keine Angst gegeben und unmittelbar nach dem Vorfall habe sich die Angst in quälender Form geäußert. Der Zeitpunkt dieser Wandlung läßt sich mit Sicherheit angeben, es war knapp vor dem vierten Geburtstag. Die Kinderzeit, mit der wir uns beschäftigen wollten, zerlegt sich dank diesem Anhaltspunkt in zwei Phasen, eine erste der Schlimmheit und Perversität von der Verführung mit 3 ¼ Jahren bis zum vierten Geburtstag, und eine längere darauffolgende, in der die Zeichen der Neurose vorherrschen. Der Vorfall aber, der diese Scheidung gestattet, war kein äußeres Trauma, sondern ein Traum, aus dem er mit Angst erwachte.

IV
Der Traum und die Urszene

Ich habe diesen Traum wegen seines Gehaltes an Märchenstoffen bereits an anderer Stelle publiziert[1] und werde zunächst das dort Mitgeteilte wiederholen:

»Ich habe geträumt, daß es Nacht ist und ich in meinem Bett liege (mein Bett stand mit dem Fußende gegen das Fenster, vor dem Fenster befand sich eine Reihe alter Nußbäume; ich weiß, es war Winter, als ich träumte, und Nachtzeit). Plötzlich geht das Fenster von selbst auf, und ich sehe mit großem Schrecken, daß auf dem großen Nußbaum vor dem Fenster ein paar weiße Wölfe sitzen. Es waren sechs oder sieben Stück. Die Wölfe waren ganz weiß und sahen eher aus wie Füchse oder Schäferhunde, denn sie hatten große Schwänze wie Füchse und ihre Ohren waren aufgestellt wie bei den Hunden, wenn sie auf etwas passen. Unter großer Angst, offenbar, von den Wölfen aufgefressen zu werden, schrie ich auf und erwachte. Meine Kinderfrau eilte zu meinem Bett, um nachzusehen, was mit mir geschehen war. Es dauerte eine ganze Weile, bis ich überzeugt war, es sei nur ein Traum gewesen, so natürlich und deutlich war mir das Bild vorgekommen, wie das Fenster aufgeht und die Wölfe auf dem Baume sitzen. Endlich beruhigte ich mich, fühlte mich wie von einer Gefahr befreit und schlief wieder ein.«

»Die einzige Aktion im Traume war das Aufgehen des Fensters, denn die Wölfe saßen ganz ruhig ohne jede Bewegung auf den Ästen des Baumes, rechts und links vom Stamm und schauten mich an. Es sah so aus, als ob sie ihre ganze Aufmerksamkeit auf mich gerichtet hätten. – Ich glaube, dies war mein erster Angsttraum. Ich war damals drei, vier, höchstens fünf Jahre alt. Bis in mein elftes oder zwölftes Jahr hatte ich von da an immer Angst, etwas Schreckliches im Traume zu sehen.«

Er gibt dann noch eine Zeichnung des Baumes mit den Wölfen, die seine Beschreibung bestätigt. Die Analyse des Traumes fördert nachstehendes Material zutage.

---

1 Märchenstoffe in Träumen. Int. Zeitschr. f. ärztl. Psychoanalyse, Bd. I. 1913. (Bd. X dieser Gesamtausgabe [der *Gesammelten Werke*].)

Er hat diesen Traum immer in Beziehung zu der Erinnerung gebracht, daß er in diesen Jahren der Kindheit eine ganz ungeheuerliche Angst vor dem Bild eines Wolfes in einem Märchenbuche zeigte. Die ältere, ihm recht überlegene Schwester pflegte ihn zu necken, indem sie ihm unter irgendeinem Vorwand gerade dieses Bild vorhielt, worauf er entsetzt zu schreien begann. Auf diesem Bild stand der Wolf aufrecht, mit einem Fuß ausschreitend, die Tatzen ausgestreckt und die Ohren aufgestellt. Er meint, dieses Bild habe als Illustration zum Märchen vom *Rotkäppchen* gehört.

Warum sind die Wölfe weiß? Das läßt ihn an die Schafe denken, von denen große Herden in der Nähe des Gutes gehalten wurden. Der Vater nahm ihn gelegentlich mit, diese Herden zu besuchen, und er war dann jedesmal sehr stolz und selig. Später – nach eingezogenen Erkundigungen kann es leicht kurz vor der Zeit dieses Traumes gewesen sein – brach unter diesen Schafen eine Seuche aus. Der Vater ließ einen Pasteurschüler kommen, der die Tiere impfte, aber sie starben nach der Impfung noch zahlreicher als vorher.

Wie kommen die Wölfe auf den Baum? Dazu fällt ihm eine Geschichte ein, die er den Großvater erzählen gehört. Er kann sich nicht erinnern, ob vor oder nach dem Traum, aber ihr Inhalt spricht entschieden für das erstere. Die Geschichte lautet: Ein Schneider sitzt in seinem Zimmer bei der Arbeit, da öffnet sich das Fenster und ein Wolf springt herein. Der Schneider schlägt mit der Elle nach ihm – nein, verbessert er sich, packt ihn beim Schwanz und reißt ihm diesen aus, so daß der Wolf erschreckt davonrennt. Eine Weile später geht der Schneider in den Wald und sieht plötzlich ein Rudel Wölfe herankommen, vor denen er sich auf einen Baum flüchtet. Die Wölfe sind zunächst ratlos, aber der Verstümmelte, der unter ihnen ist und sich am Schneider rächen will, macht den Vorschlag, daß einer auf den anderen steigen soll, bis der letzte den Schneider erreicht hat. Er selbst – es ist ein kräftiger Alter – will die Basis dieser Pyramide machen. Die Wölfe tun so, aber der Schneider hat den gezüchtigten Besucher erkannt und ruft plötzlich wie damals: Packt den Grauen beim Schwanz. Der schwanzlose Wolf erschrickt bei dieser Erinnerung, läuft davon, und die andern purzeln alle herab.

In dieser Erzählung findet sich der Baum vor, auf dem im Traum die Wölfe sitzen. Sie enthält aber auch eine unzweideutige Anknüpfung an den Kastrationskomplex. Der *alte* Wolf ist vom Schneider um den Schwanz gebracht worden. Die Fuchsschwänze der Wölfe im Traum sind wohl Kompensationen dieser Schwanzlosigkeit.

Warum sind es sechs oder sieben Wölfe? Diese Frage schien nicht zu beantworten, bis ich den Zweifel aufwarf, ob sich sein Angstbild auf das Rotkäppchenmärchen bezogen haben könne. Dies Märchen gibt nur Anlaß zu zwei Illustrationen, zur Begegnung des Rotkäppchens mit dem Wolf im Walde und zur Szene, wo der Wolf mit der Haube der Großmutter im Bette liegt. Es müsse sich also ein anderes Märchen hinter der Erinnerung an das Bild verbergen. Er fand dann bald, daß es nur die Geschichte vom *Wolf und den sieben Geißlein* sein könne. Hier findet sich die Siebenzahl, aber auch die Sechs, denn der Wolf frißt nur sechs Geißlein auf, das siebente versteckt sich im Uhrkasten. Auch das Weiß kommt in dieser Geschichte vor, denn der Wolf läßt sich beim Bäcker die Pfote weiß machen, nachdem ihn die Geißlein bei seinem ersten Besuch an der grauen Pfote erkannt haben. Beide Märchen haben übrigens viel Gemeinsames. In beiden findet sich das Auffressen, das Bauchaufschneiden, die Herausbeförderung der gefressenen Personen, deren Ersatz durch schwere Steine, und endlich kommt in beiden der böse Wolf um. Im

Märchen von den Geißlein kommt auch noch der Baum vor. Der Wolf legt sich nach der Mahlzeit unter einen Baum und schnarcht. Ich werde mich mit diesem Traum wegen eines besonderen Umstandes noch an anderer Stelle[1] beschäftigen müssen und ihn dann eingehender deuten und würdigen. Es ist ja ein erster aus der Kindheit erinnerter Angsttraum, dessen Inhalt im Zusammenhang mit anderen Träumen, die bald nachher erfolgten, und mit gewissen Begebenheiten in der Kinderzeit des Träumers ein Interesse von ganz besonderer Art wachruft. Hier beschränken wir uns auf die Beziehung des Traumes zu zwei Märchen, die viel Gemeinsames haben, zum »Rotkäppchen« und zum »Wolf und die sieben Geißlein«. Der Eindruck dieser Märchen äußerte sich bei dem kindlichen Träumer in einer richtigen Tierphobie, die sich von anderen ähnlichen Fällen nur dadurch auszeichnete, daß das Angsttier nicht ein der Wahrnehmung leicht zugängliches Objekt war (wie etwa Pferd und Hund), sondern nur aus Erzählung und Bilderbuch gekannt.

Ich werde ein andermal auseinandersetzen, welche Erklärung diese Tierphobien haben und welche Bedeutung ihnen zukommt. Vorgreifend bemerke ich nur, daß diese Erklärung sehr zu dem Hauptcharakter stimmt, welchen die Neurose des Träumers in späteren Lebenszeiten erkennen ließ. Die Angst vor dem Vater war das stärkste Motiv seiner Erkrankung gewesen, und die ambivalente Einstellung zu jedem Vaterersatz beherrschte sein Leben wie sein Verhalten in der Behandlung.

Wenn der Wolf bei meinem Patienten nur der erste Vaterersatz war, so fragt es sich, ob die Märchen vom Wolf, der die Geißlein auffrißt, und vom Rotkäppchen etwas anderes als die infantile Angst vor dem Vater zum geheimen Inhalt haben.[2] Der Vater meines Patienten hatte übrigens die Eigentümlichkeit des *»zärtlichen Schimpfens«*, die so viele Personen im Umgang mit ihren Kindern zeigen, und die scherzhafte Drohung »ich fress' dich auf« mag in den ersten Jahren, als der später strenge Vater mit dem Söhnlein zu spielen und zu kosen pflegte, mehr als einmal geäußert worden sein. Eine meiner

1 [Damit ist die hier vorliegende Krankengeschichte gemeint.]

2 Vgl. die von O. Rank hervorgehobene Ähnlichkeit dieser beiden Märchen mit dem Mythus von Kronos (Völkerpsychologische Parallelen zu den infantilen Sexualtheorien. Zentralblatt f. Psychoanalyse, II [1912], 8).

Patientinnen erzählte mir, daß ihre beiden Kinder den Großvater nie liebgewinnen konnten, weil er sie in seinem zärtlichen Spiel zu schrecken pflegte, er werde ihnen den Bauch aufschneiden.[1]

Lassen wir nun all das beiseite, was in diesem Aufsatze der Verwertung des Traumes vorgreift, und kehren wir zu seiner nächsten Deutung zurück. Ich will bemerken, daß diese Deutung eine Aufgabe war, deren Lösung sich durch mehrere Jahre hinzog. Der Patient hatte den Traum sehr frühzeitig mitgeteilt und sehr bald meine Überzeugung angenommen, daß hinter ihm die Verursachung seiner infantilen Neurose verborgen sei. Wir kamen im Laufe der Behandlung oft auf den Traum zurück, aber erst in den letzten Monaten der Kur gelang es, ihn ganz zu verstehen, und zwar dank der spontanen Arbeit des Patienten. Er hatte immer hervorgehoben, daß zwei Momente des Traumes den größten Eindruck auf ihn gemacht hätten, erstens die völlige Ruhe und Unbeweglichkeit der Wölfe und zweitens die gespannte Aufmerksamkeit, mit der sie alle auf ihn schauten. Auch das nachhaltige Wirklichkeitsgefühl, in das der Traum auslief, erschien ihm beachtenswert.

An dies letztere wollen wir anknüpfen. Wir wissen aus den Erfahrungen der Traumdeutung, daß diesem Wirklichkeitsgefühl eine bestimmte Bedeutung zukommt. Es versichert uns, daß etwas in dem latenten Material des Traumes den Anspruch auf Wirklichkeit in der Erinnerung erhebt, also daß der Traum sich auf eine Begebenheit bezieht, die wirklich vorgefallen und nicht bloß phantasiert worden ist. Natürlich kann es sich nur um die Wirklichkeit von etwas Unbekanntem handeln; die Überzeugung z. B., daß der Großvater wirklich die Geschichte vom Schneider und vom Wolf erzählt oder daß ihm wirklich die Märchen vom Rotkäppchen und von den sieben Geißlein vorgelesen worden waren, könnte sich niemals durch das den Traum überdauernde Wirklichkeitsgefühl ersetzen. Der Traum schien auf eine Begebenheit hinzudeuten, deren Realität so recht im Gegensatz zur Irrealität der Märchen betont wird.

Wenn eine solche unbekannte, d. h. zur Zeit des Traumes bereits vergessene Szene hinter dem Inhalt des Traumes anzunehmen war, so mußte sie sehr früh vorgefallen sein. Der Träumer sagt ja: ich

1 [Hier endet die Erstveröffentlichung des Wolfstraumes in ›Märchenstoffe in Träumen‹, 1913.]

war, als ich den Traum hatte, drei, vier, höchstens fünf Jahre alt. Wir können hinzufügen: und wurde durch den Traum an etwas erinnert, was einer noch früheren Zeit angehört haben mußte.

Zum Inhalt dieser Szene mußte führen, was der Träumer aus dem manifesten Trauminhalt hervorhob, die Momente des aufmerksamen Schauens und der Bewegungslosigkeit. Wir erwarten natürlich, daß dies Material das unbekannte Material der Szene in irgendeiner Entstellung wiederbringt, vielleicht sogar in der Entstellung zur Gegensätzlichkeit.

Aus dem Rohstoff, welchen die erste Analyse mit dem Patienten ergeben hatte, waren gleichfalls mehrere Schlüsse zu ziehen, die in den gesuchten Zusammenhang einzufügen waren. Hinter der Erwähnung der Schafzucht waren die Belege für seine Sexualforschung zu suchen, deren Interessen er bei seinen Besuchen mit dem Vater befriedigen konnte, aber auch Andeutungen von Todesangst mußten dabei sein, denn die Schafe waren ja zum größten Teil an der Seuche gestorben. Was im Traum das Vordringlichste war, die Wölfe auf dem Baume, führte direkt zur Erzählung des Großvaters, an welcher kaum etwas anderes als die Anknüpfung an das Kastrationsthema das Fesselnde und den Traum Anregende gewesen sein konnte.

Wir hatten aus der ersten unvollständigen Analyse des Traumes ferner erschlossen, daß der Wolf ein Vaterersatz sei, so daß dieser erste Angsttraum jene Angst vor dem Vater zum Vorschein gebracht hätte, welche von nun an sein Leben beherrschen sollte. Dieser Schluß selbst war allerdings noch nicht verbindlich. Wenn wir aber als Ergebnis der vorläufigen Analyse zusammenstellen, was sich aus dem vom Träumer gelieferten Material ableitet, so liegen uns etwa folgende Bruchstücke zur Rekonstruktion vor:

Eine wirkliche Begebenheit – aus sehr früher Zeit – Schauen – Unbewegtheit – Sexualprobleme – Kastration – der Vater – etwas Schreckliches.

Eines Tages begann der Patient die Deutung des Traumes fortzusetzen. Die Stelle des Traumes, meinte er, in der es heißt: Plötzlich geht das Fenster von selbst auf, ist durch die Beziehung zum Fenster, an dem der Schneider sitzt und durch das der Wolf ins Zimmer kommt, nicht ganz aufgeklärt. Es muß die Bedeutung haben: die

Augen gehen plötzlich auf. Also ich schlafe und erwache plötzlich, dabei sehe ich etwas: den Baum mit den Wölfen. Dagegen war nichts einzuwenden, aber es ließ weitere Ausnützung zu. Er war erwacht und hatte etwas zu sehen bekommen. Das aufmerksame Schauen, das im Traum den Wölfen zugeschrieben wird, ist vielmehr auf ihn zu schieben. Da hatte an einem entscheidenden Punkte eine Verkehrung stattgefunden, die sich übrigens durch eine andere Verkehrung im manifesten Trauminhalt anzeigt. Es war ja auch eine Verkehrung, wenn die Wölfe auf dem Baum saßen, während sie sich in der Erzählung des Großvaters unten befanden und nicht auf den Baum steigen konnten.

Wenn nun auch das andere vom Träumer betonte Moment durch eine Verkehrung oder Umkehrung entstellt wäre? Dann müßte es anstatt Bewegungslosigkeit (die Wölfe sitzen regungslos da, schauen auf ihn, aber rühren sich nicht) heißen: heftigste Bewegung. Er ist also plötzlich erwacht und hat eine Szene von heftiger Bewegtheit vor sich gesehen, auf die er mit gespannter Aufmerksamkeit schaute. In dem einen Falle bestünde die Entstellung in einer Vertauschung von Subjekt und Objekt, Aktivität und Passivität, angeschaut werden anstatt anschauen, im anderen Falle in einer Verwandlung ins Gegenteil: Ruhe anstatt Bewegtheit.

Einen weiteren Fortschritt im Verständnis des Traumes brachte ein andermal der plötzlich auftauchende Einfall: Der Baum ist der Weihnachtsbaum. Jetzt wußte er, der Traum war kurz vor Weihnachten in der Weihnachtserwartung geträumt worden. Da der Weihnachtstag auch sein Geburtstag war, ließ sich der Zeitpunkt des Traumes und der von ihm ausgehenden Wandlung nun mit Sicherheit feststellen. Es war knapp vor seinem vierten Geburtstag. Er war also eingeschlafen in der gespannten Erwartung des Tages, der ihm eine doppelte Beschenkung bringen sollte. Wir wissen, daß das Kind unter solchen Verhältnissen leicht die Erfüllung seiner Wünsche im Traum antizipiert. Es war also schon Weihnacht im Traume, der Inhalt des Traumes zeigte ihm seine Bescherung, am Baume hingen die für ihn bestimmten Geschenke. Aber anstatt der Geschenke waren es – Wölfe geworden, und der Traum endigte damit, daß er Angst bekam, vom Wolf (wahrscheinlich vom Vater) gefressen zu werden, und seine Zuflucht zur Kinderfrau nahm. Die Kenntnis seiner Sexualentwicklung vor dem Traum macht es uns möglich, die Lücke im Traume auszufüllen und die Verwandlung der Befriedigung in Angst aufzuklären. Unter den traumbildenden Wünschen muß sich, als der stärkste, der nach der sexuellen Befriedigung geregt haben, die er damals vom Vater ersehnte. Der Stärke dieses Wunsches gelang es, die längst vergessene Erinnerungsspur einer Szene aufzufrischen, die ihm zeigen konnte, wie die Sexualbefriedigung durch den Vater aussah, und das Ergebnis war Schreck, Entsetzen vor der Erfüllung dieses Wunsches, Verdrängung der Regung, die sich durch diesen Wunsch dargestellt hatte, und darum Flucht vom Vater weg zur ungefährlicheren Kinderfrau.

Die Bedeutung dieses Weihnachtstermins war in der angeblichen Erinnerung erhalten geblieben, daß er den ersten Wutanfall bekommen, weil er von den Weihnachtsgeschenken unbefriedigt gewesen war. Die Erinnerung zog Richtiges und Falsches zusammen, sie konnte nicht ohne Abänderung recht haben, denn nach den oft wiederholten Aussagen der Eltern war seine Schlimmheit bereits nach deren Rückkehr im Herbst und nicht erst zu Weihnachten aufgefallen, aber das Wesentliche der Beziehungen zwischen mangelnder Liebesbefriedigung, Wut und Weihnachtszeit war in der Erinnerung festgehalten worden.

Welches Bild konnte aber die nächtlicherweise wirkende, sexuelle Sehnsucht heraufbeschworen haben, das imstande war, so intensiv von der gewünschten Erfüllung abzuschrecken? Dieses Bild mußte nach dem Material der Analyse eine Bedingung erfüllen, es mußte geeignet sein, die Überzeugung von der Existenz der Kastration zu begründen. Die Kastrationsangst wurde dann der Motor der Affektverwandlung.

Hier kommt nun die Stelle, an der ich die Anlehnung an den Verlauf der Analyse verlassen muß. Ich fürchte, es wird auch die Stelle sein, an der der Glaube der Leser mich verlassen wird.

Was in jener Nacht aus dem Chaos der unbewußten Eindrucksspuren aktiviert wurde, war das Bild eines Koitus zwischen den Eltern unter nicht ganz gewöhnlichen und für die Beobachtung besonders günstigen Umständen. Es gelang allmählich, für alle Fragen, die sich an diese Szene knüpfen konnten, befriedigende Antworten zu erhalten, indem jener erste Traum im Verlauf der Kur in ungezählten Abänderungen und Neuauflagen wiederkehrte, zu denen die Analyse die gewünschten Aufklärungen lieferte. So stellte sich zunächst das Alter des Kindes bei der Beobachtung heraus, etwa 1 ½ Jahre.[1] Er litt damals an einer Malaria, deren Anfall täglich zu bestimmter Stunde wiederkehrte.[2] Von seinem zehnten Jahr an war er zeitweise Stimmungen von Depression unterworfen, die am Nachmittag einsetzten und um die fünfte Stunde ihre Höhe erreichten. Dieses Symptom bestand noch zur Zeit der analytischen Behandlung. Die wiederkehrende Depression ersetzte den damaligen Fieber- oder Mattigkeitsanfall; die fünfte Stunde war entweder die Zeit der Fieberhöhe oder die der Koitusbeobachtung, wenn nicht beide Zeiten zusammenfallen.[3] Er befand sich wahrscheinlich gerade dieses Krankseins wegen im Zimmer der Eltern. Diese auch durch direkte Tradition erhärtete Erkrankung legt uns nahe, den Vorfall in den Sommer zu verlegen und damit für den am Weihnachtstag Geborenen ein Alter von n + 1 ½ Jahren anzunehmen. Er hatte also im Zimmer der Eltern in seinem Bettchen geschlafen und erwachte, etwa infolge des steigenden Fiebers, am Nachmittag, vielleicht um die später durch Depression ausgezeichnete fünfte Stunde. Es stimmt zur Annahme eines heißen Sommertages, wenn sich die Eltern halb entkleidet[4] zu einem Nachmittagsschläfchen zurückgezogen hätten. Als er erwachte, wurde er Zeuge eines dreimal wiederholten[5] coitus a tergo, konnte das Genitale der Mutter wie das Glied des Vaters sehen und verstand den Vorgang wie dessen Bedeutung.[6] Endlich störte er den

1 Daneben käme mit weit geringerer Wahrscheinlichkeit, eigentlich kaum haltbar, das Alter von ½ Jahr in Betracht.

2 Vgl. die späteren Umbildungen dieses Moments in der Zwangsneurose. In den Träumen während der Kur Ersetzung durch einen heftigen Wind [*Zusatz 1924*:] (*aria* = Luft).

3 Man bringe damit zusammen, daß der Patient zu seinem Traum nur *fünf* Wölfe gezeichnet hat, obwohl der Text des Traumes von 6 oder 7 spricht.

4 In weißer Wäsche, die *weißen* Wölfe.

5 Woher dreimal? Er stellte plötzlich einmal die Behauptung auf, daß ich dieses Detail durch Deutung eruiert hätte. Das traf nicht zu. Es war ein spontaner, weiterer Kritik entzogener Einfall, den er nach seiner Gewohnheit mir zuschob und ihn durch diese Projektion vertrauenswürdig machte.

6 Ich meine, er verstand ihn zur Zeit des Traumes mit 4 Jahren, nicht zur Zeit der

Verkehr der Eltern auf eine Weise, von der späterhin die Rede sein wird.

Im Grunde ist es nichts Außerordentliches, macht nicht den Eindruck des Produkts einer ausschweifenden Phantasie, daß ein junges, erst wenige Jahre verheiratetes Ehepaar an einen Nachmittagsschlaf zu heißer Sommerszeit einen zärtlichen Verkehr anschließt und sich dabei über die Gegenwart des 1½ Jahre alten, in seinem Bettchen schlafenden Knäbleins hinaussetzt. Ich meine vielmehr, es wäre etwas durchaus Banales, Alltägliches, und auch die erschlossene Stellung beim Koitus kann an diesem Urteil nichts ändern. Besonders da aus dem Beweismaterial nicht hervorgeht, daß der Koitus jedesmal in der Stellung von rückwärts vollzogen wurde. Ein einziges Mal hätte ja hingereicht, um dem Zuschauer die Gelegenheit zu Beobachtungen zu geben, die durch eine andere Lage der Liebenden erschwert oder ausgeschlossen wären. Der Inhalt dieser Szene selbst kann also kein Argument gegen ihre Glaubwürdigkeit sein. Das Bedenken der Unwahrscheinlichkeit wird sich gegen drei andere Punkte richten: dagegen, daß ein Kind in dem zarten Alter von 1½ Jahren imstande sein sollte, die Wahrnehmungen eines so komplizierten Vorganges aufzunehmen und sie so getreu in seinem Unbewußten zu bewahren, zweitens dagegen, daß eine nachträgliche[1] zum Verständnis vordringende Bearbeitung der so empfangenen Eindrücke zu 4 Jahren möglich ist, und endlich, daß es durch irgendein Verfahren gelingen sollte, die Einzelheiten einer solchen Szene, unter solchen Umständen erlebt und verstanden, in zusammenhängender und überzeugender Weise bewußtzumachen.[2]

Beobachtung. Mit 1½ Jahren holte er sich die Eindrücke, deren nachträgliches Verständnis ihm zur Zeit des Traumes durch seine Entwicklung, seine sexuelle Erregung und seine Sexualforschung ermöglicht wurde.

1 [Wohl Verschreibung für: »nachträglich«; vgl. S. 173.]

2 Man kann sich die erste dieser Schwierigkeiten nicht durch die Annahme erleichtern, das Kind sei zur Zeit der Beobachtung doch wahrscheinlich um ein Jahr älter gewesen, also 2½ Jahre alt, zu welcher Zeit es eventuell vollkommen sprachfähig sein mag. Für meinen Patienten war eine solche Zeitverschiebung durch alle Nebenumstände seines Falles fast ausgeschlossen. Übrigens wolle man in Betracht ziehen, daß solche Szenen von Beobachtung des elterlichen Koitus in der Analyse keineswegs selten aufgedeckt werden. Ihre Bedingung

Ich werde diese und andere Bedenken später sorgfältig prüfen, versichere dem Leser, daß ich nicht weniger kritisch als er gegen die Annahme einer solchen Beobachtung des Kindes eingestellt bin, und bitte ihn, sich mit mir zum *vorläufigen* Glauben an die Realität dieser Szene zu entschließen. Zunächst wollen wir das Studium der Beziehungen dieser *»Urszene«* zum Traum, zu den Symptomen und zur Lebensgeschichte des Patienten fortsetzen. Wir werden gesondert verfolgen, welche Wirkungen vom wesentlichen Inhalt der Szene und von einem ihrer visuellen Eindrücke ausgegangen sind.

Unter letzterem meine ich die Stellungen, welche er die Eltern einnehmen sah, die aufrechte des Mannes und die tierähnlich gebückte der Frau. Wir haben schon gehört, daß ihn in der Angstzeit die Schwester mit dem Bild im Märchenbuch zu schrecken pflegte, auf dem der Wolf aufrecht dargestellt war, einen Fuß vorgesetzt, die Tatzen ausgestreckt und die Ohren aufgestellt. Er ließ sich während der Kur die Mühe nicht verdrießen, in Antiquarläden nachzuspüren, bis er das Märchenbilderbuch seiner Kindheit wiedergefunden hatte, und erkannte sein Schreckbild in einer Illustration zur Geschichte vom »Wolf und den sieben Geißlein«. Er meinte, die Stellung des Wolfes auf diesem Bild hätte ihn an die des Vaters während der konstruierten Urszene erinnern können. Dieses Bild wurde jedenfalls zum Ausgangspunkt weiterer Angstwirkungen. Als er in seinem siebenten oder achten Jahr einmal die Ankündigung erhielt, morgen werde ein neuer Lehrer zu ihm kommen, träumte er in der nächstfolgenden Nacht von diesem Lehrer als Löwen, der sich laut brüllend in der Stellung des Wolfes auf jenem Bilde seinem Bette näherte, und erwachte wiederum mit Angst. Die Wolfsphobie war damals bereits überwunden, er hatte darum die Freiheit, sich ein neues Angsttier zu wählen, und anerkannte in diesem späten Traum den Lehrer als Vaterersatz. Jeder seiner Lehrer spielte in seinen späteren Kinderjahren die gleiche Vaterrolle und wurde mit dem Vatereinfluß zum Guten wie zum Bösen ausgestattet.

Das Schicksal schenkte ihm einen sonderbaren Anlaß, seine Wolfs-

---

ist aber gerade, daß sie in die früheste Kindheit fallen. Je älter das Kind ist, desto sorgfältiger werden auf einem gewissen sozialen Niveau die Eltern dem Kinde die Gelegenheit zu solcher Beobachtung versagen.

phobie in der Gymnasialzeit aufzufrischen und die Relation, die ihr zugrunde lag, zum Ausgang schwerer Hemmungen zu machen. Der Lehrer, der den lateinischen Unterricht seiner Klasse leitete, hieß *Wolf*. Er war von Anfang an vor ihm eingeschüchtert, zog sich einmal eine schwere Beschimpfung von ihm zu, weil er in einer lateinischen Übersetzung einen dummen Fehler begangen hatte, und wurde von da an eine lähmende Angst vor diesem Lehrer nicht mehr los, die sich bald auf andere Lehrer übertrug. Aber die Gelegenheit, bei der er in der Übersetzung strauchelte, war auch nicht beziehungslos. Er hatte das lateinische Wort *filius* zu übersetzen und tat es mit dem französischen *fils* anstatt mit dem entsprechenden Wort der Muttersprache. Der Wolf war eben noch immer der Vater.[1]

Das erste der »passageren Symptome«[2], welches der Patient in der Behandlung produzierte, ging noch auf die Wolfsphobie und auf das Märchen von den sieben Geißlein zurück. In dem Zimmer, wo die ersten Sitzungen abgehalten wurden, befand sich eine große Wandkastenuhr gegenüber vom Patienten, der abgewandt von mir auf einem Diwan lag. Es fiel mir auf, daß er von Zeit zu Zeit das Gesicht zu mir kehrte, mich sehr freundlich, wie begütigend ansah und dann den Blick von mir zur Uhr wendete. Ich meinte damals, er gebe so ein Zeichen seiner Sehnsucht nach Beendigung der Stunde. Lange Zeit später erinnerte mich der Patient an dieses Gebärdenspiel und gab mir dessen Erklärung, indem er daran erinnerte, daß das jüngste der sieben Geißlein ein Versteck im Kasten der Wanduhr fände, während die sechs Geschwister vom Wolf gefressen würden. Er

1 Nach dieser Beschimpfung durch den Lehrer-Wolf erfuhr er als die allgemeine Meinung der Kollegen, daß der Lehrer zur Beschwichtigung – Geld von ihm erwarte. Darauf werden wir später zurückkommen. – Ich kann mir vorstellen, welche Erleichterung es für eine rationalistische Betrachtung einer solchen Kindergeschichte bedeuten würde, wenn sich annehmen ließe, die ganze Angst vor dem Wolf sei in Wirklichkeit von dem Lateinlehrer gleichen Namens ausgegangen, in die Kindheit zurückprojiziert worden und hätte in Anlehnung an die Märchenillustration die Phantasie der Urszene verursacht. Allein das ist unhaltbar; die zeitliche Priorität der Wolfsphobie und deren Verlegung in die Kindheitsjahre auf dem ersten Gut ist allzusicher bezeugt. Und der Traum mit 4 Jahren?

2 Ferenczi, Über passagère Symptombildungen während der Analyse. Zentralbl. f. Psychoanalyse, II, 1912, S. 588 ff.

wollte also damals sagen: Sei gut mit mir. Muß ich mich vor dir fürchten? Wirst du mich auffressen? Soll ich mich wie das jüngste Geißlein im Wandkasten vor dir verstecken?

Der Wolf, vor dem er sich fürchtete, war unzweifelhaft der Vater, aber die Wolfsangst war an die Bedingung der aufrechten Stellung gebunden. Seine Erinnerung behauptete mit großer Bestimmtheit, daß Bilder vom Wolf, der auf allen vieren gehe oder wie im Rotkäppchenmärchen im Bett liege, ihn nicht geschreckt hätten. Nicht mindere Bedeutung zog die Stellung auf sich, die er nach unserer Konstruktion der Urszene das Weib hatte einnehmen sehen; diese Bedeutung blieb aber auf das sexuelle Gebiet beschränkt. Die auffälligste Erscheinung seines Liebeslebens nach der Reife waren Anfälle von zwanghafter sinnlicher Verliebtheit, die in rätselhafter Folge auftraten und wieder verschwanden, eine riesige Energie bei ihm auch in Zeiten sonstiger Hemmung entfesselten und seiner Beherrschung ganz entzogen waren. Ich muß die volle Würdigung dieser Zwangslieben wegen eines besonders wertvollen Zusammenhanges noch aufschieben, aber ich kann hier anführen, daß sie an eine bestimmte, seinem Bewußtsein verborgene Bedingung geknüpft waren, die sich erst in der Kur erkennen ließ. Das Weib mußte die Stellung eingenommen haben, die wir der Mutter in der Urszene zuschreiben. Große, auffällige Hinterbacken empfand er von der Pubertät an als den stärksten Reiz des Weibes; ein anderer Koitus als der von rückwärts bereitete ihm kaum Genuß. Die kritische Erwägung ist zwar berechtigt, hier einzuwenden, daß solche sexuelle Bevorzugung der hinteren Körperpartien ein allgemeiner Charakter der zur Zwangsneurose neigenden Personen sei und nicht zur Ableitung von einem besonderen Eindruck der Kinderzeit berechtige. Sie gehöre in das Gefüge der anal-erotischen Veranlagung und zu jenen archaischen Zügen, welche diese Konstitution auszeichnen. Man darf die Begattung von rückwärts – more ferarum – doch wohl als die phylogenetisch ältere Form auffassen. Wir werden auch auf diesen Punkt in späterer Diskussion zurückkommen, wenn wir das Material für seine unbewußte Liebesbedingung nachgetragen haben.

Setzen wir nun in der Erörterung der Beziehungen zwischen Traum und Urszene fort. Nach unseren bisherigen Erwartungen sollte der Traum dem Kind, das sich auf die Erfüllung seiner Wünsche zu

Weihnachten freut, das Bild der Sexualbefriedigung durch den Vater vorführen, wie er es in jener Urszene gesehen hatte, als Vorbild der eigenen Befriedigung, die er vom Vater ersehnt. Anstatt dieses Bildes tritt aber das Material der Geschichte auf, die der Großvater kurz vorher erzählt hatte: Der Baum, die Wölfe, die Schwanzlosigkeit in der Form der Überkompensation in den buschigen Schwänzen der angeblichen Wölfe. Hier fehlt uns ein Zusammenhang, eine Assoziationsbrücke, die von dem Inhalt der Urgeschichte zu dem der Wolfgeschichte hinüberleitet. Diese Verbindung wird wiederum durch die Stellung und nur durch diese gegeben. Der schwanzlose Wolf fordert in der Erzählung des Großvaters die andern auf, *auf ihn zu steigen*. Durch dieses Detail wurde die Erinnerung an das Bild der Urszene geweckt, auf diesem Weg konnte das Material der Urszene durch das der Wolfsgeschichte vertreten werden, dabei gleichzeitig die Zweizahl der Eltern in erwünschter Weise durch die Mehrzahl der Wölfe ersetzt. Eine nächste Wandlung erfuhr der Trauminhalt, indem das Material der Wolfsgeschichte sich dem Inhalt des Märchens von den sieben Geißlein anpaßte, die Siebenzahl von ihm entlehnte.[1]

Die Materialwandlung: Urszene – Wolfsgeschichte – Märchen von den sieben Geißlein – ist die Spiegelung des Gedankenfortschritts während der Traumbildung: Sehnsucht nach sexueller Befriedigung durch den Vater – Einsicht in die daran geknüpfte Bedingung der Kastration – Angst vor dem Vater. Ich meine, der Angsttraum des vierjährigen Knaben ist erst jetzt restlos aufgeklärt.[2]

---

1 6 oder 7 heißt es im Traum. 6 ist die Anzahl der gefressenen Kinder, das siebente rettet sich in den Uhrkasten. Es bleibt strenges Gesetz der Traumdeutung, daß jede Einzelheit ihre Aufklärung finde.

2 Nachdem uns die Synthese dieses Traumes gelungen ist, will ich versuchen, die Beziehungen des manifesten Trauminhaltes zu den latenten Traumgedanken übersichtlich darzustellen.

Es ist Nacht, ich liege in meinem Bette. Das letztere ist der Beginn der Reproduktion der Urszene. »Es ist Nacht« ist Entstellung für: ich hatte geschlafen. Die Bemerkung: Ich weiß, es war Winter, als ich träumte, und Nachtzeit, bezieht sich auf die Erinnerung an den Traum, gehört nicht zu seinem Inhalt. Sie ist richtig, es war eine der Nächte vor dem Geburtstag resp. Weihnachtstag.

Plötzlich geht das Fenster von selbst auf. Zu übersetzen: Plötzlich erwache ich

Über die pathogene Wirkung der Urszene und die Veränderung, welche deren Erweckung in seiner Sexualentwicklung hervorruft, kann ich mich nach allem, was bisher schon berührt wurde, kurz fassen. Wir werden nur diejenige Wirkung verfolgen, welcher der Traum Ausdruck gibt. Später werden wir uns klarmachen müssen,

---

von selbst, Erinnerung der Urszene. Der Einfluß der Wolfsgeschichte, in der der Wolf durchs Fenster hereinspringt, macht sich modifizierend geltend und verwandelt den direkten in einen bildlichen Ausdruck. Gleichzeitig dient die Einführung des Fensters dazu, um den folgenden Trauminhalt in der Gegenwart unterzubringen. Am Weihnachtsabend geht die Türe plötzlich auf, und man sieht den Baum mit den Geschenken vor sich. Hier macht sich also der Einfluß der aktuellen Weihnachtserwartung geltend, welche die sexuelle Befriedigung miteinschließt.

Der große Nußbaum. Vertreter des Christbaumes, also aktuell: überdies der Baum aus der Wolfsgeschichte, auf den sich der verfolgte Schneider flüchtet, unter dem die Wölfe lauern. Der hohe Baum ist auch, wie ich mich oft überzeugen konnte, ein Symbol der Beobachtung, des Voyeurtums. Wenn man auf dem Baume sitzt, kann man alles sehen, was unten vorgeht, und wird selbst nicht gesehen. Vgl. die bekannte Geschichte des Boccaccio und ähnliche Schnurren.

Die Wölfe. Ihre Zahl: *sechs oder sieben.* In der Wolfsgeschichte ist es ein Rudel ohne angegebene Zahl. Die Zahlbestimmung zeigt den Einfluß des Märchens von den sieben Geißlein, von denen sechs gefressen werden. Die Ersetzung der Zweizahl in der Urszene durch eine Mehrzahl, welche in der Urszene absurd wäre, ist dem Widerstand als Entstellungsmittel willkommen. In der zum Traum gefertigten Zeichnung hat der Träumer die 5 zum Ausdruck gebracht, die wahrscheinlich die Angabe: es war Nacht, korrigiert.

Sie sitzen auf dem Baum. Sie ersetzen zunächst die am Baum hängenden Weihnachtsgeschenke. Sie sind aber auch auf den Baum versetzt, weil das heißen kann, sie schauen. In der Geschichte des Großvaters lagern sie unten um den Baum. Ihr Verhältnis zum Baum ist also im Traum umgekehrt worden, woraus zu schließen ist, daß im Trauminhalt noch andere Umkehrungen des latenten Materials vorkommen.

Sie schauen ihn mit gespannter Aufmerksamkeit an. Dieser Zug ist ganz aus der Urszene, auf Kosten einer totalen Verkehrung in den Traum gekommen.

Sie sind ganz weiß. Dieser an sich unwesentliche, in der Erzählung des Träumers stark betonte Zug verdankt seine Intensität einer ausgiebigen Verschmelzung von Elementen aus allen Schichten des Materials, und vereinigt dann nebensächliche Details der anderen Traumquellen mit einem bedeutsameren Stück der Urszene. Diese letztere Determinierung entstammt wohl der Weiße der Bett- und Leibwäsche der Eltern, dazu das Weiß der Schafherden, der

daß nicht etwa eine einzige Sexualströmung von der Urszene ausgegangen ist, sondern eine ganze Reihe von solchen, geradezu eine Aufsplitterung der Libido. Ferner werden wir uns vorhalten, daß die Aktivierung dieser Szene (ich vermeide absichtlich das Wort: Erinnerung) dieselbe Wirkung hat, als ob sie ein rezentes Erlebnis

---

Schäferhunde als Anspielung auf seine Sexualforschungen an Tieren, das Weiß in dem* Märchen von den sieben Geißlein, in dem die Mutter an der Weiße ihrer Hand erkannt wird. Wir werden später die weiße Wäsche auch als Todesandeutung verstehen.

Sie sitzen regungslos da. Hiemit wird dem auffälligsten Inhalt der beobachteten Szene widersprochen; der Bewegtheit, welche durch die Stellung, zu der sie führt, die Verbindung zwischen Urszene und Wolfsgeschichte herstellt.

Sie haben Schwänze wie Füchse. Dies soll einem Ergebnis widersprechen, welches aus der Einwirkung der Urszene auf die Wolfsgeschichte gewonnen wurde und als der wichtigste Schluß der Sexualforschung anzuerkennen ist: Es gibt also wirklich eine Kastration. Der Schreck, mit dem dies Denkergebnis aufgenommen wird, bricht sich endlich im Traume Bahn und erzeugt dessen Schluß.

Die Angst, von den Wölfen aufgefressen zu werden. Sie erschien dem Träumer als nicht durch den Trauminhalt motiviert. Er sagte, ich hätte mich nicht fürchten müssen, denn die Wölfe sahen eher aus wie Füchse oder Hunde, sie fuhren auch nicht auf mich los, wie um mich zu beißen, sondern waren sehr ruhig und gar nicht schrecklich. Wir erkennen, daß die Traumarbeit sich eine Weile bemüht hat, die peinlichen Inhalte durch Verwandlung ins Gegenteil unschädlich zu machen. (Sie bewegen sich nicht, sie haben ja die schönsten Schwänze.) Bis endlich dieses Mittel versagt und die Angst losbricht. Sie findet ihren Ausdruck mit Hilfe des Märchens, in dem die Geißlein-Kinder vom Wolf-Vater gefressen werden. Möglicherweise hat dieser Märcheninhalt selbst an scherzhafte Drohungen des Vaters, wenn er mit dem Kinde spielte, erinnert, so daß die Angst, vom Wolf gefressen zu werden, ebensowohl Reminiszenz wie Verschiebungsersatz sein könnte.

Die Wunschmotive dieses Traumes sind handgreifliche; zu den oberflächlichen Tageswünschen, Weihnachten mit seinen Geschenken möge schon da sein (Ungeduldstraum), gesellt sich der tiefere, um diese Zeit permanente Wunsch nach der Sexualbefriedigung durch den Vater, der sich zunächst durch den Wunsch, das wiederzusehen, was damals so fesselnd war, ersetzt. Dann verläuft der psychische Vorgang von der Erfüllung dieses Wunsches in der heraufbeschworenen Urszene bis zu der jetzt unvermeidlich gewordenen Ablehnung des Wunsches und der Verdrängung. [Forts. der Anm. auf S. 170]

* [In den *Gesammelten Werken*, wohl versehentlich: »den«.]

wäre. Die Szene wirkt nachträglich und hat unterdes, in dem Intervall zwischen 1 ½ und 4 Jahren, nichts von ihrer Frische eingebüßt. Vielleicht finden wir im weiteren noch einen Anhaltspunkt dafür, daß sie bestimmte Wirkungen bereits zur Zeit ihrer Wahrnehmung, also von 1 ½ Jahren an, geübt hat.

Wenn sich der Patient in die Situation der Urszene vertiefte, förderte er folgende Selbstwahrnehmungen zutage: Er habe vorher angenommen, der beobachtete Vorgang sei ein gewalttätiger Akt, allein dazu stimmte das vergnügte Gesicht nicht, das er die Mutter machen sah; er mußte erkennen, daß es sich um eine Befriedigung handle.[1] Das wesentliche Neue, das ihm die Beobachtung des Verkehrs der Eltern brachte, war die Überzeugung von der Wirklich-

---

Die Breite und Ausführlichkeit der Darstellung, zu der ich durch das Bemühen genötigt bin, dem Leser irgendein Äquivalent für die Beweiskraft einer selbstdurchgeführten Analyse zu bieten, mag ihn gleichzeitig davon abbringen, die Publikation von Analysen zu verlangen, die sich über mehrere Jahre erstreckt haben.

1 Der Aussage des Patienten tragen wir vielleicht am ehesten Rechnung, wenn wir annehmen, daß der Gegenstand seiner Beobachtung zuerst ein Koitus in normaler Stellung gewesen ist, der den Eindruck eines sadistischen Aktes erwecken muß. Erst nach diesem sei die Stellung gewechselt worden, so daß er Gelegenheit zu anderen Beobachtungen und Urteilen gewann. Allein diese Annahme ist nicht gesichert worden, scheint mir auch nicht unentbehrlich. Wir wollen über die abkürzende Darstellung des Textes die wirkliche Situation nicht außer Auge lassen, daß der Analysierte im Alter nach 25 Jahren Eindrücken und Regungen aus seinem vierten Jahr Worte verleiht, die er damals nicht gefunden hätte. Vernachlässigt man diese Bemerkung, so kann man es leicht komisch und unglaubwürdig finden, daß ein vierjähriges Kind solcher fachlicher Urteile gelehrter Gedanken fähig sein sollte. Es ist dies einfach ein zweiter Fall von *Nachträglichkeit*. Das Kind empfängt mit 1 ½ Jahren einen Eindruck, auf den es nicht genügend reagieren kann, versteht ihn erst, wird von ihm ergriffen bei der Wiederbelebung des Eindrucks mit vier Jahren und kann erst zwei Dezennien später in der Analyse mit bewußter Denktätigkeit erfassen, was damals in ihm vorgegangen. Der Analysierte setzt sich dann mit Recht über die drei Zeitphasen hinweg und setzt sein gegenwärtiges Ich in die längstvergangene Situation ein. Wir folgen ihm darin, denn bei korrekter Selbstbeobachtung und Deutung muß der Effekt so ausfallen, als ob man die Distanz zwischen der zweiten und der dritten Zeitphase vernachlässigen könnte. Auch haben wir kein anderes Mittel, die Vorgänge in der zweiten Phase zu beschreiben.

keit der Kastration, deren Möglichkeit seine Gedanken schon vorher beschäftigt hatte. (Der Anblick der beiden urinierenden Mädchen, der Drohung der Nanja, die Deutung der Gouvernante von den Zuckerstangen, die Erinnerung, daß der Vater eine Schlange in Stücke geschlagen.) Denn jetzt sah er mit eigenen Augen die Wunde, von der die Nanja gesprochen hatte, und verstand, daß ihr Vorhandensein eine Bedingung des Verkehrs mit dem Vater war. Er konnte sie nicht mehr wie bei der Beobachtung der kleinen Mädchen mit dem Popo verwechseln.[1]

Der Ausgang des Traumes war Angst, von der er sich nicht eher beruhigte, als bis er seine Nanja bei sich hatte. Er flüchtete sich also zu ihr vom Vater weg. Die Angst war eine Ablehnung des Wunsches nach Sexualbefriedigung durch den Vater, welches Streben ihm den Traum eingegeben hatte. Ihr Ausdruck: vom Wolf gefressen zu werden, war nur eine – wie wir hören werden: regressive – Umsetzung des Wunsches, vom Vater koitiert, d. h. so befriedigt zu werden wie die Mutter. Sein letztes Sexualziel, die passive Einstellung zum Vater, war einer Verdrängung erlegen, die Angst vor dem Vater in Gestalt der Wolfsphobie an ihre Stelle getreten.

Und die treibende Kraft dieser Verdrängung? Dem ganzen Sachverhalt nach konnte es nur die narzißtische Genitallibido sein, die sich als Sorge um sein männliches Glied gegen eine Befriedigung sträubte, für die der Verzicht auf dieses Glied Bedingung schien. Aus dem bedrohten Narzißmus schöpfte er die Männlichkeit, mit der er sich gegen die passive Einstellung zum Vater wehrte.

Wir werden jetzt darauf aufmerksam, daß wir an diesem Punkte der Darstellung unsere Terminologie ändern müssen. Er hatte während des Traumes eine neue Phase seiner Sexualorganisation erreicht. Die sexuellen Gegensätze waren ihm bisher *aktiv* und *passiv* gewesen. Sein Sexualziel war seit der Verführung ein passives, am Genitale berührt zu werden, dann wandelte es sich durch Regression auf die frühere Stufe der sadistisch-analen Organisation in das masochistische, gezüchtigt, gestraft zu werden. Es war ihm gleichgültig, ob er dieses Ziel beim Mann oder Weib erreichen sollte. Er war ohne

1 Wie er sich mit diesem Anteil des Problems weiter auseinandersetzte, werden wir später bei der Verfolgung seiner Analerotik erfahren.

Rücksicht auf den Geschlechtsunterschied von der Nanja zum Vater gewandert, hatte von der Nanja verlangt, am Glied berührt zu werden, vom Vater die Züchtigung provozieren wollen. Das Genitale kam dabei außer Betracht; in der Phantasie, auf den Penis geschlagen zu werden, äußerte sich noch der durch die Regression verdeckte Zusammenhang. Nun führte ihn die Aktivierung der Urszene im Traum zur genitalen Organisation zurück. Er entdeckte die Vagina und die biologische Bedeutung von männlich und weiblich. Er verstand jetzt, aktiv sei gleich männlich, passiv aber weiblich. Sein passives Sexualziel hätte sich jetzt in ein weibliches verwandeln, den Ausdruck annehmen müssen: vom Vater koitiert zu werden, anstatt: von ihm auf das Genitale oder auf den Popo geschlagen zu werden. Dieses feminine Ziel verfiel nun der Verdrängung und mußte sich durch die Angst vor dem Wolf ersetzen lassen.

Wir müssen die Diskussion seiner Sexualentwicklung hier unterbrechen, bis aus späteren Stadien seiner Geschichte neues Licht auf diese früheren zurückfällt. Zur Würdigung der Wolfsphobie fügen wir noch hinzu, daß Vater und Mutter, beide, zu Wölfen wurden. Die Mutter spielte ja den kastrierten Wolf, der die anderen auf sich aufsteigen ließ, der Vater den aufsteigenden. Seine Angst bezog sich aber, wie wir ihn versichern gehört haben, nur auf den stehenden Wolf, also auf den Vater. Ferner muß uns auffallen, daß die Angst, in die der Traum ausging, ein Vorbild in der Erzählung des Großvaters hatte. In dieser wird ja der kastrierte Wolf, der die andern auf sich hat steigen lassen, von Angst befallen, sowie er an die Tatsache seiner Schwanzlosigkeit erinnert wird. Es scheint also, daß er sich während des Traumvorganges mit der kastrierten Mutter identifizierte und sich nun gegen dieses Ergebnis sträubte. In hoffentlich zutreffender Übersetzung: Wenn du vom Vater befriedigt werden willst, mußt du dir wie die Mutter die Kastration gefallen lassen; das will ich aber nicht. Also ein deutlicher Protest der Männlichkeit! Machen wir uns übrigens klar, daß die Sexualentwicklung des Falles, den wir hier verfolgen, für unsere Forschung den großen Nachteil hat, daß sie keine ungestörte ist. Sie wird zuerst durch die Verführung entscheidend beeinflußt und nun durch die Szene der Koitusbeobachtung abgelenkt, die nachträglich wie eine zweite Verführung wirkt.

V
Einige Diskussionen

Eisbär und Walfisch, hat man gesagt, können nicht miteinander Krieg führen, weil sie, ein jeder auf sein Element beschränkt, nicht zueinander kommen. Ebenso unmöglich wird es mir, mit Arbeitern auf dem Gebiet der Psychologie oder der Neurotik zu diskutieren, die die Voraussetzungen der Psychoanalyse nicht anerkennen und ihre Ergebnisse für Artefakte halten. Daneben hat sich aber in den letzten Jahren eine Opposition von anderen entwickelt, die, nach ihrem eigenen Vermeinen wenigstens, auf dem Boden der Analyse stehen, die Technik und Resultate derselben nicht bestreiten und sich nur für berechtigt halten, aus dem nämlichen Material andere Folgerungen abzuleiten und es anderen Auffassungen zu unterziehen.

Theoretischer Widerspruch ist aber zumeist unfruchtbar. Sowie man begonnen hat, sich von dem Material, aus dem man schöpfen soll, zu entfernen, läuft man Gefahr, sich an seinen Behauptungen zu berauschen und endlich Meinungen zu vertreten, denen jede Beobachtung widersprochen hätte. Es scheint mir darum ungleich zweckmäßiger, abweichende Auffassungen dadurch zu bekämpfen, daß man sie an einzelnen Fällen und Problemen erprobt.

Ich habe oben (S. 163) ausgeführt, es werde gewiß für unwahrscheinlich gehalten werden, »daß ein Kind in dem zarten Alter von 1 ½ Jahren imstande sein sollte, die Wahrnehmungen eines so komplizierten Vorganges in sich aufzunehmen und sie so getreu in seinem Unbewußten zu bewahren, zweitens, daß eine nachträglich zum Verständnis vordringende Bearbeitung dieses Materials zu vier Jahren möglich ist, und endlich, daß es durch irgendein Verfahren gelingen sollte, die Einzelheiten einer solchen Szene, unter solchen Umständen erlebt und verstanden, in zusammenhängender und überzeugender Weise bewußtzumachen«.

Die letzte Frage ist eine rein faktische. Wer sich die Mühe nimmt, die Analyse mittels der vorgezeichneten Technik in solche Tiefen zu treiben, wird sich überzeugen, daß es sehr wohl möglich ist; wer es unterläßt und in irgendeiner höheren Schicht die Analyse unterbricht, hat sich des Urteils darüber begeben. Aber die Auffassung des von der Tiefenanalyse Erreichten ist damit nicht entschieden.

Die beiden anderen Bedenken stützen sich auf eine Geringschätzung der frühinfantilen Eindrücke, denen so nachhaltige Wirkungen nicht zugetraut werden. Sie wollen die Verursachung der Neurosen fast ausschließlich in den ernsthaften Konflikten des späteren Lebens suchen, und nehmen an, die Bedeutsamkeit der Kindheit werde uns in der Analyse nur durch die Neigung der Neurotiker vorgespiegelt, ihre gegenwärtigen Interessen in Reminiszenzen und Symbolen der frühen Vergangenheit auszudrücken. Mit solcher Einschätzung des infantilen Moments fiele manches weg, was zu den intimsten Eigentümlichkeiten der Analyse gehört hat, freilich auch vieles, was ihr Widerstände schafft und das Zutrauen der Außenstehenden entfremdet.

Wir stellen also zur Diskussion die Auffassung ein, solche frühinfantile Szenen, wie sie eine erschöpfende Analyse der Neurosen, z. B. unseres Falles liefert, seien nicht Reproduktionen realer Begebenheiten, denen man Einfluß auf die Gestaltung des späteren Lebens und auf die Symptombildung zuschreiben dürfe, sondern Phantasiebildungen, die der Zeit der Reife ihre Anregung entnehmen, zur gewissermaßen symbolischen Vertretung realer Wünsche und Interessen bestimmt sind, und die einer regressiven Tendenz, einer Abwendung von den Aufgaben der Gegenwart ihre Entstehung verdanken. Wenn dem so ist, dann kann man sich natürlich alle die befremdenden Zumutungen an das Seelenleben und die intellektuelle Leistung von Kindern im unmündigsten Alter ersparen.

Dieser Auffassung kommt außer dem uns allen gemeinsamen Wunsch nach Rationalisierung und Vereinfachung der schwierigen Aufgabe mancherlei Tatsächliches entgegen. Auch kann man im vorhinein ein Bedenken aus dem Wege räumen, welches sich gerade beim praktischen Analytiker erheben könnte. Man muß zugestehen, wenn die besprochene Auffassung dieser infantilen Szenen die richtige ist, dann wird an der Ausübung der Analyse zunächst nichts geändert. Hat der Neurotiker einmal die üble Eigentümlichkeit, sein Interesse von der Gegenwart abzuwenden und es an solche regressive Ersatzbildungen seiner Phantasie zu heften, so kann man gar nichts anderes tun, als ihm auf seinen Wegen zu folgen und ihm diese unbewußten Produktionen zum Bewußtsein zu bringen, denn sie sind, von ihrem realen Unwert ganz abzusehen, für uns höchst wertvoll als die derzeitigen Träger und Besitzer des Interesses, welches wir frei machen wollen, um es auf die Aufgaben der Gegenwart zu lenken. Die Analyse müßte genau ebenso verlaufen wie jene, die im naiven Zutrauen solche Phantasien für wahr nimmt. Erst am Ende der Analyse, nach der Aufdeckung dieser Phantasien, käme der Unterschied. Man würde dann dem Kranken sagen: »Nun gut; Ihre Neurose ist so verlaufen, als ob Sie in Ihren Kinderjahren solche Eindrücke empfangen und fortgesponnen hätten. Sie sehen wohl ein, daß dies nicht möglich ist. Es waren Produkte Ihrer Phantasietätigkeit zur Ablenkung von realen Aufgaben, die Ihnen bevorstanden. Nun lassen Sie uns nachforschen, welches diese Aufgaben waren und welche Verbindungswege zwischen diesen und Ihren Phantasien bestanden haben.« Ein zweiter, dem realen Leben zugewendeter Abschnitt der Behandlung würde nach dieser Erledigung der infantilen Phantasien einsetzen können.

Eine Abkürzung dieses Weges, also eine Abänderung der bisher geübten psychoanalytischen Kur, wäre technisch unzulässig. Wenn man dem Kranken diese Phantasien nicht in ihrem vollen Umfange bewußtmacht, kann man ihm die Verfügung über das an sie gebundene Interesse nicht geben. Wenn man ihn von ihnen ablenkt, sobald man ihre Existenz und allgemeine Umrisse ahnt, unterstützt man nur das Werk der Verdrängung, durch das sie für alle Bemühungen des Kranken unantastbar geworden sind. Wenn man sie ihm frühzeitig entwertet, etwa indem man ihm eröffnet, es werde sich nur um Phantasien handeln, die ja keine reale Bedeutung haben, wird man nie seine Mitwirkung bereit finden, um sie dem Bewußtsein zuzuführen. Die analytische Technik dürfte also bei korrektem Vorgehen keine Änderung erfahren, wie immer man diese Infantilszenen einschätzt.

Ich habe erwähnt, daß die Auffassung dieser Szenen als regressiver Phantasien manche tatsächlichen Momente zu ihrer Unterstützung anrufen kann. Vor allem das eine: Diese Infantilszenen werden in der Kur – soweit meine Erfahrung bis jetzt reicht – nicht als Erinnerungen reproduziert, sie sind Ergebnisse der Konstruktion. Gewiß wird manchem der Streit schon durch dieses eine Zugeständnis entschieden scheinen.

Ich möchte nicht mißverstanden werden. Jeder Analytiker weiß und hat es unzählige Male erfahren, daß in einer gelungenen Kur der Patient eine ganze Anzahl spontaner Erinnerungen aus seinen Kinderjahren mitteilt, an deren Auftauchen – vielleicht erstmaligem Auftauchen – der Arzt sich völlig unschuldig fühlt, indem er durch keinerlei Konstruktionsversuch dem Kranken einen ähnlichen Inhalt nahegelegt hat. Diese vorher unbewußten Erinnerungen müssen nicht einmal immer wahr sein; sie können es sein, aber sie sind oft gegen die Wahrheit entstellt, mit phantasierten Elementen durchsetzt, ganz ähnlich wie die spontan erhalten gebliebenen sogenannten Deckerinnerungen. Ich will nur sagen: Szenen, wie die bei meinem Patienten, aus so früher Zeit und mit solchem Inhalt, die dann eine so außerordentliche Bedeutung für die Geschichte des Falles beanspruchen, werden in der Regel nicht als Erinnerungen reproduziert, sondern müssen schrittweise und mühselig aus einer Summe von Andeutungen erraten – konstruiert – werden. Es reicht auch für das Argument hin, wenn ich zugebe, daß solche Szenen bei den Fällen von Zwangsneurose nicht als Erinnerung bewußt werden, oder wenn ich die Angabe auf den einen Fall, den wir hier studieren, beschränke.

Ich bin nun nicht der Meinung, daß diese Szenen notwendigerweise Phantasien sein müßten, weil sie nicht als Erinnerungen wiederkommen. Es scheint mir durchaus der Erinnerung gleichwertig, daß sie sich – wie in unserem Falle – durch Träume ersetzen, deren Analyse regelmäßig zu derselben Szene zurückführt, die in unermüdlicher Umarbeitung jedes Stück ihres Inhalts reproduzieren. Träumen ist ja auch ein Erinnern, wenn auch unter den Bedingungen der Nachtzeit und der Traumbildung. Durch diese Wiederkehr in Träumen erkläre ich mir, daß sich bei den Patienten selbst allmählich eine sichere Überzeugung von der Realität dieser Urszenen bildet, eine Überzeugung, die der auf Erinnerung gegründeten in nichts nachsteht.[1]

---

1 Wie frühzeitig ich mich mit diesem Problem beschäftigt habe, mag eine Stelle aus der ersten Auflage meiner Traumdeutung (1900) beweisen. Dort heißt es S. 126 zur Analyse der in einem Traum vorkommenden Rede: *Das ist nicht*

Die Gegner brauchen freilich den Kampf gegen diese Argumente nicht als aussichtslos aufzugeben. Träume sind bekanntlich lenkbar.[1] Und die Überzeugung des Analysierten kann ein Erfolg der Suggestion sein, für die immer noch eine Rolle im Kräftespiel der analytischen Behandlung gesucht wird. Der Psychotherapeut alten Schlages würde seinem Patienten suggerieren, daß er gesund ist, seine Hemmungen überwunden hat u. dgl.; der Psychoanalytiker aber, daß er als Kind dies oder jenes Erlebnis gehabt hat, das er jetzt erinnern müsse, um gesund zu werden. Das wäre der Unterschied zwischen beiden.

Machen wir uns klar, daß dieser letzte Erklärungsversuch der Gegner auf eine weit gründlichere Erledigung der Infantilszenen hinausläuft, als anfangs angekündigt wurde. Sie sollten nicht Wirklichkeiten sein, sondern Phantasien. Nun wird es offenbar: nicht Phantasien des Kranken, sondern des Analytikers selbst, die er aus irgendwelchen persönlichen Komplexen dem Analysierten aufdrängt. Der Analytiker freilich, der diesen Vorwurf hört, wird sich zu seiner Beruhigung vorführen, wie allmählich die Konstruktion dieser angeblich von ihm eingegebenen Phantasie zustande gekommen ist, wie unabhängig sich doch deren Ausgestaltung in vielen Punkten von der ärztlichen Anregung benommen hat, wie von einer gewissen Phase der Behandlung an alles auf sie hin zu konvergieren schien und wie nun in der Synthese die verschiedensten merkwürdigen Erfolge von ihr ausstrahlen, wie die großen und die kleinsten Probleme und Sonderbarkeiten der Krankengeschichte ihre Lösung in der einen Annahme fanden, und wird geltend machen, daß er sich nicht den Scharfsinn zutraut, eine Begebenheit auszuhecken, welche alle diese Ansprüche in einem erfüllen kann. Aber auch dieses Plädoyer wird nicht auf den anderen Teil wirken, der die Analyse nicht selbst erlebt hat. Raffinierte Selbsttäuschung – wird es von der einen

---

mehr zu haben, diese Rede stammt von mir selbst; ich hatte ihr einige Tage vorher erklärt, »daß die ältesten Kindererlebnisse *nicht mehr* als solche *zu haben sind*, sondern durch ›Übertragungen‹ und Träume in der Analyse ersetzt werden«. (Ges. Werke, Bd. II/III, S. 190.)

1 Der Mechanismus des Traumes kann nicht beeinflußt werden, aber das Traummaterial läßt sich partiell kommandieren.

Seite lauten, Stumpfheit der Beurteilung – von der anderen; eine Entscheidung wird nicht zu fällen sein.

Wenden wir uns zu einem anderen Moment, welches die gegnerische Auffassung der konstruierten Infantilszenen unterstützt. Es ist folgendes: Alle die Prozesse, welche zur Aufklärung dieser fraglichen Bildungen als Phantasien herangezogen worden sind, bestehen wirklich und sind als bedeutungsvoll anzuerkennen. Die Abwendung des Interesses von den Aufgaben des realen Lebens[1], die Existenz von Phantasien als Ersatzbildungen für die unterlassenen Aktionen, die regressive Tendenz, die sich in diesen Schöpfungen ausspricht – regressiv in mehr als einem Sinne, insofern gleichzeitig ein Zurückweichen vor dem Leben und ein Zurückgreifen auf die Vergangenheit eintritt –, all das trifft zu und läßt sich regelmäßig durch die Analyse bestätigen. Man sollte meinen, es würde auch hinreichen, die in Rede stehenden angeblichen frühinfantilen Reminiszenzen aufzuklären, und diese Erklärung hätte nach den ökonomischen Prinzipien der Wissenschaft das Vorrecht vor einer anderen, die ohne neue und befremdliche Annahmen nicht ausreichen kann.

Ich gestatte mir, an dieser Stelle darauf aufmerksam zu machen, daß die Widersprüche in der heutigen psychoanalytischen Literatur gewöhnlich nach dem Prinzip des *pars pro toto* angefertigt werden. Man greift aus einem hoch zusammengesetzten Ensemble einen Anteil der wirksamen Faktoren heraus, proklamiert diesen als die Wahrheit und widerspricht nun zu dessen Gunsten dem anderen Anteil und dem Ganzen. Sieht man etwa näher zu, welcher Gruppe dieser Vorzug zugefallen ist, so findet man, es ist die, welche das bereits anderswoher Bekannte enthält oder sich am ehesten ihm anschließt. So bei Jung die Aktualität und die Regression, bei Adler die egoistischen Motive. Zurückgelassen, als Irrtum verworfen, wird aber gerade das, was an der Psychoanalyse neu ist und ihr eigentümlich zukommt. Auf diesem Wege lassen sich die revolutionären Vorstöße der unbequemen Psychoanalyse am leichtesten zurückweisen.

Es ist nicht überflüssig hervorzuheben, daß keines der Momente,

---

1 Ich ziehe aus guten Gründen vor zu sagen: Die Abwendung der *Libido* von den aktuellen *Konflikten*.

welche die gegnerische Auffassung zum Verständnis der Kindheitsszenen heranzieht, von Jung als Neuheit gelehrt zu werden brauchte. Der aktuelle Konflikt, die Abwendung von der Realität, die Ersatzbefriedigung in der Phantasie, die Regression auf Material der Vergangenheit, dies alles hat, und zwar in der nämlichen Zusammenfügung, vielleicht mit geringer Abänderung der Terminologie, von jeher einen integrierenden Bestandteil meiner eigenen Lehre gebildet. Es war nicht das Ganze derselben, nur der Anteil der Verursachung, der von der Realität her zur Neurosenbildung in regressiver Richtung einwirkt. Ich habe daneben noch Raum gelassen für einen zweiten, progredienten Einfluß, der von den Kindheitseindrücken her wirkt, der vom Leben zurückweichenden Libido den Weg weist und die sonst unerklärliche Regression auf die Kindheit verstehen läßt. So wirken die beiden Momente nach meiner Auffassung bei der Symptombildung zusammen, aber ein früheres Zusammenwirken scheint mir ebenso bedeutungsvoll. Ich behaupte, daß *der Kindheitseinfluß sich bereits in der Anfangssituation der Neurosenbildung fühlbar macht, indem er in entscheidender Weise mitbestimmt, ob und an welcher Stelle das Individuum in der Bewältigung der realen Probleme des Lebens versagt.*

Im Streit steht also die Bedeutung des infantilen Moments. Die Aufgabe geht dahin, einen Fall zu finden, der diese Bedeutung, jedem Zweifel entzogen, erweisen kann. Ein solcher ist aber der Krankheitsfall, den wir hier so ausführlich behandeln, der durch den Charakter ausgezeichnet ist, daß der Neurose im späteren Leben eine Neurose in frühen Jahren der Kindheit vorhergeht. Gerade darum habe ich ja diesen Fall zur Mitteilung gewählt. Sollte jemand ihn etwa darum ablehnen wollen, weil ihm die Tierphobie nicht wichtig genug erscheint, um als selbständige Neurose anerkannt zu werden, so will ich ihn darauf verweisen, daß ohne Intervall an diese Phobie ein Zwangszeremoniell, Zwangshandlungen und Gedanken anschließen, von denen in den folgenden Abschnitten dieser Schrift die Rede sein wird.

Eine neurotische Erkrankung im vierten und fünften Jahr der Kindheit beweist vor allem, daß die infantilen Erlebnisse für sich allein imstande sind, eine Neurose zu produzieren, ohne daß es dazu der Flucht vor einer im Leben gestellten Aufgabe bedürfte. Man wird einwenden, daß auch an das Kind unausgesetzt Aufgaben herantreten, denen es sich vielleicht entziehen möchte. Das ist richtig, aber das Leben eines Kindes vor der Schulzeit ist leicht zu übersehen, man kann ja untersuchen, ob sich eine die Verursachung der Neurose bestimmende »Aufgabe« darin findet. Man entdeckt aber nichts anderes als Triebregungen, deren Befriedigung dem Kind unmöglich, deren Bewältigung es nicht gewachsen ist, und die Quellen, aus denen diese fließen.

Die enorme Verkürzung des Intervalls zwischen dem Ausbruch der Neurose und der Zeit der in Rede stehenden Kindheitserlebnisse läßt, wie zu erwarten stand, das regressive Stück der Verursachung aufs äußerste einschrumpfen und bringt den progredienten Anteil derselben, den Einfluß früherer Eindrücke, unverdeckt zum Vorschein. Von diesem Verhältnis wird diese Krankengeschichte, wie ich hoffe, ein deutliches Bild geben. Auf die Frage nach der Natur der Urszenen oder frühesten in der Analyse eruierten Kindheitserlebnisse gibt die Kindheitsneurose noch aus anderen Gründen eine entscheidende Antwort.

Nehmen wir als unwidersprochene Voraussetzung an, daß eine solche Urszene technisch richtig entwickelt worden sei, daß sie unerläßlich sei zur zusammenfassenden Lösung aller Rätsel, welche uns die Symptomatik der Kindheitserkrankung aufgibt, daß alle Wirkungen von ihr ausstrahlen, wie alle Fäden der Analyse zu ihr hingeführt haben, so ist es mit Rücksicht auf ihren Inhalt unmöglich, daß sie etwas anderes sei als die Reproduktion einer vom Kinde erlebten Realität. Denn das Kind kann wie auch der Erwachsene Phantasien nur produzieren mit irgendwo erworbenem Material; die Wege dieser Erwerbung sind dem Kinde zum Teil (wie die Lektüre) verschlossen, der für die Erwerbung zu Gebote stehende Zeitraum ist kurz und leicht nach solchen Quellen zu durchforschen.

In unserem Falle enthält die Urszene das Bild des geschlechtlichen Verkehrs zwischen den Eltern in einer für gewisse Beobachtungen besonders günstigen Stellung. Es würde nun gar nichts für die Realität dieser Szene beweisen, wenn wir sie bei einem Kranken fänden, dessen Symptome, also die Wirkungen der Szene, irgendwann in seinem späteren Leben hervorgetreten wären. Ein solcher kann zu den verschiedensten Zeitpunkten des langen Intervalls die Eindrücke, Vorstellungen und Kenntnisse erworben haben, die er dann in ein Phantasiebild verwandelt, in seine Kindheit zurückprojiziert und an seine Eltern heftet. Aber wenn die Wirkungen einer solchen Szene im vierten und fünften Lebensjahr hervortreten, so muß das Kind diese Szene in noch früherem Alter mitangesehen haben. Dann bleiben aber alle die befremdenden Folgerungen aufrecht, die sich uns aus der Analyse der infantilen Neurose ergeben haben. Es sei denn, es wolle jemand annehmen, der Patient habe nicht nur diese Urszene unbewußt phantasiert, sondern ebenso seine Charakterveränderung, seine Wolfsangst und seinen religiösen Zwang konfabuliert, welcher Auskunft aber sein sonstiges nüchternes Wesen und die direkte Tradition in seiner Familie widersprechen würde. Es muß also dabei bleiben – ich sehe keine andere Möglichkeit –, entweder ist die von seiner Kindheitsneurose ausgehende Analyse überhaupt ein Wahnwitz, oder es ist alles so richtig, wie ich es oben dargestellt habe.

Wir haben an einer früheren Stelle auch an der Zweideutigkeit Anstoß genommen, daß des Patienten Vorliebe für die weiblichen Nates und für den Koitus in derjenigen Stellung, bei der diese besonders hervortreten, eine Ableitung von dem beobachteten Koitus der Eltern zu fordern schien, während doch solche Bevorzugung ein allgemeiner Zug der zur Zwangsneurose disponierten archaischen Konstitutionen ist. Hier bietet sich eine naheliegende Auskunft, die den Widerspruch als Überdeterminierung löst. Die Person, an welcher er diese Position beim Koitus beobachtet, war doch sein leiblicher Vater, von dem er diese konstitutionelle Vorliebe auch ererbt haben konnte. Weder die spätere Krankheit des Vaters noch die Familiengeschichte sprechen dagegen; ein Vatersbruder ist, wie bereits erwähnt, in einem Zustand gestorben, der als Ausgang eines schweren Zwangsleidens aufgefaßt werden muß.

Wir erinnern uns in diesem Zusammenhange, daß die Schwester bei der Verführung des 3 ¼jährigen[1] Knaben gegen die brave alte Kinderfrau die sonderbare Verleumdung ausgesprochen, sie stelle alle Leute auf den Kopf und greife ihnen dann an die Genitalien.[2] Es

1 [In den Ausgaben vor 1924: »3 ½jährigen«.]
2 Vgl. S. 145.

mußte sich uns da die Idee aufdrängen, daß vielleicht auch die Schwester in ähnlich zartem Alter dieselbe Szene mitangesehen wie später der Bruder und sich daher die Anregung für das Auf-den-Kopf-Stellen beim sexuellen Akt geholt hätte. Diese Annahme brächte auch einen Hinweis auf eine Quelle ihrer eigenen sexuellen Voreiligkeit.

[[1] Ich hatte ursprünglich nicht die Absicht, die Diskussion über den Realwert der »Urszenen« an dieser Stelle weiterzuführen, aber da ich unterdes veranlaßt worden bin, dieses Thema in meinen »Vorlesungen zur Einführung in die Psychoanalyse« in breiterem Zusammenhange und nicht mehr in polemischer Absicht zu behandeln, so wäre es irreführend, wollte ich die Anwendung der dort bestimmenden Gesichtspunkte auf den uns hier vorliegenden Fall unterlassen. Ich setze also ergänzend und berichtigend fort: Es ist doch noch eine andere Auffassung der dem Traume zugrundeliegenden Urszene möglich, welche die vorhin getroffene Entscheidung um ein gutes Stück ablenkt und uns mancher Schwierigkeiten überhebt. Die Lehre, welche die Infantilszenen zu regressiven Symbolen herabdrücken will, wird zwar auch bei dieser Modifikation nichts gewinnen; sie scheint mir überhaupt durch diese – wie durch jede andere – Analyse einer Kinderneurose endgültig erledigt.

Ich meine nämlich, man kann sich den Sachverhalt auch in folgender Art zurechtlegen. Auf die Annahme, daß das Kind einen Koitus beobachtet, durch dessen Anblick es die Überzeugung gewonnen, daß die Kastration mehr sein könne als eine leere Drohung, können wir nicht verzichten; auch läßt uns die Bedeutung, welche späterhin den Stellungen von Mann und Weib für die Angstentwicklung und als Liebesbedingung zukommt, keine andere Wahl, als zu schließen, es müsse ein *coitus a tergo, more ferarum*, gewesen sein. Aber ein anderes Moment ist nicht so unersetzlich und mag fallengelassen werden. Es war vielleicht nicht ein Koitus der Eltern, sondern ein Tierkoitus, den das Kind beobachtet und dann auf die Eltern geschoben, als ob es erschlossen hätte, die Eltern machten es auch nicht anders.

---

1 [Diese eckige Klammer stammt von Freud, ebenso die schließende am Ende dieses Kapitels; siehe den redaktionellen Zusatz zur Anm. 1 auf S. 133.]

Dieser Auffassung kommt vor allem zugute, daß die Wölfe des Traumes ja eigentlich Schäferhunde sind und auch in der Zeichnung als solche erscheinen. Kurz vor dem Traum war der Knabe wiederholt zu den Schafherden mitgenommen worden, wo er solche große weiße Hunde sehen und sie wahrscheinlich auch beim Koitus beobachten konnte. Ich möchte auch die Dreizahl, die der Träumer ohne jede weitere Motivierung hinstellte, hieher beziehen und annehmen, es sei ihm im Gedächtnis geblieben, daß er drei solcher Beobachtungen an den Schäferhunden gemacht. Was in der erwartungsvollen Erregtheit seiner Traumnacht hinzukam, war dann die Übertragung des kürzlich gewonnenen Erinnerungsbildes mit *allen* seinen Einzelheiten auf die Eltern, wodurch aber erst jene mächtigen Affektwirkungen ermöglicht wurden. Es gab jetzt ein nachträgliches Verständnis jener vielleicht vor wenigen Wochen oder Monaten empfangenen Eindrücke, ein Vorgang, wie ihn vielleicht jeder von uns an sich selbst erlebt haben mag. Die Übertragung von den koitierenden Hunden auf die Eltern vollzog sich nun nicht mittels eines an Worte gebundenen Schlußverfahrens, sondern indem eine reale Szene vom Beisammensein der Eltern in der Erinnerung aufgesucht wurde, welche sich mit der Koitussituation verschmelzen ließ. Alle in der Traumanalyse behaupteten Details der Szene mochten genau reproduziert sein. Es war wirklich an einem Sommernachmittag, während das Kind an Malaria litt, die Eltern waren in weißer Kleidung beide anwesend, als das Kind aus seinem Schlaf erwachte, aber – die Szene war harmlos. Das übrige hatte der spätere Wunsch des Wißbegierigen, auch die Eltern bei ihrem Liebesverkehr zu belauschen, auf Grund seiner Erfahrungen an den Hunden hinzugefügt, und nun entfaltete die so phantasierte Szene alle die Wirkungen, die wir ihr nachgesagt haben, die nämlichen, als ob sie durchaus real gewesen und nicht aus zwei Bestandteilen, einem früheren indifferenten und einem späteren, höchst eindrucksvollen, zusammengekleistert worden wäre.

Es ist sofort ersichtlich, um wieviel das Maß der uns zugemuteten Glaubensleistung erleichtert wird. Wir brauchen nicht mehr anzunehmen, daß die Eltern den Koitus in Gegenwart des, wenn auch sehr jugendlichen, Kindes vollzogen haben, was für viele von uns eine unliebsame Vorstellung ist. Der Betrag der Nachträglichkeit wird sehr herabgesetzt; sie bezieht sich jetzt nur auf einige Monate des vierten Lebensjahres und greift überhaupt nicht in die dunkeln ersten Kindheitsjahre zurück. An dem Verhalten des Kindes, welches von den Hunden auf die Eltern überträgt und sich vor dem Wolf anstatt vor dem Vater fürchtet, bleibt kaum etwas Befremdliches. Es befindet sich ja in der Entwicklungsphase seiner Weltanschauung, die in »Totem und Tabu« als die Wiederkehr des Totemismus gekennzeichnet worden ist. Die Lehre, welche die Urszenen der Neurosen durch Zurückphantasieren aus späteren Zeiten aufklären will, scheint in unserer Beobachtung trotz des zarten Alters von vier Jahren bei unserem Neurotiker eine starke Unterstützung zu finden. So jung er ist, so hat er es doch zustande gebracht, einen Eindruck aus dem vierten Jahr durch ein phantasiertes Trauma mit 1 ½ Jahren zu ersetzen; diese Regression erscheint aber weder rätselhaft noch tendenziös. Die Szene, die herzustellen war, mußte gewisse Bedingungen erfüllen, welche infolge der Lebensumstände des Träumers gerade nur in dieser frühen Zeit zu finden waren, wie z. B. die eine, daß er sich im Schlafzimmer der Eltern im Bette befand.

Für die Richtigkeit der hier vorgeschlagenen Auffassung wird es aber den meisten Lesern geradezu entscheidend scheinen, was ich aus den analytischen Ergebnissen an anderen Fällen hinzugeben kann. Die Szene einer Beobachtung des Sexualverkehrs der Eltern in sehr früher Kindheit – sei sie nun reale Erinnerung oder Phantasie – ist in den Analysen neurotischer Menschenkinder wahrlich keine Seltenheit. Vielleicht findet sie sich ebenso häufig bei den nicht neurotisch Gewordenen. Vielleicht gehört sie zum regelmäßigen Bestand ihres – bewußten oder unbewußten – Erinnerungsschatzes. Sooft ich aber eine solche Szene durch Analyse entwickeln konnte, zeigte sie dieselbe Eigentümlichkeit, die uns auch bei unserem Patienten stutzig machte, sie bezog sich auf den *coitus a tergo*, der allein dem Zuschauer die Inspektion der Genitalien ermöglicht. Da braucht man wohl nicht länger zu bezweifeln, daß es sich nur um eine Phantasie handelt, die vielleicht regelmäßig durch die Beobachtung des tierischen Sexualverkehrs angeregt wird. Ja noch mehr; ich habe angedeutet, daß meine Darstellung der »Urszene« unvollständig geblieben ist, indem ich mir für später aufsparte mitzuteilen, auf welche Weise das Kind den Verkehr der Eltern stört. Ich muß jetzt hinzufügen, daß auch die Art dieser Störung in allen Fällen die nämliche ist.

Ich kann mir denken, daß ich mich jetzt schweren Verdächtigungen von seiten der Leser dieser Krankengeschichte ausgesetzt habe. Wenn mir diese Argumente zugunsten einer solchen Auffassung der »Urszene« zu Gebote standen, wie könnte ich es überhaupt verantworten, zuerst eine so absurd erscheinende andere zu vertreten? Oder sollte ich im Intervall zwischen der ersten Niederschrift der Krankengeschichte und diesem Zusatz jene neuen Erfahrungen gemacht haben, die mich zur Abänderung meiner anfänglichen Auffassung genötigt haben, und wollte dies aus irgendwelchen Motiven nicht eingestehen? Ich gestehe dafür etwas anderes ein: daß ich die Absicht habe, die Diskussion über den Realwert der Urszene diesmal mit einem *non liquet* zu beschließen. Diese Krankengeschichte ist noch nicht zu Ende; in ihrem weiteren Verlauf wird ein Moment auftauchen, welches die Sicherheit stört, deren wir uns jetzt zu erfreuen glauben. Dann wird wohl nichts anderes übrigbleiben als der Verweis auf die Stellen in meinen »Vorlesungen«, in denen ich das Problem der Urphantasien oder Urszenen behandelt habe.]

VI
Die Zwangsneurose

Zum drittenmal erfuhr er nun eine Beeinflussung, die seine Entwicklung in entscheidender Weise abänderte. Als er 4½ Jahre alt war und sein Zustand von Reizbarkeit und Ängstlichkeit sich noch immer nicht gebessert hatte, entschloß sich die Mutter, ihn mit der biblischen Geschichte bekannt zu machen, in der Hoffnung, ihn so abzulenken und zu erheben. Es gelang ihr auch, die Einführung der Religion machte der bisherigen Phase ein Ende, brachte aber eine Ablösung der Angstsymptome durch Zwangssymptome mit sich. Er hatte bisher nicht leicht einschlafen können, weil er fürchtete, ähnlich schlechte Dinge zu träumen wie in jener Nacht vor Weihnachten: er mußte jetzt vor dem Zubettgehen alle Heiligenbilder im Zimmer küssen, Gebete hersagen und ungezählte Kreuze über seine Person und sein Lager schlagen.

Seine Kindheit gliedert sich uns nun übersichtlich in folgende Epochen: erstens die Vorzeit bis zur Verführung (3¼ J.), in welche die Urszene fällt, zweitens die Zeit der Charakterveränderung bis zum Angsttraum (4 J.), drittens die Tierphobie bis zur Einführung in die Religion (4½ J.), und von da an die der Zwangsneurose bis nach dem zehnten Jahr. Eine momentane und glatte Ersetzung einer Phase durch die nächstfolgende liegt weder in der Natur der Verhältnisse noch in der unseres Patienten, für den im Gegenteil die Erhaltung alles Vorangegangenen und die Koexistenz der verschiedenartigsten Strömungen charakteristisch waren. Die Schlimmheit schwand nicht, als die Angst auftrat, und setzte sich langsam abnehmend in die Zeit der Frömmigkeit fort. Von der Wolfsphobie ist aber in dieser letzten Phase nicht mehr die Rede. Die Zwangsneurose verlief diskontinuierlich; der erste Anfall war der längste und intensivste, andere traten zu acht und zehn Jahren auf, jedesmal nach Veranlassungen, die in ersichtlicher Beziehung zum Inhalt der Neurose standen. Die Mutter erzählte ihm die heilige Geschichte selbst und ließ ihm außerdem durch die Nanja aus einem Buch, das mit Illustrationen geschmückt war, darüber vorlesen. Das Hauptgewicht bei der Mitteilung fiel natürlich auf die Passionsgeschichte. Die Nanja, die sehr fromm und abergläubisch war, gab ihre Erläuterungen dazu, mußte aber auch alle Einwendungen und Zweifel des kleinen Kritikers anhören. Wenn die Kämpfe, die ihn nun zu erschüttern begannen, schließlich in einen Sieg des Glaubens ausliefen, so war der Einfluß der Nanja nicht unbeteiligt daran.

Was er mir als Erinnerung von seinen Reaktionen auf die Einführung in die Religion mitteilte, traf zunächst auf meinen entschiedenen Unglauben. Das konnten, meinte ich, nicht die Gedanken eines 4½–5jährigen Kindes sein; wahrscheinlich schob er in diese frühe Vergangenheit zurück, was aus dem Nachdenken des bald 30jährigen Erwachsenen entsprang.[1] Allein der Patient wollte von dieser Korrektur nichts wissen; es gelang nicht, ihn wie bei so vielen anderen Urteilsverschiedenheiten zwischen uns zu überführen; der Zusammenhang seiner erinnerten Gedanken mit seinen berichteten Symptomen sowie deren Einfügung in seine sexuelle Entwicklung nötigten mich schließlich, vielmehr ihm Glauben zu schenken. Ich sagte mir dann auch, daß gerade die Kritik gegen die Lehren der Religion, die ich dem Kinde nicht zutrauen wollte, nur von einer verschwindenden Minderzahl der Erwachsenen zustande gebracht wird.

Ich werde nun das Material seiner Erinnerungen vorbringen und erst dann nach einem Weg suchen, der zum Verständnis desselben führt.

Der Eindruck, den er von der Erzählung der heiligen Geschichte empfing, war, wie er berichtet, anfangs kein angenehmer. Er sträubte sich zuerst gegen den Leidenscharakter der Person Christi, dann gegen den ganzen Zusammenhang seiner Geschichte. Er richtete seine unzufriedene Kritik gegen Gottvater. Wenn er allmächtig sei, so sei es seine Schuld, daß die Menschen schlecht seien und andere quälen, wofür sie dann in die Hölle kommen. Er hätte sie gut machen sollen; er sei selbst verantwortlich für alles Schlechte und

1 Ich machte auch wiederholt den Versuch, die Geschichte des Kranken wenigstens um ein Jahr vorzuschieben, also die Verführung auf 4¼ Jahre, den Traum auf den fünften Geburtstag usw. zu verlegen. An den Intervallen war ja nichts zu gewinnen, allein der Patient blieb auch hierin unbeugsam, ohne mich übrigens vom letzten Zweifel daran befreien zu können. Für den Eindruck, den seine Geschichte macht, und alle daran geknüpften Erörterungen und Folgerungen wäre ein solcher Aufschub um ein Jahr offenbar gleichgültig.

alle Qualen. Er nahm Anstoß an dem Gebot, die andere Wange hinzuhalten, wenn man einen Schlag auf die eine empfangen habe, daran, daß Christus am Kreuz gewünscht habe, der Kelch solle an ihm vorübergehen, aber auch daran, daß kein Wunder geschehen sei, um ihn als Gottes Sohn zu erweisen. So war also sein Scharfsinn geweckt und wußte mit unerbittlicher Strenge die Schwächen der heiligen Dichtung auszuspüren.

Zu dieser rationalistischen Kritik gesellten sich aber sehr bald Grübeleien und Zweifel, die uns die Mitarbeit geheimer Regungen verraten können. Eine der ersten Fragen, die er an die Nanja richtete, war, ob Christus auch einen Hintern gehabt habe. Die Nanja gab die Auskunft, er sei ein Gott gewesen und auch ein Mensch. Als Mensch habe er alles gehabt und getan wie die anderen Menschen. Das befriedigte ihn nun gar nicht, aber er wußte sich selbst zu trösten, indem er sich sagte, der Hintere sei ja nur die Fortsetzung der Beine. Die kaum beschwichtigte Angst, die heilige Person erniedrigen zu müssen, flammte wieder auf, als ihm die Frage auftauchte, ob Christus auch geschissen habe. Die Frage getraute er sich nicht, der frommen Nanja vorzulegen, aber er fand selbst eine Ausflucht, die sie ihm nicht hätte besser zeigen können. Da Christus Wein aus dem Nichts gemacht, hätte er auch das Essen zu nichts machen und sich so die Defäkation ersparen können.

Wir werden uns dem Verständnis dieser Grübeleien nähern, wenn wir an ein vorhin besprochenes Stück seiner Sexualentwicklung anknüpfen. Wir wissen, daß sich sein Sexualleben seit der Zurückweisung durch die Nanja und die damit verbundene Unterdrückung der beginnenden Genitalbetätigung nach den Richtungen des Sadismus und Masochismus entwickelt hatte. Er quälte, mißhandelte kleine Tiere, phantasierte vom Schlagen der Pferde, anderseits vom Geschlagenwerden des Thronfolgers.[1] Im Sadismus hielt er die uralte Identifizierung mit dem Vater aufrecht, im Masochismus hatte er sich diesen zum Sexualobjekt erkoren. Er befand sich voll in einer Phase der prägenitalen Organisation, in welcher ich die Disposition zur Zwangsneurose erblicke. Durch die Einwirkung jenes Traumes, der ihn unter den Einfluß der Urszene brachte, hätte er den Fort-

1 Besonders von Schlägen auf den Penis. S. 151 [und S. 172].

schritt zur genitalen Organisation machen und seinen Masochismus gegen den Vater in feminine Einstellung gegen ihn, in Homosexualität, verwandeln können. Allein dieser Traum brachte den Fortschritt nicht, er ging in Angst aus. Das Verhältnis zum Vater, das von dem Sexualziel, von ihm gezüchtigt zu werden, zum nächsten Ziel hätte führen sollen, vom Vater koitiert zu werden wie ein Weib, wurde durch den Einspruch seiner narzißtischen Männlichkeit auf eine noch primitivere Stufe zurückgeworfen und unter Verschiebung auf einen Vaterersatz als Angst, vom Wolf gefressen zu werden, abgespalten, aber keineswegs auf diese Weise erledigt. Vielmehr können wir dem kompliziert erscheinenden Sachverhalt nur gerecht werden, wenn wir an der Koexistenz der drei auf den Vater zielenden Sexualstrebungen festhalten. Er war vom Traume an im Unbewußten homosexuell, in der Neurose auf dem Niveau des Kannibalismus; herrschend blieb die frühere masochistische Einstellung. Alle drei Strömungen hatten passive Sexualziele; es war dasselbe Objekt, die nämliche Sexualregung, aber es hatte sich eine Spaltung derselben nach drei verschiedenen Niveaus herausgebildet.

Die Kenntnis der heiligen Geschichte gab ihm nun die Möglichkeit, die vorherrschende masochistische Einstellung zum Vater zu sublimieren. Er wurde Christus, was ihm durch den gleichen Geburtstag besonders erleichtert war. Damit war er etwas Großes geworden und auch – worauf vorläufig noch nicht genug Akzent fiel – ein Mann. In dem Zweifel, ob Christus einen Hintern haben kann, schimmert die verdrängte homosexuelle Einstellung durch, denn die Grübelei konnte nichts anderes bedeuten als die Frage, ob er vom Vater gebraucht werden könne wie ein Weib, wie die Mutter in der Urszene. Wenn wir zur Auflösung der anderen Zwangsideen kommen, werden wir diese Deutung bestätigt finden. Der Verdrängung der passiven Homosexualität entsprach nun das Bedenken, daß es schimpflich sei, die heilige Person mit solchen Zumutungen in Verbindung zu bringen. Man merkt, er bemühte sich, seine neue Sublimierung von dem Zusatz freizuhalten, den sie aus den Quellen des Verdrängten bezog. Aber es gelang ihm nicht.

Wir verstehen es noch nicht, warum er sich nun auch gegen den passiven Charakter Christi und gegen die Mißhandlung durch den

Vater sträubte und damit auch sein bisheriges masochistisches Ideal, selbst in seiner Sublimierung, zu verleugnen begann. Wir dürfen annehmen, daß dieser zweite Konflikt dem Hervortreten der erniedrigenden Zwangsgedanken aus dem ersten Konflikt (zwischen herrschender masochistischer und verdrängter homosexueller Strömung) besonders günstig war, denn es ist nur natürlich, daß sich in einem seelischen Konflikt alle Gegenstrebungen, wenn auch aus den verschiedensten Quellen, miteinander summieren. Das Motiv seines Sträubens und somit der an der Religion geübten Kritik werden wir aus neuen Mitteilungen kennenlernen.

Aus den Mitteilungen über die heilige Geschichte hatte auch seine Sexualforschung Gewinn gezogen. Bisher hatte er keinen Grund zur Annahme gehabt, daß die Kinder nur von der Frau kommen. Im Gegenteile, die Nanja hatte ihn glauben lassen, er sei das Kind des Vaters, die Schwester das der Mutter, und diese nähere Beziehung zum Vater war ihm sehr wertvoll gewesen. Nun hörte er, daß Maria die Gottesgebärerin hieß. Also kamen die Kinder von der Frau und die Angabe der Nanja war nicht mehr zu halten. Ferner wurde er durch die Erzählungen irregemacht, wer eigentlich der Vater Christi war. Er war geneigt, Josef dafür zu halten, denn er hörte ja, daß sie immer mitsammen gelebt hatten, aber die Nanja sagte: Josef war nur *wie* sein Vater, der eigentliche Vater sei Gott gewesen. Daraus konnte er nichts machen. Er verstand nur so viel: wenn man überhaupt darüber diskutieren konnte, so war das Verhältnis zwischen Vater und Sohn kein so inniges, wie er sich's immer vorgestellt hatte.

Der Knabe fühlte gewissermaßen die Gefühlsambivalenz gegen den Vater, die in allen Religionen niedergelegt ist, heraus und griff seine Religion wegen der Lockerung dieses Vaterverhältnisses an. Natürlich hörte seine Opposition bald auf, ein Zweifel an der Wahrheit der Lehre zu sein, und wandte sich dafür direkt gegen die Person Gottes. Gott hatte seinen Sohn hart und grausam behandelt, aber er war nicht besser gegen die Menschen. Er hatte seinen Sohn geopfert und dasselbe von Abraham gefordert. Er begann Gott zu fürchten.

Wenn er Christus war, so war der Vater Gott. Aber der Gott, den ihm die Religion aufdrängte, war kein richtiger Ersatz für den Vater, den er geliebt hatte und den er sich nicht wollte rauben lassen. Die Liebe zu diesem Vater schuf ihm seinen kritischen Scharfsinn. Er wehrte sich gegen Gott, um am Vater festhalten zu können, verteidigte dabei eigentlich den alten Vater gegen den neuen. Er hatte da ein schwieriges Stück der Ablösung vom Vater zu vollbringen.

Es war also die alte, in frühester Zeit offenbar gewordene Liebe zu seinem Vater, der er die Energie zur Bekämpfung Gottes und den Scharfsinn zur Kritik der Religion entnahm. Aber anderseits war diese Feindseligkeit gegen den neuen Gott auch kein ursprünglicher Akt, sie hatte ein Vorbild in einer feindseligen Regung gegen den Vater, die unter dem Einfluß des Angsttraumes entstanden war, und war im Grunde nur ein Wiederaufleben derselben. Die beiden gegensätzlichen Gefühlregungen, die sein ganzes späteres Leben regieren sollten, trafen sich hier zum Ambivalenzkampfe beim Thema der Religion. Was sich aus diesem Kampfe als Symptom ergab, die blasphemischen Ideen, der Zwang, der ihn überfiel, Gott – Dreck, Gott – Schwein zu denken, war darum auch ein richtiges Kompromißergebnis, wie die Analyse dieser Ideen im Zusammenhange der Analerotik uns zeigen wird.

Einige andere Zwangssymptome von minder typischer Art führen ebenso sicher auf den Vater, lassen aber auch den Zusammenhang der Zwangsneurose mit den früheren Zufällen erkennen.

Zu dem Frömmigkeitszeremoniell, mit dem er am Ende seine Gotteslästerungen sühnte, gehörte auch das Gebot, unter gewissen Bedingungen in feierlicher Weise zu atmen. Beim Kreuzeschlagen mußte er jedesmal tief einatmen oder stark aushauchen. Hauch ist in seiner Sprache gleich Geist. Das war also die Rolle des Heiligen Geistes. Er mußte den Heiligen Geist einatmen oder die bösen Geister, von denen er gehört und gelesen hatte[1], ausatmen. Diesen bösen Geistern schrieb er auch die blasphemischen Gedanken zu, für die er sich soviel Buße auferlegen mußte. Er war aber genötigt auszuhauchen, wenn er Bettler, Krüppel, häßliche, alte, erbarmenswerte Leute sah, und diesen Zwang verstand er nicht mit den Geistern

1 Dies Symptom hatte sich, wie wir hören werden, mit dem sechsten Jahr, als er lesen konnte, entwickelt.

zusammenzubringen. Er gab sich selbst nur die Rechenschaft, er tue es, um nicht zu werden wie diese.

Dann brachte die Analyse im Anschluß an einen Traum die Aufklärung, daß das Ausatmen beim Anblick der bedauernswerten Personen erst nach dem sechsten Jahre begonnen hatte und an den Vater anschloß. Er hatte den Vater lange Monate nicht gesehen, als die Mutter einmal sagte, sie würde mit den Kindern in die Stadt fahren und ihnen etwas zeigen, was sie sehr erfreuen würde. Sie brachte sie dann in ein Sanatorium, in dem sie den Vater wiedersahen; er sah schlecht aus und tat dem Sohne sehr leid. Der Vater war also auch das Urbild all der Krüppel, Bettler und Armen, vor denen er ausatmen mußte, wie er sonst das Urbild der Fratzen ist, die man in Angstzuständen sieht, und der Karikaturen, die man zum Hohne zeichnet. Wir werden noch an anderer Stelle erfahren, daß diese Mitleidseinstellung auf ein besonderes Detail der Urszene zurückgeht, welches so spät in der Zwangsneurose zur Wirkung kam.

Der Vorsatz, nicht zu werden wie diese, der sein Ausatmen vor den Krüppeln motivierte, war also die alte Vateridentifizierung, ins Negativ gewandelt. Doch kopierte er dabei den Vater auch im positiven Sinne, denn das starke Atmen war eine Nachahmung des Geräusches, das er beim Koitus vom Vater ausgehend gehört hatte.[1] Der Heilige Geist dankte seinen Ursprung diesem Zeichen der sinnlichen Erregung des Mannes. Durch die Verdrängung wurde dies Atmen zum bösen Geist, für den noch eine andere Genealogie bestand, die Malaria nämlich, an der er zur Zeit der Urszene gelitten hatte.

Die Ablehnung dieser bösen Geister entsprach einem unverkennbar asketischen Zug, der sich noch in anderen Reaktionen äußerte. Als er hörte, daß Christus einmal böse Geister in Säue gebannt hatte, die dann in einen Abgrund stürzten, dachte er daran, daß die Schwester in ihren ersten Kinderjahren vor seiner Erinnerung vom Klippenweg des Hafens an den Strand herabgerollt war. Sie war auch so ein böser Geist und eine Sau; von hier führte ein kurzer Weg zu Gott – Schwein. Der Vater selbst hatte sich als ebenso von Sinnlichkeit beherrscht erwiesen. Als er die Geschichte der ersten Menschen er-

1 Die reale Natur der Urszene vorausgesetzt!

fuhr, fiel ihm die Ähnlichkeit seines Schicksals mit dem Adams auf. Er wunderte sich heuchlerischerweise im Gespräch mit der Nanja, daß Adam sich durch ein Weib hatte ins Unglück stürzen lassen, und versprach der Nanja, er werde nie heiraten. Eine Verfeindung mit dem Weibe wegen der Verführung durch die Schwester schaffte sich um diese Zeit starken Ausdruck. Sie sollte ihn in seinem späteren Liebesleben noch oft genug stören. Die Schwester wurde ihm zur dauernden Verkörperung der Versuchung und der Sünde. Wenn er gebeichtet hatte, kam er sich rein und sündenfrei vor. Dann schien es ihm aber, als ob die Schwester darauf lauerte, ihn wieder in Sünde zu stürzen, und ehe er sich's versah, hatte er eine Streitszene mit der Schwester provoziert, durch die er wieder sündig wurde. So war er genötigt, die Tatsache der Verführung immer wieder von neuem zu reproduzieren. Seine blasphemischen Gedanken hatte er übrigens, sosehr sie ihn drückten, niemals in der Beichte preisgegeben.

Wir sind unversehens in die Symptomatik der späteren Jahre der Zwangsneurose geraten und wollen darum mit Hinwegsetzung über soviel, was dazwischen liegt, über ihren Ausgang berichten. Wir wissen schon, daß sie, von ihrem permanenten Bestand abgesehen, zeitweise Verstärkungen erfuhr, das eine Mal, was uns noch nicht durchsichtig sein kann, als ein Knabe in derselben Straße starb, mit dem er sich identifizieren konnte. Als er zehn Jahre alt war, bekam er einen deutschen Hofmeister, der sehr bald großen Einfluß auf ihn gewann. Es ist sehr lehrreich, daß seine ganze schwere Frömmigkeit dahinschwand, um nie wieder aufzuleben, nachdem er gemerkt und in belehrenden Gesprächen mit dem Lehrer erfahren hatte, daß dieser Vaterersatz keinen Wert auf Frömmigkeit legte und nichts von der Wahrheit der Religion hielt. Die Frömmigkeit fiel mit der Abhängigkeit vom Vater, der nun von einem neuen, umgänglicheren Vater abgelöst wurde. Dies geschah allerdings nicht ohne ein letztes Aufflackern der Zwangsneurose, von dem der Zwang besonders erinnert wurde, an die Heilige Dreieinigkeit zu denken, sooft er auf der Straße drei Häufchen Kot beisammenliegen sah. Er gab eben nie einer Anregung nach, ohne noch einen Versuch zu machen, das Entwertete festzuhalten. Als der Lehrer ihm von den Grausamkeiten gegen die kleinen Tiere abredete, machte er auch diesen Untaten ein Ende, aber nicht, ohne sich vorher noch einmal im Zerschneiden von Raupen gründlich genuggetan zu haben. Er benahm sich noch in der analytischen Behandlung ebenso, indem er eine passagere »negative Reaktion« entwickelte; nach jeder einschneidenden Lösung versuchte er für eine kurze Weile, deren Wirkung durch eine Verschlechterung des gelösten Symptoms zu negieren. Man weiß, daß Kinder sich ganz allgemein ähnlich gegen Verbote benehmen. Wenn man sie angefahren hat, weil sie z. B. ein unleidliches Geräusch produzieren, so wiederholen sie es nach dem Verbot noch einmal, ehe sie damit aufhören. Sie haben dabei erreicht, daß sie anscheinend freiwillig aufgehört und dem Verbot getrotzt haben.

Unter dem Einfluß des deutschen Lehrers entstand eine neue und bessere Sublimierung seines Sadismus, der entsprechend der nahen Pubertät damals die Oberhand über den Masochismus gewonnen hatte. Er begann fürs Soldatenwesen zu schwärmen, für Uniformen, Waffen und Pferde, und nährte damit kontinuierliche Tagträume. So war er unter dem Einfluß eines Mannes von seinen passiven Einstellungen losgekommen und befand sich zunächst in ziemlich normalen Bahnen. Eine Nachwirkung der Anhänglichkeit an den Lehrer, der ihn bald darauf verließ, war es, daß er in seinem späteren Leben das deutsche Element (Ärzte, Anstalten, Frauen) gegen das heimische (Vertretung des Vaters) bevorzugte, woraus noch die Übertragung in der Kur großen Vorteil zog.

In die Zeit vor der Befreiung durch den Lehrer fällt noch ein Traum, den ich erwähne, weil er bis zu seinem Auftauchen in der Kur vergessen war. Er sah sich auf einem Pferd reitend von einer riesigen Raupe verfolgt. Er erkannte in dem Traum eine Anspielung auf einen früheren aus der Zeit vor dem Lehrer, den wir längst gedeutet hatten. In diesem früheren Traum sah er den Teufel im schwarzen Gewand und in der aufrechten Stellung, die ihn seinerzeit am Wolf und am Löwen so sehr erschreckt hatte. Mit dem ausgestreckten Finger wies er auf eine riesige Schnecke hin. Er hatte bald erraten, daß dieser Teufel der Dämon aus einer bekannten Dichtung, der Traum selbst die Umarbeitung eines sehr verbreiteten Bildes sei, das den Dämon in einer Liebesszene mit einem Mädchen darstellte. Die Schnecke war an der Stelle des Weibes als exquisit weibliches Sexualsymbol. Durch die zeigende Gebärde des Dämons geleitet, konnten wir bald als den Sinn des Traumes angeben, daß er sich nach jemand sehne, der ihm die letzten noch fehlenden Belehrungen über die Rätsel des Geschlechtsverkehrs geben sollte, wie seinerzeit der Vater in der Urszene die ersten.

Zu dem späteren Traum, in dem das weibliche Symbol durch das männliche ersetzt war, erinnerte er ein bestimmtes Erlebnis kurz vorher. Er ritt eines Tages auf dem Landgut an einem schlafenden Bauern vorüber, neben dem sein Junge lag. Dieser weckte den Vater und sagte ihm etwas, worauf der Vater den Reitenden zu beschimpfen und zu verfolgen begann, so daß er sich rasch auf seinem Pferd entfernte. Dazu die zweite Erinnerung, daß es auf demselben Gut Bäume gab, die ganz weiß, ganz von Raupen umsponnen waren. Wir verstehen, daß er auch vor der Realisierung der Phantasie die Flucht ergriff, daß der Sohn beim Vater schlafe, und daß er die weißen Bäume heranzog, um eine Anspielung an den Angsttraum von den weißen Wölfen auf dem Nußbaum herzustellen. Es war also ein direkter Ausbruch der Angst vor jener femininen Einstellung zum Mann, gegen die er sich zuerst durch die religiöse Sublimierung geschützt hatte und bald durch die militärische noch wirksamer schützen sollte.

Es wäre aber ein großer Irrtum anzunehmen, daß nach der Aufhebung der Zwangssymptome keine permanenten Wirkungen der Zwangsneurose übriggeblieben wären. Der Prozeß hatte zu einem Sieg des frommen Glaubens über die kritisch forschende Auflehnung geführt und hatte die Verdrängung der homosexuellen Einstellung zur Voraussetzung gehabt. Aus beiden Faktoren ergaben sich dauernde Nachteile. Die intellektuelle Betätigung blieb seit dieser ersten großen Niederlage schwer geschädigt. Es entwickelte sich kein Lerneifer, es zeigte sich nichts mehr von dem Scharfsinn, der seinerzeit im zarten Alter von fünf Jahren die Lehren der Religion kritisch zersetzt hatte. Die während jenes Angsttraumes erfolgte Verdrängung der überstarken Homosexualität reservierte diese bedeutungsvolle Regung für das Unbewußte, erhielt sie so bei der ursprünglichen Zieleinstellung und entzog sie all den Sublimierungen, zu denen sie sich sonst bietet. Es fehlten dem Patienten darum alle die sozialen Interessen, welche dem Leben Inhalt geben. Erst als in der analytischen Kur die Lösung dieser Fesselung der Homosexualität gelang, konnte sich der Sachverhalt zum Besseren wenden, und es war sehr merkwürdig mitzuerleben, wie – ohne direkte Mahnung des Arztes – jedes befreite Stück der homosexuellen Libido eine Anwendung im Leben und eine Anheftung an die großen gemeinsamen Geschäfte der Menschheit suchte.

VII
Analerotik und Kastrationskomplex

Ich bitte den Leser sich zu erinnern, daß ich diese Geschichte einer infantilen Neurose sozusagen als Nebenprodukt während der Analyse einer Erkrankung im reiferen Alter gewonnen habe. Ich mußte sie also aus noch kleineren Brocken zusammensetzen, als sonst der Synthese zu Gebote stehen. Diese sonst nicht schwierige Arbeit findet eine natürliche Grenze, wo es sich darum handelt, ein vieldimensionales Gebilde in die Ebene der Deskription zu bannen. Ich muß mich also damit begnügen, Gliederstücke vorzulegen, die der Leser zum lebenden Ganzen zusammenfügen mag. Die geschilderte Zwangsneurose entstand, wie wiederholt betont, auf dem Boden einer sadistisch-analen Konstitution. Es war aber bisher nur von dem einen Hauptfaktor, dem Sadismus und seinen Umwandlungen, die Rede. Alles, was die Analerotik betrifft, ist mit Absicht beiseite gelassen worden und soll hier gesammelt nachgetragen werden.

Die Analytiker sind längst einig darüber, daß den vielfachen Triebregungen, die man als Analerotik zusammenfaßt, eine außerordentliche, gar nicht zu überschätzende Bedeutung für den Aufbau des Sexuallebens und der seelischen Tätigkeit überhaupt zukommt. Ebenso, daß eine der wichtigsten Äußerungen der umgebildeten Erotik aus dieser Quelle in der Behandlung des Geldes vorliegt, welcher wertvolle Stoff im Laufe des Lebens das psychische Interesse an sich gezogen hat, das ursprünglich dem Kot, dem Produkt der Analzone, gebührte. Wir haben uns gewöhnt, das Interesse am Gelde, soweit es libidinöser und nicht rationeller Natur ist, auf Exkrementallust zurückzuführen und vom normalen Menschen zu verlangen, daß er sein Verhältnis zum Gelde durchaus von libidinösen Einflüssen frei halte und es nach realen Rücksichten regle.

Bei unserem Patienten war zur Zeit seiner späteren Erkrankung dies Verhältnis in besonders argem Maße gestört, und dies war nicht das Geringste an seiner Unselbständigkeit und Lebensuntüchtigkeit. Er war durch Erbschaft von Vater und Onkel sehr reich geworden, legte manifesterweise viel Wert darauf, für reich zu gelten, und konnte sich sehr kränken, wenn man ihn darin unterschätzte. Aber er wußte nicht, wieviel er besaß, was er verausgabte, was er übrigbehielt. Es war schwer zu sagen, ob man ihn geizig oder verschwenderisch heißen sollte. Er benahm sich bald so, bald anders, niemals in einer Art, die auf eine konsequente Absicht hindeuten konnte. Nach einigen auffälligen Zügen, die ich weiter unten anführen werde, konnte man ihn für einen verstockten Geldprotzen halten, der in dem Reichtum den größten Vorzug seiner Person erblickt und Gefühlsinteressen neben Geldinteressen nicht einmal in Betracht ziehen läßt. Aber er schätzte andere nicht nach ihrem Reichtum ein und zeigte sich bei vielen Gelegenheiten vielmehr bescheiden, hilfsbereit und mitleidig. Das Geld war eben seiner bewußten Verfügung entzogen und bedeutete für ihn irgendetwas anderes.

Ich habe schon erwähnt (S. 148), daß ich die Art sehr bedenklich fand, wie er sich über den Verlust der Schwester, die in den letzten Jahren sein bester Kamerad geworden war, mit der Überlegung tröstete: Jetzt brauche er die Erbschaft von den Eltern nicht mit ihr zu teilen. Auffälliger vielleicht war noch die Ruhe, mit welcher er dies erzählen konnte, als hätte er kein Verständnis für die so eingestandene Gefühlsroheit. Die Analyse rehabilitierte ihn zwar, indem sie zeigte, daß der Schmerz um die Schwester nur eine Verschiebung erfahren hatte, aber es wurde nun erst recht unverständlich, daß er in der Bereicherung einen Ersatz für die Schwester hatte finden wollen.

Sein Benehmen in einem anderen Falle erschien ihm selbst rätselhaft. Nach dem Tode des Vaters wurde das hinterlassene Vermögen zwischen ihm und der Mutter aufgeteilt. Die Mutter verwaltete es und kam seinen Geldansprüchen, wie er selbst zugab, in tadelloser, freigebiger Weise entgegen. Dennoch pflegte jede Besprechung über Geldangelegenheiten zwischen ihnen mit den heftigsten Vorwürfen von seiner Seite zu endigen, daß sie ihn nicht liebe, daß sie daran denke, an ihm zu sparen, und daß sie ihn wahrscheinlich am liebsten tot sehen möchte, um allein über das Geld zu verfügen. Die Mutter beteuerte dann weinend ihre Uneigennützigkeit, er schämte sich und konnte mit Recht versichern, daß er das gar nicht von ihr denke, aber er war sicher, dieselbe Szene bei nächster Gelegenheit zu wiederholen.

Daß der Kot für ihn lange Zeit vor der Analyse Geldbedeutung gehabt hat, geht aus vielen Zufällen hervor, von denen ich zwei mitteilen will. In einer Zeit, da der Darm noch unbeteiligt an seinem

Leiden war, besuchte er einmal in einer großen Stadt einen armen Vetter. Als er wegging, machte er sich Vorwürfe, daß er diesen Verwandten nicht mit Geld unterstütze, und bekam unmittelbar darauf den »vielleicht stärksten Stuhldrang seines Lebens«. Zwei Jahre später setzte er wirklich diesem Vetter eine Rente aus. Der andere Fall: Mit 18 Jahren während der Vorbereitung zur Maturitätsprüfung besuchte er einen Kollegen und verabredete mit ihm, was die gemeinsame Angst, bei der Prüfung durchzufallen, ratsam erscheinen ließ.[1] Man hatte beschlossen, den Schuldiener zu bestechen, und sein Anteil an der aufzubringenden Summe war natürlicherweise der größte. Auf dem Heimwege dachte er, er wolle gern noch mehr geben, wenn er nur durchkomme, wenn ihm bei der Prüfung nur nichts passiere, und wirklich passierte ihm ein anderes Malheur, ehe er noch bei seiner Haustüre war.[2]

Wir sind darauf vorbereitet zu hören, daß er in seiner späteren Erkrankung an sehr hartnäckigen, wenn auch mit verschiedenen Anlässen schwankenden Störungen der Darmfunktion litt. Als er in meine Behandlung trat, hatte er sich an Lavements gewöhnt, die ihm ein Begleiter machte; spontane Entleerungen kamen Monate hindurch nicht vor, wenn nicht eine plötzliche Erregung von einer bestimmten Seite her dazukam, in deren Folge sich normale Darmtätigkeit für einige Tage herstellen konnte. Seine Hauptklage war, daß die Welt für ihn in einen Schleier gehüllt sei oder er durch einen Schleier von der Welt getrennt sei. Dieser Schleier zerriß nur in dem einen Moment, wenn beim Lavement der Darminhalt den Darm verließ, und dann fühlte er sich auch wieder gesund und normal.[3]

Der Kollege, an den ich den Patienten zur Begutachtung seines Darmzustandes wies, war einsichtsvoll genug, denselben für einen funktionellen oder selbst psychisch bedingten zu erklären und sich eingreifender Medikation zu enthalten. Übrigens nützte weder

---

1 Der Patient teilte mit, daß seine Muttersprache die im Deutschen bekannte Verwendung des Wortes »Durchfall« zur Bezeichnung von Darmstörungen nicht kennt.

2 Diese Redensart ist in der Muttersprache des Patienten gleichsinnig wie im Deutschen.

3 Dieselbe Wirkung, ob er das Lavement von einem anderen machen ließ oder es selbst besorgte.

diese noch die angeordnete Diät. In den Jahren der analytischen Behandlung gab es keinen spontanen Stuhlgang (von jenen plötzlichen Beeinflussungen abgesehen). Der Kranke ließ sich überzeugen, daß jede intensivere Bearbeitung des störrischen Organs den Zustand noch verschlimmern würde, und gab sich damit zufrieden, ein- oder zweimal in der Woche durch ein Lavement oder ein Abführmittel eine Darmentleerung zu erzwingen.

Ich habe bei der Besprechung der Darmstörungen dem späteren Krankheitszustand des Patienten einen breiteren Raum gelassen, als es sonst im Plane dieser mit seiner Kindheitsneurose beschäftigten Arbeit liegt. Dafür waren zwei Gründe maßgebend, erstens, daß die Darmsymptomatik sich eigentlich wenig verändert aus der Kinderneurose in die spätere fortgesetzt hatte, und zweitens, daß ihr bei der Beendigung der Behandlung eine Hauptrolle zufiel.

Man weiß, welche Bedeutung der Zweifel für den Arzt hat, der eine Zwangsneurose analysiert. Er ist die stärkste Waffe des Kranken, das bevorzugte Mittel seines Widerstandes. Dank diesem Zweifel konnte auch unser Patient, hinter einer respektvollen Indifferenz verschanzt, Jahre hindurch die Bemühungen der Kur von sich abgleiten lassen. Es änderte sich nichts, und es fand sich kein Weg, ihn zu überzeugen. Endlich erkannte ich die Bedeutung der Darmstörung für meine Absichten; sie repräsentierte das Stückchen Hysterie, welches regelmäßig zugrunde einer Zwangsneurose gefunden wird. Ich versprach dem Patienten die völlige Herstellung seiner Darmtätigkeit, machte seinen Unglauben durch diese Zusage offenkundig und hatte dann die Befriedigung, seinen Zweifel schwinden zu sehen, als der Darm wie ein hysterisch affiziertes Organ bei der Arbeit »mitzusprechen« begann und im Laufe weniger Wochen seine normale, so lange beeinträchtigte Funktion wiedergefunden hatte.

Ich kehre nun zur Kindheit des Patienten zurück, in eine Zeit, zu welcher der Kot unmöglich Geldbedeutung für ihn gehabt haben kann.

Darmstörungen sind sehr frühzeitig bei ihm aufgetreten, vor allem die häufigste und für das Kind normalste, die Inkontinenz. Wir haben aber gewiß recht, wenn wir für diese frühesten Vorfälle eine pathologische Erklärung ablehnen und in ihnen nur einen Beweis für die Absicht sehen, sich in der an die Entleerungsfunktion geknüpften Lust nicht stören oder aufhalten zu lassen. Ein starkes Vergnügen an analen Witzen und Schaustellungen, wie es sonst der natürlichen Derbheit mancher Gesellschaftsklassen entspricht, hatte sich bei ihm über den Beginn der späteren Erkrankung erhalten.

Zur Zeit der englischen Gouvernante traf es sich wiederholt, daß er und die Nanja das Schlafzimmer der Verhaßten teilen mußten. Die Nanja konstatierte dann mit Verständnis, daß er gerade in diesen Nächten ins Bett gemacht hatte, was sonst nicht mehr der Fall gewesen war. Er schämte sich dessen gar nicht; es war eine Äußerung des Trotzes gegen die Gouvernante.

Ein Jahr später (zu 4 ½ Jahren), in der Angstzeit, passierte es ihm, daß er bei Tage die Hose schmutzig machte. Er schämte sich entsetzlich und jammerte, als er gereinigt wurde: er könne so nicht mehr leben. Dazwischen hatte sich also etwas verändert, auf dessen Spur wir durch die Verfolgung seiner Klage geführt wurden. Es stellte sich heraus, daß er die Worte: so könne er nicht mehr leben, jemand anderem nachgeredet hatte. Irgendeinmal[1] hatte ihn die Mutter mitgenommen, während sie den Arzt, der sie besucht hatte, zur Bahnstation begleitete. Sie klagte während dieses Weges über ihre Schmerzen und Blutungen und brach in die nämlichen Worte aus: So kann ich nicht mehr leben, ohne zu erwarten, daß das an der Hand geführte Kind sie im Gedächtnis behalten werde. Die Klage, die er übrigens in seiner späteren Krankheit ungezählte Male wiederholen sollte, bedeutete also eine – Identifizierung mit der Mutter.

Ein der Zeit und dem Inhalt nach fehlendes Mittelglied zwischen beiden Vorfällen stellte sich bald in der Erinnerung ein. Es geschah einmal zu Beginn seiner Angstzeit, daß die besorgte Mutter Warnungen ausgehen ließ, die Kinder vor der Dysenterie zu behüten, die in der Nähe des Gutes aufgetreten war. Er erkundigte sich, was das sei, und als er gehört hatte, bei der Dysenterie finde man Blut im Stuhl, wurde er sehr ängstlich und behauptete, daß auch in seinem

1 Es ist nicht näher bestimmt worden, wann es war, aber jedenfalls vor dem Angsttraum mit vier Jahren, wahrscheinlich vor der Reise der Eltern.

Stuhlgang Blut sei; er fürchtete, an der Dysenterie zu sterben, ließ sich aber durch die Untersuchung überzeugen, daß er sich geirrt habe und nichts zu fürchten brauche. Wir verstehen, daß sich in dieser Angst die Identifizierung mit der Mutter durchsetzen wollte, von deren Blutungen er im Gespräch mit dem Arzt gehört hatte. Bei seinem späteren Identifizierungsversuch (mit 4 ½ Jahren) hatte er das Blut fallengelassen; er verstand sich nicht mehr, vermeinte sich zu schämen und wußte nicht, daß er von Todesangst geschüttelt wurde, die sich in seiner Klage aber unzweideutig verriet.

Die unterleibsleidende Mutter war damals überhaupt ängstlich für sich und die Kinder; es ist durchaus wahrscheinlich, daß seine Ängstlichkeit sich neben ihren eigenen Motiven auf die Identifizierung mit der Mutter stützte.

Was sollte nun die Identifizierung mit der Mutter bedeuten?

Zwischen der kecken Verwendung der Inkontinenz mit 3 ½ Jahren und dem Entsetzen vor ihr mit 4 ½ Jahren liegt der Traum, mit dem seine Angstzeit begann, der ihm nachträgliches Verständnis der mit 1 ½ Jahren erlebten Szene[1] und Aufklärung über die Rolle der Frau beim Geschlechtsakt brachte. Es liegt nahe, auch die Wandlung in seinem Verhalten gegen die Defäkation mit dieser großen Umwälzung zusammenzubringen. Dysenterie war ihm offenbar der Name der Krankheit, über die er die Mutter klagen gehört hatte, mit der man nicht leben könne; die Mutter galt ihm nicht als unterleibs-, sondern als darmkrank. Unter dem Einfluß der Urszene erschloß sich ihm der Zusammenhang, daß die Mutter durch das, was der Vater mit ihr vorgenommen[2], krank geworden sei, und seine Angst, Blut im Stuhle zu haben, ebenso krank zu sein wie die Mutter, war die Ablehnung der Identifizierung mit der Mutter in jener sexuellen Szene, dieselbe Ablehnung, mit der er aus dem Traum erwacht war. Die Angst war aber auch der Beweis, daß er in der späteren Bearbeitung der Urszene sich an die Stelle der Mutter gesetzt, ihr diese Beziehung zum Vater geneidet hatte. Das Organ, an dem sich die Identifizierung mit dem Weibe, die passiv homosexuelle Einstellung zum Manne äußern konnte, war die Analzone. Die Störungen in der

1 Siehe vorhin Seite 170.
2 Wobei er ja wahrscheinlich nicht irreging.

Funktion dieser Zone hatten nun die Bedeutung von femininen Zärtlichkeitsregungen bekommen und behielten sie auch während der späteren Erkrankung bei.

An dieser Stelle müssen wir nun einen Einwand anhören, dessen Diskussion viel zur Klärung der scheinbar verworrenen Sachlage beitragen kann. Wir haben ja annehmen müssen, daß er während des Traumvorganges verstanden, das Weib sei kastriert, habe anstatt des männlichen Gliedes eine Wunde, die dem Geschlechtsverkehr diene, die Kastration sei die Bedingung der Weiblichkeit, und dieses drohenden Verlustes wegen habe er die feminine Einstellung zum Manne verdrängt und sei mit Angst aus der homosexuellen Schwärmerei erwacht. Wie verträgt sich dies Verständnis des Geschlechtsverkehrs, diese Anerkennung der Vagina, mit der Auswahl des Darmes zur Identifizierung mit dem Weib? Ruhen die Darmsymptome nicht auf der wahrscheinlich älteren, der Kastrationsangst voll widersprechenden Auffassung, daß der Darmausgang die Stelle des sexuellen Verkehrs sei?

Gewiß, dieser Widerspruch besteht, und die beiden Auffassungen vertragen sich gar nicht miteinander. Die Frage ist nur, ob sie sich zu vertragen brauchen. Unser Befremden rührt daher, daß wir immer geneigt sind, die unbewußten seelischen Vorgänge wie die bewußten zu behandeln und an die tiefgehenden Verschiedenheiten der beiden psychischen Systeme zu vergessen.

Als die erregte Erwartung des Weihnachtstraumes ihm das Bild des einst beobachteten (oder konstruierten) Geschlechtsverkehres der Eltern vorzauberte, trat gewiß zuerst die alte Auffassung desselben auf, derzufolge die das Glied aufnehmende Körperstelle des Weibes der Darmausgang war. Was konnte er auch anderes geglaubt haben, als er mit 1½ Jahren Zuschauer dieser Szene war?[1] Aber nun kam das, was sich mit vier Jahren neu ereignete. Seine seitherigen Erfahrungen, die vernommenen Andeutungen der Kastration, wachten auf und warfen einen Zweifel auf die »Kloakentheorie«, legten ihm die Erkenntnis des Geschlechtsunterschiedes und der sexuellen Rolle des Weibes nahe. Er benahm sich dabei, wie sich überhaupt Kinder benehmen, denen man eine unerwünschte Aufklärung – eine

1 Oder solange er den Koitus der Hunde nicht verstand.

sexuelle oder andersartige – gibt. Er verwarf das Neue – in unserem Falle aus Motiven der Kastrationsangst – und hielt am Alten fest. Er entschied sich für den Darm gegen die Vagina in derselben Weise und aus ähnlichen Motiven, wie er später gegen Gott für den Vater Partei nahm. Die neue Aufklärung wurde abgewiesen, die alte Theorie festgehalten; die letztere durfte das Material für die Identifizierung mit dem Weib abgeben, die später als Angst vor dem Darmtod auftrat, und für die ersten religiösen Skrupel, ob Christus einen Hintern gehabt habe u. dgl. Nicht als ob die neue Einsicht wirkungslos geblieben wäre; ganz im Gegenteile, sie entfaltete eine außerordentlich starke Wirkung, indem sie zum Motiv wurde, den ganzen Traumvorgang in der Verdrängung zu erhalten und von späterer bewußter Verarbeitung auszuschließen. Aber damit war ihre Wirkung erschöpft; auf die Entscheidung des sexuellen Problems nahm sie keinen Einfluß. Es war freilich ein Widerspruch, daß von da an Kastrationsangst bestehen konnte neben der Identifizierung mit dem Weib mittels des Darmes, aber doch nur ein logischer Widerspruch, was nicht viel besagt. Der ganze Vorgang ist vielmehr jetzt charakteristisch dafür, wie das Unbewußte arbeitet. Eine Verdrängung ist etwas anderes als eine Verwerfung.

Als wir die Genese der Wolfsphobie studierten, verfolgten wir die Wirkung der neuen Einsicht in den geschlechtlichen Akt; jetzt, wo wir die Störungen der Darmtätigkeit untersuchen, befinden wir uns auf dem Boden der alten Kloakentheorie. Die beiden Standpunkte bleiben durch eine Verdrängungsstufe voneinander getrennt. Die durch den Verdrängungsakt abgewiesene weibliche Einstellung zum Manne zieht sich gleichsam in die Darmsymptomatik zurück und äußert sich in den häufig auftretenden Diarrhöen, Obstipationen und Darmschmerzen der Kinderjahre. Die späteren sexuellen Phantasien, die auf der Grundlage richtiger Sexualerkenntnis aufgebaut sind, können sich nun in regressiver Weise als Darmstörungen äußern. Wir verstehen dieselben aber nicht, ehe wir den Bedeutungswandel des Kotes seit den ersten Kindheitstagen aufgedeckt haben.[1]

---

1 Vgl.: Über Triebumsetzungen usw. (Bd. X der Gesamtausgabe [der *Gesammelten Werke*].)

Ich habe an einer früheren Stelle erraten lassen, daß vom Inhalt der Urszene ein Stück zurückgehalten ist, das ich nun nachtragen kann. Das Kind unterbrach endlich das Beisammensein der Eltern durch eine Stuhlentleerung, die sein Geschrei motivieren konnte. Für die Kritik dieses Zusatzes gilt alles das, was ich vorhin von dem anderen Inhalt derselben Szene in Diskussion gezogen habe. Der Patient akzeptierte diesen von mir konstruierten Schlußakt und schien ihn durch »passagere Symptombildung« zu bestätigen. Ein weiterer Zusatz, den ich vorgeschlagen hatte, daß der Vater, über die Störung unzufrieden, seinem Unmut durch Schimpfen Luft gemacht hatte, mußte wegfallen. Das Material der Analyse reagierte nicht darauf.

Das Detail, das ich jetzt hinzugefügt habe, darf natürlich mit dem anderen Inhalt der Szene nicht in eine Linie gestellt werden. Es handelt sich bei ihm nicht um einen Eindruck von außen, dessen Wiederkehr man in soviel späteren Zeichen zu erwarten hat, sondern um eine eigene Reaktion des Kindes. Es würde sich an der ganzen Geschichte nichts ändern, wenn diese Äußerung damals unterblieben oder wenn sie von später her in den Vorgang der Szene eingesetzt wäre. Ihre Auffassung ist aber nicht zweifelhaft. Sie bedeutet eine Erregtheit der Analzone (im weitesten Sinne). In anderen Fällen ähnlicher Art hat eine solche Beobachtung des Sexualverkehrs mit einer Harnentleerung geendigt; ein erwachsener Mann würde unter den gleichen Verhältnissen eine Erektion verspüren. Daß unser Knäblein als Zeichen seiner sexuellen Erregung eine Darmentleerung produziert, ist als Charakter seiner mitgebrachten Sexualkonstitution zu beurteilen. Er stellt sich sofort passiv ein, zeigt mehr Neigung zur späteren Identifizierung mit dem Weibe als mit dem Manne.

Er verwendet dabei den Darminhalt wie jedes andere Kind in einer seiner ersten und ursprünglichsten Bedeutungen. Der Kot ist das erste *Geschenk*, das erste Zärtlichkeitsopfer des Kindes, ein Teil des eigenen Leibes, dessen man sich entäußert, aber auch nur zugunsten einer geliebten Person.[1] Die Verwendung zum Trotz wie in

1 Ich glaube, es läßt sich leicht bestätigen, daß Säuglinge nur die Personen, die von ihnen gekannt und geliebt werden, mit ihren Exkrementen beschmutzen; Fremde würdigen sie dieser Auszeichnung nicht. In den »Drei Abhandlungen

unserem Falle mit 3½ Jahren gegen die Gouvernante ist nur die negative Wendung dieser früheren Geschenkbedeutung. Der *grumus merdae*, den die Einbrecher am Tatorte hinterlassen, scheint beides zu bedeuten: den Hohn und die regressiv ausgedrückte Entschädigung. Immer, wenn eine höhere Stufe erreicht ist, kann die frühere noch im negativ erniedrigten Sinne Verwendung finden. Die Verdrängung findet ihren Ausdruck in der Gegensätzlichkeit.[1]

Auf einer späteren Stufe der Sexualentwicklung nimmt der Kot die Bedeutung des *Kindes* an. Das Kind wird ja durch den After geboren wie der Stuhlgang. Die Geschenkbedeutung des Kotes läßt diese Wandlung leicht zu. Das Kind wird im Sprachgebrauch als ein »Geschenk« bezeichnet; es wird häufiger vom Weibe ausgesagt, daß sie dem Manne »ein Kind geschenkt« hat, aber im Gebrauch des Unbewußten wird mit Recht die andere Seite des Verhältnisses, daß das Weib das Kind vom Manne als Geschenk »empfangen« hat, ebenso berücksichtigt.

Die *Geld*bedeutung des Kotes zweigt nach einer anderen Richtung von der Geschenkbedeutung ab.

Die frühe Deckerinnerung unseres Kranken, daß er einen ersten Wutanfall produziert, weil er zu Weihnachten nicht genug Geschenke bekommen habe, enthüllt nun ihren tieferen Sinn. Was er vermißte, war die Sexualbefriedigung, die er anal gefaßt hatte. Seine Sexualforschung war vor dem Traum darauf vorbereitet und hatte es während des Traumvorganges begriffen, daß der Sexualakt das Rätsel der Herkunft der kleinen Kinder löse. Er hatte die kleinen Kinder schon vor dem Traum nicht gemocht. Einmal fand er einen kleinen, noch nackten Vogel, der aus dem Nest gefallen war, hielt ihn für einen kleinen Menschen und grauste sich vor ihm. Die Analyse

---

zur Sexualtheorie« habe ich die allererste Verwendung des Kotes zur autoerotischen Reizung der Darmschleimhaut erwähnt; als Fortschritt schließt sich nun an, daß die Rücksicht auf ein Objekt für die Defäkation maßgebend wird, dem das Kind dabei gehorsam oder gefällig ist. Diese Relation setzt sich dann fort, indem sich auch das ältere Kind nur von gewissen bevorzugten Personen auf den Topf setzen, beim Urinieren helfen läßt, wobei aber auch andere Befriedigungsabsichten in Betracht kommen.

1 Es gibt im Unbewußten bekanntlich kein »Nein«; Gegensätze fallen zusammen. Die Negation wird erst durch den Vorgang der Verdrängung eingeführt.

wies nach, daß all die kleinen Tiere, Raupen, Insekten, gegen die er wütete, ihm kleine Kinder bedeutet hatten.[1] Sein Verhältnis zur älteren Schwester hatte ihm Anlaß gegeben, viel über die Beziehung der älteren Kinder zu den jüngeren nachzudenken; als ihm die Nanja einmal gesagt hatte, die Mutter habe ihn so lieb, weil er der jüngste sei, hatte er ein begreifliches Motiv bekommen zu wünschen, daß ihm kein jüngeres Kind nachfolgen möge. Die Angst vor diesem jüngsten wurde dann unter dem Einfluß des Traumes, der ihm den Verkehr der Eltern vorführte, neu belebt.

Wir sollen also zu den uns bereits bekannten eine neue Sexualströmung hinzufügen, die wie die anderen von der im Traum reproduzierten Urszene ausgeht. In der Identifizierung mit dem Weibe (der Mutter) ist er bereit, dem Vater ein Kind zu schenken, und eifersüchtig auf die Mutter, die das schon getan hat und vielleicht wieder tun wird.

Auf dem Umweg über den gemeinsamen Ausgang der Geschenkbedeutung kann nun das Geld die Kindbedeutung an sich ziehen und solcherart den Ausdruck der femininen (homosexuellen) Befriedigung übernehmen. Dieser Vorgang vollzog sich bei unserem Patienten, als er einmal zur Zeit, da beide Geschwister in einem deutschen Sanatorium weilten, sah, daß der Vater der Schwester zwei große Geldnoten gab. Er hatte den Vater in seiner Phantasie immer mit der Schwester verdächtigt; nun erwachte seine Eifersucht, er stürzte sich auf die Schwester, als sie allein waren, und forderte mit solchem Ungestüm und mit solchen Vorwürfen seinen Anteil am Gelde, daß ihm die Schwester weinend das Ganze hinwarf. Es war nicht allein das reale Geld gewesen, das ihn gereizt hatte, viel mehr noch das Kind, die anale Sexualbefriedigung vom Vater. Mit dieser konnte er sich dann trösten, als – zu Lebzeiten des Vaters – die Schwester gestorben war. Sein empörender Gedanke bei der Nachricht ihres Todes bedeutete eigentlich nichts anderes als: Jetzt bin ich das einzige Kind, jetzt muß der Vater mich allein liebhaben. Aber der homosexuelle Hintergrund dieser durchaus bewußtseinsfähigen Erwägung war so unerträglich, daß

1 Ebenso das Ungeziefer, das in Träumen und Phobien häufig für die kleinen Kinder steht.

ihre Verkleidung in schmutzige Habsucht wohl als große Erleichterung ermöglicht wurde.

Ähnlich wenn er nach dem Tode des Vaters der Mutter jene ungerechten Vorwürfe machte, daß sie ihn ums Geld betrügen wolle, daß sie das Geld lieber habe als ihn. Die alte Eifersucht, daß sie noch ein anderes Kind als ihn geliebt, die Möglichkeit, daß sie sich noch nach ihm ein anderes Kind gewünscht, zwangen ihn zu Beschuldigungen, deren Haltlosigkeit er selbst erkannte.

Durch diese Analyse der Kotbedeutung wird uns nun klargelegt, daß die Zwangsgedanken, die Gott in Verbindung mit Kot bringen mußten, noch etwas anderes bedeuteten als die Schmähung, für die er sie erkannte. Sie waren vielmehr echte Kompromißergebnisse, an denen eine zärtliche, hingebende Strömung ebenso Anteil hatte wie eine feindselig beschimpfende. »Gott – Kot« war wahrscheinlich eine Abkürzung für ein Anerbieten, wie man es im Leben auch in ungekürzter Form zu hören bekommt. »Auf Gott scheißen«, »Gott etwas scheißen« heißt auch, ihm ein Kind schenken, sich von ihm ein Kind schenken lassen. Die alte negativ erniedrigte Geschenkbedeutung und die später aus ihr entwickelte Kindbedeutung sind in den Zwangsworten miteinander vereinigt. In der letzteren kommt eine feminine Zärtlichkeit zum Ausdruck, die Bereitwilligkeit, auf seine Männlichkeit zu verzichten, wenn man dafür als Weib geliebt werden kann. Also gerade jene Regung gegen Gott, die in dem Wahnsystem des paranoischen Senatspräsidenten Schreber[1] in unzweideutigen Worten ausgesprochen wird.

Wenn ich später von der letzten Symptomlösung bei meinem Patienten berichten werde, wird sich noch einmal zeigen lassen, wie die Darmstörung sich in den Dienst der homosexuellen Strömung gestellt und die feminine Einstellung zum Vater ausgedrückt hatte. Eine neue Bedeutung des Kotes soll uns jetzt den Weg zur Besprechung des Kastrationskomplexes bahnen.

Indem die Kotsäule die erogene Darmschleimhaut reizt, spielt sie die Rolle eines aktiven Organs für dieselbe, benimmt sie sich wie der Penis gegen die Vaginalschleimhaut und wird gleichsam zum Vorläufer desselben in der Epoche der Kloake. Das Hergeben des Kotes

---

1 S. [*Gesammelte Werke,*] Bd. VIII, S. 239ff. [insbes. S. 265–268].

zugunsten (aus Liebe zu) einer anderen Person wird seinerseits zum Vorbild der Kastration, es ist der erste Fall des Verzichts auf ein Stück des eigenen Körpers[1], um die Gunst eines geliebten Anderen zu gewinnen. Die sonst narzißtische Liebe zu seinem Penis entbehrt also nicht eines Beitrages von seiten der Analerotik. Der Kot, das Kind, der Penis ergeben also eine Einheit, einen unbewußten Begriff – sit venia verbo –, den des vom Körper abtrennbaren Kleinen. Auf diesen Verbindungswegen können sich Verschiebungen und Verstärkungen der Libidobesetzung vollziehen, die für die Pathologie von Bedeutung sind und von der Analyse aufgedeckt werden.

Die anfängliche Stellungnahme unseres Patienten gegen das Problem der Kastration ist uns bekanntgeworden. Er verwarf sie und blieb auf dem Standpunkt des Verkehrs im After. Wenn ich gesagt habe, daß er sie verwarf, so ist die nächste Bedeutung dieses Ausdrucks, daß er von ihr nichts wissen wollte im Sinne der Verdrängung. Damit war eigentlich kein Urteil über ihre Existenz gefällt, aber es war so gut, als ob sie nicht existierte. Diese Einstellung kann aber nicht die definitive, nicht einmal für die Jahre seiner Kindheitsneurose geblieben sein. Späterhin finden sich gute Beweise dafür, daß er die Kastration als Tatsache anerkannt hatte. Er hatte sich auch in diesem Punkte benommen, wie es für sein Wesen kennzeichnend war, was uns allerdings die Darstellung wie die Einfühlung so außerordentlich erschwert. Er hatte sich zuerst gesträubt und dann nachgegeben, aber die eine Reaktion hatte die andere nicht aufgehoben. Am Ende bestanden bei ihm zwei gegensätzliche Strömungen nebeneinander, von denen die eine die Kastration verabscheute, die andere bereit war, sie anzunehmen und sich mit der Weiblichkeit als Ersatz zu trösten. Die dritte, älteste und tiefste, welche die Kastration einfach verworfen hatte, wobei das Urteil über ihre Realität noch nicht in Frage kam, war gewiß auch noch aktivierbar. Ich habe von eben diesem Patienten an anderer Stelle[2] eine Halluzination aus seinem fünften Jahr erzählt, zu der ich hier nur einen kurzen Kommentar hinzuzufügen habe:

1 Als welches der Kot durchaus vom Kinde behandelt wird.

2 Über fausse reconnaissance (»déjà raconté«) während der psychoanalytischen Arbeit. Intern. Zschr. f. ärztliche Psychoanalyse. II, 1914 (Bd. X dieser Gesamtausgabe [der *Gesammelten Werke*].)

»Als ich fünf Jahre alt war, spielte ich im Garten neben meiner Kinderfrau und schnitzelte mit meinem Taschenmesser an der Rinde eines jener Nußbäume, die auch in meinem Traum[1] eine Rolle spielen.[2] Plötzlich bemerkte ich mit unaussprechlichem Schrecken, daß ich mir den kleinen Finger der (rechten oder linken?) Hand so durchgeschnitten hatte, daß er nur noch an der Haut hing. Schmerz spürte ich keinen, aber eine große Angst. Ich getraute mich nicht, der wenige Schritte entfernten Kinderfrau etwas zu sagen, sank auf die nächste Bank und blieb da sitzen, unfähig, noch einen Blick auf den Finger zu werfen. Endlich wurde ich ruhig, faßte den Finger ins Auge, und siehe da, er war ganz unverletzt.«

Wir wissen, daß mit 4½ Jahren nach der Mitteilung der heiligen Geschichte bei ihm jene intensive Denkarbeit einsetzte, die in die Zwangsfrömmigkeit auslief. Wir dürfen also annehmen, daß diese Halluzination in die Zeit fällt, in der er sich zur Anerkennung der Realität der Kastration entschloß, und daß sie vielleicht gerade diesen Schritt markieren sollte. Auch die kleine Korrektur des Patienten ist nicht ohne Interesse. Wenn er dasselbe schaurige Erlebnis halluzinierte, das Tasso im »Befreiten Jerusalem« von seinem Helden Tancred berichtet, so ist wohl die Deutung gerechtfertigt, daß auch für meinen kleinen Patienten der Baum ein Weib bedeutete. Er spielte also dabei den Vater und brachte die ihm bekannten Blutungen der Mutter mit der von ihm erkannten Kastration der Frauen, »der Wunde«, in Beziehung.

Die Anregung zur Halluzination vom abgeschnittenen Finger gab ihm, wie er später berichtete, die Erzählung, daß einer Verwandten, die mit sechs Zehen geboren wurde, dieses überzählige Glied gleich nachher mit einem Beil abgehackt wurde. Die Frauen hatten also keinen Penis, weil er ihnen bei der Geburt abgenommen worden war. Auf diesem Wege akzeptierte er zur Zeit der Zwangsneurose,

---

1 Vgl. Märchenstoffe in Träumen. Intern. Zeitschrift für ärztliche Psychoanalyse. I. 2. Heft (Bd. X dieser Gesamtausgabe [der *Gesammelten Werke*].) [Siehe oben, S. 154.]

2 Korrektur bei späterer Erzählung: »Ich glaube, ich schnitt nicht in den Baum. Das ist eine Verschmelzung mit einer anderen Erinnerung, die auch halluzinatorisch gefälscht sein muß, daß ich in einen Baum einen Schnitt mit dem Messer machte und daß dabei *Blut* aus dem Baume kam.«

was er schon während des Traumvorganges erfahren und damals durch Verdrängung von sich gewiesen hatte. Auch die rituelle Beschneidung Christi, wie der Juden überhaupt, konnte ihm während der Lektüre der heiligen Geschichte und der Gespräche über sie nicht unbekannt bleiben.

Es ist ganz unzweifelhaft, daß ihm um diese Zeit der Vater zu jener Schreckensperson wurde, von der die Kastration droht. Der grausame Gott, mit dem er damals rang, der die Menschen schuldig werden läßt, um sie dann zu bestrafen, der seinen Sohn und die Söhne der Menschen opfert, warf seinen Charakter auf den Vater zurück, den er anderseits gegen diesen Gott zu verteidigen suchte. Der Knabe hat hier ein phylogenetisches Schema zu erfüllen und bringt es zustande, wenngleich seine persönlichen Erlebnisse nicht dazu stimmen mögen. Die Kastrationsdrohungen oder Andeutungen, die er erfahren hatte, waren vielmehr von Frauen ausgegangen[1], aber das konnte das Endergebnis nicht für lange aufhalten. Am Ende wurde es doch der Vater, von dem er die Kastration befürchtete. In diesem Punkte siegte die Heredität über das akzidentelle Erleben; in der Vorgeschichte der Menschheit ist es gewiß der Vater gewesen, der die Kastration als Strafe übte und sie dann zur Beschneidung ermäßigte. Je weiter er auch im Verlauf des Prozesses der Zwangsneurose in der Verdrängung der Sinnlichkeit kam[2], desto natürlicher mußte es ihm werden, den Vater, den eigentlichen Vertreter der sinnlichen Betätigung, mit solchen bösen Absichten auszustatten.

Die Identifizierung des Vaters mit dem Kastrator[3] wurde bedeutungsvoll als die Quelle einer intensiven, bis zum Todeswunsch gesteigerten, unbewußten Feindseligkeit gegen ihn und der darauf

1 Wir wissen es von der Nanja und werden es von einer anderen Frau noch erfahren.

2 Siehe die Belege dafür S. 192f.

3 Zu den quälendsten, aber auch groteskesten Symptomen seines späteren Leidens gehörte sein Verhältnis zu jedem – Schneider, bei dem er ein Kleidungsstück bestellt hatte, sein Respekt und seine Schüchternheit vor dieser hohen Person, seine Versuche, sie durch unmäßige Trinkgelder für sich einzunehmen, und seine Verzweiflung über den Erfolg der Arbeit, wie immer sie ausgefallen sein mochte.

reagierenden Schuldgefühle. Soweit benahm er sich aber normal, d. h. wie jeder Neurotiker, der von einem positiven Ödipuskomplex besessen ist. Das Merkwürdige war dann, daß auch hiefür bei ihm eine Gegenströmung existierte, bei der der Vater vielmehr der Kastrierte war und als solcher sein Mitleid herausforderte.

Ich habe bei der Analyse des Atemzeremoniells beim Anblick von Krüppeln, Bettlern usw. zeigen können, daß auch dieses Symptom auf den Vater zurückging, der ihm als Kranker bei dem Besuch in der Anstalt leid getan hatte. Die Analyse gestattete, diesen Faden noch weiter zurückzuverfolgen. Es gab in sehr früher Zeit, wahrscheinlich noch vor der Verführung (3 ¼ Jahre) auf dem Gute einen armen Taglöhner, der das Wasser ins Haus zu tragen hatte. Er konnte nicht sprechen, angeblich weil man ihm die Zunge abgeschnitten hatte. Wahrscheinlich war es ein Taubstummer. Der Kleine liebte ihn sehr und bedauerte ihn von Herzen. Als er gestorben war, suchte er ihn am Himmel.[1] Das war also der erste von ihm bemitleidete Krüppel; nach dem Zusammenhang und der Anreihung in der Analyse unzweifelhaft ein Vaterersatz.

Die Analyse schloß an ihn die Erinnerung an andere ihm sympathische Diener an, von denen er hervorhob, daß sie kränklich oder Juden (Beschneidung!) gewesen waren. Auch der Lakai, der ihn bei seinem Malheur mit 4 ½ Jahren reinigen half, war ein Jude und schwindsüchtig und genoß sein Mitleid. Alle diese Personen fallen in die Zeit vor dem Besuch des Vaters im Sanatorium, also vor die Symptombildung, die vielmehr durch das Ausatmen eine Identifizierung mit den Bedauerten fernhalten sollte. Dann wandte sich die Analyse plötzlich im Anschluß an einen Traum in die Vorzeit zurück und ließ ihn die Behauptung aufstellen, daß er bei dem Koitus der Urszene das Verschwinden des Penis beobachtet, den Vater darum bemitleidet und sich über das Wiedererscheinen des verloren Geglaubten gefreut habe. Also eine neue Gefühlsregung, die wiederum von dieser Szene ausgeht. Der narzißtische Ursprung des Mitleids, für den das Wort selbst spricht, ist hier übrigens ganz unverkennbar.

1 Ich erwähne in diesem Zusammenhange Träume, die später als der Angsttraum, aber noch auf dem ersten Gut vorfielen und die Koitusszene als Vorgang zwischen Himmelskörpern darstellten.

VIII
Nachträge aus der Urzeit – Lösung

In vielen Analysen geht es so zu, daß, wenn man sich dem Ende nähert, plötzlich neues Erinnerungsmaterial auftaucht, welches bisher sorgfältig verborgen gehalten wurde. Oder es wird einmal eine unscheinbare Bemerkung hingeworfen, in gleichgültigem Ton, als wäre es etwas Überflüssiges, zu dieser kommt ein andermal etwas hinzu, was den Arzt bereits aufhorchen läßt, und endlich erkennt man in jenem geringgeschätzten Brocken Erinnerung den Schlüssel zu den wichtigsten Geheimnissen, welche die Neurose des Kranken umkleidete.

Frühzeitig hatte mein Patient eine Erinnerung aus der Zeit erzählt, da seine Schlimmheit in Angst umzuschlagen pflegte. Er verfolgte einen schönen großen Schmetterling mit gelben Streifen, dessen große Flügel in spitze Fortsätze ausliefen – also einen Schwalbenschwanz. Plötzlich erfaßte ihn, als der Schmetterling sich auf eine Blume gesetzt hatte, eine schreckliche Angst vor dem Tier, und er lief schreiend davon.

Diese Erinnerung kehrte von Zeit zu Zeit in der Analyse wieder und forderte ihre Erklärung, die sie lange nicht erhielt. Es war doch von vornherein anzunehmen, daß ein solches Detail nicht seinetwegen selbst einen Platz im Gedächtnis behalten hatte, sondern als Deckerinnerung Wichtigeres vertrat, womit es irgendwie verknüpft war. Er sagte eines Tages, ein Schmetterling heiße in seiner Sprache: Babuschka, altes Mütterchen; überhaupt seien ihm die Schmetterlinge wie Frauen und Mädchen, die Käfer und Raupen wie Knaben erschienen. Also mußte wohl die Erinnerung an ein weibliches Wesen bei jener Angstszene wachgeworden sein. Ich will nicht verschweigen, daß ich damals die Möglichkeit vorschlug, die gelben Streifen des Schmetterlings hätten an die ähnliche Streifung eines Kleidungsstückes, das eine Frau trug, gemahnt. Ich tue das nur, um an einem Beispiel zu zeigen, wie unzureichend in der Regel die Kombination des Arztes zur Lösung der aufgeworfenen Fragen ist, wie sehr man unrecht tut, die Phantasie und die Suggestion des Arztes für die Ergebnisse der Analyse verantwortlich zu machen.

In einem ganz anderen Zusammenhange, viele Monate später,

machte dann der Patient die Bemerkung, das Öffnen und Schließen der Flügel, als der Schmetterling saß, hätte den unheimlichen Eindruck auf ihn gemacht. Dies wäre so gewesen, wie wenn eine Frau die Beine öffnet, und die Beine ergäben dann die Figur einer römischen V, bekanntlich die Stunde, um welche schon in seinen Knabenjahren, aber auch jetzt noch, eine Verdüsterung seiner Stimmung einzutreten pflegte.

Das war ein Einfall, auf den ich nie gekommen wäre, dessen Schätzung aber durch die Erwägung gewann, daß der darin bloßgelegte Assoziationsvorgang so recht infantilen Charakter hatte. Die Aufmerksamkeit der Kinder, habe ich oft bemerkt, wird durch Bewegungen weit mehr angezogen als durch ruhende Formen, und sie stellen oft Assoziationen auf Grund von ähnlicher Bewegung her, die von uns Erwachsenen vernachlässigt oder unterlassen werden.

Dann ruhte das kleine Problem wieder für lange Zeit. Ich will noch die wohlfeile Vermutung erwähnen, daß die spitzen oder stangenartigen Fortsätze der Schmetterlingsflügel eine Bedeutung als Genitalsymbole gehabt haben könnten.

Eines Tages tauchte schüchtern und undeutlich eine Art von Erinnerung auf, es müßte sehr frühe, noch vor der Kinderfrau, ein Kindermädchen gegeben haben, das ihn sehr lieb hatte. Sie hatte denselben Namen wie die Mutter. Gewiß erwiderte er ihre Zärtlichkeit. Also eine verschollene erste Liebe. Wir einigten uns aber, irgend etwas müßte da vorgefallen sein, was später von Wichtigkeit wurde.

Dann korrigierte er ein anderes Mal seine Erinnerung. Sie könne nicht so geheißen haben wie die Mutter, das war ein Irrtum von ihm, der natürlich bewies, daß sie ihm in der Erinnerung mit der Mutter zusammengeflossen war. Ihr richtiger Name sei ihm auch auf einem Umwege eingefallen. Er habe plötzlich an einen Lagerraum auf dem ersten Gute denken müssen, in dem das abgenommene Obst aufbewahrt wurde, und an eine gewisse Sorte Birnen von ausgezeichnetem Geschmack, große Birnen mit gelben Streifen auf ihrer Schale. Birne heißt in seiner Sprache *Gruscha*, und dies war auch der Name des Kindermädchens.

Also wurde es klar, daß sich hinter der Deckerinnerung des gejagten Schmetterlings das Gedächtnis des Kindermädchens verbarg. Die gelben Streifen saßen aber nicht auf ihrem Kleid, sondern auf dem der Birne, die so hieß wie sie selbst. Aber woher die Angst bei der Aktivierung der Erinnerung an sie? Die nächste plumpe Kombination hätte lauten können, bei diesem Mädchen habe er als kleines Kind zuerst die Bewegungen der Beine gesehen, die er sich mit dem Zeichen der römischen V fixiert hatte, Bewegungen, die das Genitale zugänglich machen. Wir ersparten uns diese Kombination und warteten auf weiteres Material.

Sehr bald kam nun die Erinnerung an eine Szene, unvollständig, aber soweit sie erhalten war, bestimmt. Gruscha lag auf dem Boden, neben ihr ein Kübel und ein aus Ruten gebundener kurzer Besen; er war dabei, und sie neckte ihn oder machte[1] ihn aus.

Was daran fehlte, war von anderen Stellen her leicht einzusetzen. Er hatte in den ersten Monaten der Kur von einer zwanghaft aufgetretenen Verliebtheit in ein Bauernmädchen erzählt, bei der er sich mit 18 Jahren den Anlaß zu seiner späteren Erkrankung geholt hatte. Damals hatte er sich in der auffälligsten Weise gesträubt, den Namen des Mädchens mitzuteilen. Es war ein ganz vereinzelter Widerstand; er war der analytischen Grundregel sonst ohne Rückhalt gehorsam. Aber er behauptete, er müsse sich so sehr schämen, diesen Namen auszusprechen, weil er rein bäuerlich sei; ein vornehmeres Mädchen würde ihn nie tragen. Der Name, den man endlich erfuhr, war *Matrona*. Er hatte mütterlichen Klang. Das Schämen war offenbar deplaciert. Der Tatsache selbst, daß diese Verliebtheiten ausschließlich die niedrigsten Mädchen betrafen, schämte er sich nicht, nur des Namens. Wenn das Abenteuer mit der Matrona etwas Gemeinsames mit der Gruschaszene haben konnte, dann war das Schämen in diese frühe Begebenheit zurückzuversetzen.

Er hatte ein anderes Mal erzählt, als er die Geschichte von Johannes Huß erfuhr, wurde er von ihr sehr ergriffen, und seine Aufmerksamkeit blieb an den Bündeln von Reisig hängen, die man zu seinem Scheiterhaufen schleppte. Die Sympathie für Huß erweckt nun einen ganz bestimmten Verdacht; ich habe sie bei jugendlichen Patienten oft gefunden und immer auf dieselbe Weise aufklären können. Einer derselben hatte sogar eine dramatische Bearbeitung der

1 [So in den *Gesammelten Werken*.]

Schicksale des Huß geliefert; er begann sein Drama an dem Tage zu schreiben, der ihm das Objekt seiner geheimgehaltenen Verliebtheit entzog. Huß stirbt den Feuertod, er wird wie andere, welche die gleiche Bedingung erfüllen, der Held der ehemaligen Enuretiker. Die Reisigbündel beim Scheiterhaufen des Huß stellte mein Patient selbst mit dem Besen (Rutenbündel) des Kindermädchens zusammen.

Dieses Material fügte sich zwanglos zusammen, um die Lücke in der Erinnerung der Szene mit der Gruscha auszufüllen. Er hatte, als er dem Mädchen beim Aufwaschen des Bodens zusah, ins Zimmer uriniert und sie darauf eine gewiß scherzhafte Kastrationsdrohung ausgesprochen.[1]

Ich weiß nicht, ob die Leser schon erraten können, warum ich diese frühinfantile Episode so ausführlich mitgeteilt habe.[2] Sie stellt eine wichtige Verbindung her zwischen der Urszene und dem späteren Liebeszwang, der so entscheidend für sein Schicksal geworden ist, und führt überdies eine Liebesbedingung ein, welche diesen Zwang aufklärt.

Als er das Mädchen auf dem Boden liegen sah, mit dem Aufwaschen desselben beschäftigt, kniend, die Nates vorgestreckt, den Rücken horizontal gehalten, fand er an ihr die Stellung wieder, welche die Mutter in der Koitusszene eingenommen hatte. Sie wurde ihm zur Mutter, die sexuelle Erregung infolge der Aktivierung jenes Bildes[3] ergriff ihn, und er benahm sich männlich gegen sie wie der Vater, dessen Aktion er damals ja nur als ein Urinieren verstanden haben konnte. Sein auf den Boden Urinieren war eigentlich ein Verfüh-

---

1 Es ist sehr merkwürdig, daß die Reaktion der Beschämung so innig mit der unfreiwilligen (täglichen wie nächtlichen) Harnentleerung verbunden ist und nicht, wie man erwarten sollte, ebenso mit der Stuhlinkontinenz. Die Erfahrung läßt hierüber gar keinen Zweifel bestehen. Auch die regelmäßige Beziehung der Harninkontinenz zum Feuer gibt zu denken. Es ist möglich, daß in diesen Reaktionen und Zusammenhängen Niederschläge aus der Kulturgeschichte der Menschheit vorliegen, die tiefer hinab reichen als alles, was uns durch seine Spuren im Mythus und im Folklore erhalten ist.

2 Sie fällt etwa in die Zeit um 2½ Jahre, zwischen der angeblichen Koitusbeobachtung und der Verführung.

3 Vor dem Traume!

rungsversuch, und das Mädchen antwortete darauf mit einer Kastrationsdrohung, als ob sie ihn verstanden hätte.

Der von der Urszene ausgehende Zwang übertrug sich auf diese Szene mit der Gruscha und wirkte durch sie fort. Die Liebesbedingung erfuhr aber eine Abänderung, welche den Einfluß der zweiten Szene bezeugt; sie übertrug sich von der Position des Weibes auf dessen Tätigkeit in solcher Position. Dies wurde z. B. in dem Erlebnis mit der Matrona evident. Er machte einen Spaziergang durch das Dorf, welches zu dem (späteren) Gut gehörte, und sah am Rand des Teiches ein kniendes Bauernmädchen, damit beschäftigt, Wäsche im Teich zu waschen. Er verliebte sich in die Wäscherin augenblicklich und mit unwiderstehlicher Heftigkeit, obwohl er ihr Gesicht noch gar nicht sehen konnte. Sie war ihm durch Lage und Tätigkeit an die Stelle der Gruscha getreten. Wir verstehen nun, wie sich das Schämen, das dem Inhalt der Szene mit der Gruscha galt, an den Namen der Matrona knüpfen konnte.

Den zwingenden Einfluß der Gruschaszene zeigt noch deutlicher ein anderer Anfall von Verliebtheit, einige Jahre vorher. Ein junges Bauernmädchen, das im Hause Dienste leistete, hatte ihm schon lange gefallen, aber er hatte es über sich vermocht, sich ihr nicht zu nähern. Eines Tages packte ihn die Verliebtheit, als er sie allein im Zimmer traf. Er fand sie auf dem Boden liegend, mit Aufwaschen beschäftigt, Kübel und Besen neben sich, also ganz wie das Mädchen in seiner Kindheit.

Selbst seine definitive Objektwahl, die für sein Leben so bedeutungsvoll wurde, erweist sich durch ihre näheren Umstände, die hier nicht anzuführen sind, als abhängig von der gleichen Liebesbedingung, als ein Ausläufer des Zwanges, der von der Urszene aus über die Szene mit Gruscha seine Liebeswahl beherrschte. Ich habe an früherer Stelle bemerkt, daß ich das Bestreben zur Erniedrigung des Liebesobjekts bei dem Patienten wohl anerkenne. Es ist auf Reaktion gegen den Druck der ihm überlegenen Schwester zurückzuführen. Aber ich versprach damals zu zeigen, daß dies Motiv (S. 148) selbstherrlicher Natur nicht das einzig bestimmende gewesen ist, sondern eine tiefere Determinierung durch rein erotische Motive verdeckt. Die Erinnerung an das den Boden aufwaschende, allerdings in seiner Position erniedrigte Kindermädchen brachte diese

Motivierung zum Vorschein. Alle späteren Liebesobjekte waren Ersatzpersonen dieser einen, die selbst durch den Zufall der Situation zum ersten Mutterersatz geworden war. Der erste Einfall des Patienten zum Problem der Angst vor dem Schmetterling läßt sich nachträglich leicht als fernliegende Anspielung an die Urszene erkennen (die fünfte Stunde). Die Beziehung der Gruschaszene zur Kastrationsdrohung bestätigte er durch einen besonders sinnreichen Traum, den er auch selbst zu übersetzen verstand. Er sagte: Ich habe geträumt, *ein Mann reißt einer Espe die Flügel aus.* Espe? mußte ich fragen, was meinen Sie damit? – Nun, das Insekt mit den gelben Streifen am Leib, das stechen kann. Es muß eine Anspielung an die Gruscha, die gelbgestreifte Birne, sein. – *Wespe*, meinen Sie also, konnte ich korrigieren. – Heißt es Wespe? Ich habe wirklich geglaubt, es heißt Espe. (Er bediente sich wie so viele andere seiner Fremdsprachigkeit zur Deckung von Symptomhandlungen.) Aber Espe, das bin ja ich, S. P. (die Initialen seines Namens). Die Espe ist natürlich eine verstümmelte Wespe. Der Traum sagt klar, er räche sich an der Gruscha für ihre Kastrationsandrohung.

Die Aktion des 2½jährigen in der Szene mit Gruscha ist die erste uns bekanntgewordene Wirkung der Urszene, sie stellt ihn als Kopie des Vaters dar und läßt uns eine Entwicklungstendenz in der Richtung erkennen, die später den Namen der männlichen verdienen wird. Durch die Verführung wird er in eine Passivität gedrängt, die allerdings auch schon durch sein Benehmen als Zuschauer beim elterlichen Verkehr vorbereitet ist.

Ich muß aus der Behandlungsgeschichte noch hervorheben, daß man den Eindruck empfing, mit der Bewältigung der Gruschaszene, des ersten Erlebnisses, das er wirklich erinnern konnte und ohne mein Vermuten und Dazutun erinnerte, sei die Aufgabe der Kur gelöst gewesen. Es gab von da an keine Widerstände mehr, man brauchte nur noch zu sammeln und zusammenzusetzen. Die alte Traumatheorie, die ja auf Eindrücke aus der psychoanalytischen Therapie aufgebaut war, kam mit einem Male wieder zur Geltung. Aus kritischem Interesse machte ich noch einmal den Versuch, dem Patienten eine andere Auffassung seiner Geschichte aufzudrängen, die dem nüchternen Verstand willkommener wäre. An der Szene mit Gruscha sei ja nicht zu zweifeln, aber sie bedeute an und für sich nichts und sei hinterher verstärkt worden durch Regression von den Ereignissen seiner Objektwahl, die sich infolge der Erniedrigungstendenz von der Schwester weg auf die Dienstmädchen geworfen hätte. Die Koitusbeobachtung aber sei eine Phantasie seiner späteren Jahre, deren historischer Kern die Beobachtung oder das Erlebnis etwa eines harmlosen Lavements gewesen sein könnte. Vielleicht meinen manche Leser, erst mit diesen Annahmen hätte ich mich dem Verständnis des Falles genähert; der Patient sah mich verständnislos und etwas verächtlich an, als ich ihm diese Auffassung vortrug, und reagierte niemals wieder auf dieselbe. Meine eigenen Argumente gegen solche Rationalisierung habe ich oben im Zusammenhange entwickelt.

[[1] Die Gruschaszene enthält aber nicht nur die für das Leben des Patienten entscheidenden Bedingungen der Objektwahl und behütet uns so vor dem Irrtum, die Bedeutung der Erniedrigungstendenz gegen das Weib zu überschätzen. Sie vermag mich auch zu rechtfertigen, wenn ich es vorhin abgelehnt habe, die Zurückführung der Urszene auf eine kurz vor dem Traum angestellte Tierbeobachtung ohne jedes Bedenken als die einzig mögliche Lösung zu vertreten (S. 185). Sie war in der Erinnerung des Patienten spontan und ohne mein Dazutun aufgetaucht. Die auf sie zurückgehende Angst vor dem gelbgestreiften Schmetterling bewies, daß sie einen bedeutungsvollen Inhalt gehabt hatte oder daß es möglich geworden war, ihrem Inhalt nachträglich solche Bedeutung zu verleihen. Dies Bedeutungsvolle, was in der Erinnerung fehlte, war durch die sie begleitenden Einfälle und die daran zu knüpfenden Schlüsse mit Sicherheit zu ergänzen. Es ergab sich dann, daß die Schmetterlingsangst durchaus analog war der Wolfsangst, in beiden Fällen Angst vor der Kastration, zunächst bezogen auf die Person, welche die Kastrationsdrohung zuerst ausgesprochen hatte, sodann auf die andere verlegt, an der sie nach dem phylogenetischen Vorbild Anheftung finden mußte. Die Szene mit Gruscha war mit 2 ½ Jahren vorgefallen, das Angsterlebnis mit dem gelben Schmetterling aber

1 [Diese eckige Klammer stammt von Freud, ebenso die schließende am Ende des zweiten Absatzes auf S. 221; siehe den redaktionellen Zusatz zur Anm. 1 auf S. 133.]

sicherlich nach dem Angsttraum. Es ließ sich leicht verstehen, daß das spätere Verständnis für die Möglichkeit der Kastration nachträglich aus der Szene mit Gruscha die Angst entwickelt hatte; aber diese Szene selbst enthielt nichts Anstößiges oder Unwahrscheinliches, vielmehr durchaus banale Einzelheiten, an denen zu zweifeln man keinen Grund hatte. Nichts forderte dazu auf, sie auf eine Phantasie des Kindes zurückzuführen; es erscheint auch kaum möglich.

Es entsteht nun die Frage, sind wir berechtigt, in dem Urinieren des stehenden Knaben, während das auf den Knien liegende Mädchen den Boden aufwäscht, einen Beweis seiner sexuellen Erregtheit zu sehen? Dann würde diese Erregung den Einfluß eines früheren Eindrucks bezeugen, der ebensowohl die Tatsächlichkeit der Urszene wie eine vor 2½ Jahren gemachte Beobachtung an Tieren sein könnte. Oder war jene Situation durchaus harmlos, die Harnentleerung des Kindes eine rein zufällige, und die ganze Szene wurde erst später in der Erinnerung sexualisiert, nachdem ähnliche Situationen als bedeutungsvoll erkannt worden waren?

Hier getraue ich mich nun zu keiner Entscheidung. Ich muß sagen, ich rechne es der Psychoanalyse bereits hoch an, daß sie zu solchen Fragestellungen gekommen ist. Aber ich kann es nicht verleugnen, daß die Szene mit Gruscha, die Rolle, die ihr in der Analyse zufiel, und die Wirkungen, die im Leben von ihr ausgingen, sich doch am ungezwungensten und vollständigsten erklären, wenn man die Urszene, die andere Male eine Phantasie sein mag, hier als Realität gelten läßt. Sie behauptet im Grunde nichts Unmögliches; die Annahme ihrer Realität verträgt sich auch ganz mit dem anregenden Einfluß der Tierbeobachtungen, auf welche die Schäferhunde des Traumbildes hindeuten.

Von diesem unbefriedigenden Abschluß wende ich mich zur Behandlung der Frage, die ich in den »Vorlesungen zur Einführung in die Psychoanalyse« versucht habe. Ich möchte selbst gerne wissen, ob die Urszene bei meinem Patienten Phantasie oder reales Erlebnis war, aber mit Rücksicht auf andere ähnliche Fälle muß man sagen, es sei eigentlich nicht sehr wichtig, dies zu entscheiden. Die Szenen von Beobachtung des elterlichen Sexualverkehrs, von Verführung in der Kindheit und von Kastrationsandrohung sind unzweifelhafter ererbter Besitz, phylogenetische Erbschaft, aber sie können ebensowohl Erwerb persönlichen Erlebens sein. Bei meinem Patienten war die Verführung durch die ältere Schwester eine unbestreitbare Realität; warum nicht auch die Beobachtung des elterlichen Koitus? Wir sehen nur in der Urgeschichte der Neurose, daß das Kind zu diesem phylogenetischen Erleben greift, wo sein eigenes Erleben nicht ausreicht. Es füllt die Lücken der individuellen Wahrheit mit prähistorischer Wahrheit aus, setzt die Erfahrung der Vorahnen an die Stelle der eigenen Erfahrung ein. In der Anerkennung dieser phylogenetischen Erbschaft stimme ich mit Jung (Die Psychologie der unbewußten Prozesse, 1917, eine Schrift, die meine »Vorlesungen« nicht mehr beeinflussen konnte) völlig zusammen; aber ich halte es für methodisch unrichtig, zur Erklärung aus der Phylogenese zu greifen, ehe man die Möglichkeiten der Ontogenese erschöpft hat; ich sehe nicht ein, warum man der kindheitlichen Vorzeit hartnäckig eine Bedeutung bestreiten will, die man der Ahnenvorzeit bereitwillig zugesteht; ich kann nicht verkennen, daß die phylogenetischen Motive und Produktionen selbst der Aufklärung bedürftig sind, die ihnen in einer ganzen Reihe von Fällen aus der individuellen Kindheit zuteil werden kann, und zum Schlusse verwundere ich mich nicht darüber, wenn die Erhaltung der nämlichen Bedingungen beim einzelnen organisch wiedererstehen läßt, was diese einst in Vorzeiten geschaffen und als Disposition zum Wiedererwerb vererbt haben.]

In die Zwischenzeit zwischen Urszene und Verführung (1 ½–3 ¼ Jahre) ist noch der stumme Wasserträger einzuschieben, der für ihn Vaterersatz war wie die Gruscha Muttterersatz. Ich glaube, es ist unberechtigt, hier von einer Erniedrigungstendenz zu reden, wiewohl sich beide Eltern durch dienende Personen vertreten finden. Das Kind setzt sich über die sozialen Unterschiede hinweg, die ihm noch wenig bedeuten, und reiht auch geringere Leute an die Eltern an, wenn sie ihm ähnlich wie die Eltern Liebe entgegenbringen. Ebensowenig Bedeutung hat diese Tendenz für die Ersetzung der Eltern durch Tiere, deren Geringschätzung dem Kinde ganz ferne liegt. Ohne Rücksicht auf solche Erniedrigung werden Onkel und Tanten zum Elternersatz herangezogen, wie auch für unseren Patienten durch mehrfache Erinnerungen bezeugt ist.

In dieselbe Zeit gehört noch eine dunkle Kunde von einer Phase, in der er nichts essen wollte außer Süßigkeiten, so daß man Sorge für sein Fortkommen hatte. Man erzählte ihm von einem Onkel, der ebenso das Essen verweigert hatte und dann jung an der Auszehrung starb. Er hörte auch, daß er im Alter von drei Monaten so schwer krank gewesen war (an einer Lungenentzündung?), daß man schon das Totenhemd für ihn bereitgemacht hatte. Es gelang, ihn ängstlich zu machen, so daß er wieder aß; in späteren Kindheitsjahren übertrieb er sogar diese Verpflichtung, wie um sich gegen den angedrohten Tod zu schützen. Die Todesangst, die man damals zu seinem Schutz wachgerufen hatte, zeigte sich später wieder, als die Mutter vor der Dysenteriegefahr warnte; sie provozierte noch später einen Anfall der Zwangsneurose (S. 193). Wir wollen versuchen, ihren Ursprüngen und Bedeutungen an späterer Stelle nachzugehen.

Für die Eßstörung möchte ich die Bedeutung einer allerersten neurotischen Erkrankung in Anspruch nehmen; so daß Eßstörung, Wolfsphobie, Zwangsfrömmigkeit die vollständige Reihe der infantilen Erkrankungen ergeben, welche die Disposition für den neurotischen Zusammenbruch in den Jahren nach der Pubertät mit sich bringen. Man wird mir entgegenhalten, daß wenige Kinder solchen Störungen wie einer vorübergehenden Eßunlust oder einer Tierphobie entgehen. Aber dies Argument ist mir sehr willkommen. Ich bin bereit zu behaupten, daß jede Neurose eines Erwachsenen sich über seiner Kinderneurose aufbaut, die aber nicht immer intensiv genug ist, um aufzufallen und als solche erkannt zu werden. Die theoretische Bedeutung der infantilen Neurosen für die Auffassung der Erkrankungen, die wir als Neurosen behandeln und nur von den Einwirkungen des späteren Lebens ableiten wollen, wird durch jenen Einwand nur gehoben. Hätte unser Patient nicht zu seiner Eßstörung und seiner Tierphobie noch die Zwangsfrömmigkeit hinzubekommen, so würde sich seine Geschichte von der anderer Menschenkinder nicht auffällig unterscheiden, und wir wären um wertvolle Materialien, die uns vor naheliegenden Irrtümern bewahren können, ärmer.

Die Analyse wäre unbefriedigend, wenn sie nicht das Verständnis jener Klage brächte, in die der Patient sein Leiden zusammenfaßte. Sie lautete, daß ihm die Welt durch einen Schleier verhüllt sei, und die psychoanalytische Schulung weist die Erwartung ab, daß diese Worte bedeutungslos und wie zufällig gewählt sein sollten. Der Schleier zerriß – merkwürdigerweise – nur in einer Situation, nämlich, wenn infolge eines Lavements der Stuhlgang den After passierte. Dann fühlte er sich wieder wohl und sah die Welt für eine ganz kurze Weile klar. Mit der Deutung dieses »Schleiers« ging es ähnlich schwierig wie bei der Schmetterlingsangst. Auch hielt er nicht an dem Schleier fest, dieser verflüchtigte sich ihm weiter zu einem Gefühl von Dämmerung, *»tenèbres«*, und anderen ungreifbaren Dingen.

Erst kurz vor dem Abschied von der Kur besann er sich, er habe gehört, daß er in einer »Glückshaube« zur Welt gekommen sei. Darum habe er sich immer für ein besonderes Glückskind gehalten, dem nichts Böses widerfahren könne. Erst dann verließ ihn diese Zuversicht, als er die gonorrhoische Erkrankung als schwere Beschädigung an seinem Körper anerkennen mußte. Vor dieser Kränkung seines Narzißmus brach er zusammen. Wir werden sagen, er wiederholte damit einen Mechanismus, der schon einmal bei ihm gespielt hatte. Auch seine Wolfsphobie brach aus, als er vor die Tatsache, daß eine Kastration möglich sei, gestellt wurde, und die Gonorrhöe reihte er offenbar der Kastration an.

Die Glückshaube ist also der Schleier, der ihn vor der Welt und ihm die Welt verhüllte. Seine Klage ist eigentlich eine erfüllte Wunschphantasie, sie zeigt ihn wieder in den Mutterleib zurückgekehrt, allerdings die Wunschphantasie der Weltflucht. Sie ist zu übersetzen: Ich bin so unglücklich im Leben, ich muß wieder in den Mutterschoß zurück.

Was soll es aber bedeuten, daß dieser symbolische, einmal real gewesene Schleier in dem Moment der Stuhlentleerung nach dem Klysma zerreißt, daß seine Krankheit unter dieser Bedingung von ihm weicht? Der Zusammenhang gestattet uns zu antworten: Wenn der Geburtsschleier zerreißt, so erblickt er die Welt und wird wiedergeboren. Der Stuhlgang ist das Kind, als welches er zum zweitenmal zu einem glücklicheren Leben geboren wird. Das wäre also die Wiedergeburtsphantasie, auf die Jung kürzlich die Aufmerksamkeit gelenkt und der er eine so dominierende Stellung im Wunschleben der Neurotiker eingeräumt hat.

Das wäre schön, wenn es vollständig wäre. Gewisse Einzelheiten der Situation und die Rücksicht auf den erforderlichen Zusammenhang mit der speziellen Lebensgeschichte nötigen uns, die Deutung weiter zu führen. Die Bedingung der Wiedergeburt ist, daß ihm ein Mann ein Klysma verabreicht (diesen Mann hat er erst später notgedrungen selbst ersetzt). Das kann nur heißen, er hat sich mit der Mutter identifiziert, der Mann spielt den Vater, das Klysma wiederholt den Begattungsakt, als dessen Frucht das Kotkind – wiederum er – geboren wird. Die Wiedergeburtsphantasie ist also eng mit der Bedingung der sexuellen Befriedigung durch den Mann verknüpft. Die Übersetzung lautet jetzt also: Nur wenn er sich dem Weib substituieren, die Mutter ersetzen darf, um sich vom Vater befriedigen zu lassen und ihm ein Kind zu gebären, dann ist seine Krankheit von ihm gewichen. Die Wiedergeburtsphantasie war also hier nur eine verstümmelte, zensurierte Wiedergabe der homosexuellen Wunschphantasie.

Sehen wir näher zu, so müssen wir eigentlich bemerken, daß der Kranke in dieser Bedingung seiner Heilung nur die Situation der sogenannten Urszene wiederholt: Damals wollte er sich der Mutter unterschieben; das Kotkind hat er, wie wir längst vorher angenommen hatten, in jener Szene selbst produziert. Er ist noch immer fixiert, wie gebannt, an die Szene, die für sein Sexualleben entscheidend wurde, deren Wiederkehr in jener Traumnacht sein Kranksein eröffnete. Das Zerreißen des Schleiers ist analog dem Öffnen der Augen, dem Aufgehen der Fenster. Die Urszene ist zur Heilbedingung umgebildet worden.

Das, was durch die Klage, und was durch die Ausnahme dargestellt ist, kann man leicht zu einer Einheit zusammenziehen, die dann ihren ganzen Sinn offenbart. Er wünscht sich in den Mutterleib zurück, nicht um dann einfach wiedergeboren zu werden, sondern um dort beim Koitus vom Vater getroffen zu werden, von ihm die Befriedigung zu bekommen, ihm ein Kind zu gebären.

Vom Vater geboren worden zu sein, wie er anfänglich gemeint hatte, von ihm sexuell befriedigt zu werden, ihm ein Kind zu schenken, dies unter Preisgebung seiner Männlichkeit, und in der Sprache der Analerotik ausgedrückt: mit diesen Wünschen ist der Kreis der Fixierung an den Vater geschlossen, hiemit hat die

Homosexualität ihren höchsten und intimsten Ausdruck gefunden.[1]

Ich meine, von diesem Beispiel her fällt auch ein Licht auf Sinn und Ursprung der Mutterleibs- wie der Wiedergeburtsphantasie. Die erstere ist häufig so wie in unserem Falle aus der Bindung an den Vater hervorgegangen. Man wünscht sich in den Leib der Mutter, um sich ihr beim Koitus zu substituieren, ihre Stelle beim Vater einzunehmen. Die Wiedergeburtsphantasie ist wahrscheinlich regelmäßig eine Milderung, sozusagen ein Euphemismus, für die Phantasie des inzestuösen Verkehrs mit der Mutter, eine *anagogische* Abkürzung derselben, um den Ausdruck von H. Silberer zu gebrauchen. Man wünscht sich in die Situation zurück, in der man sich in den Genitalien der Mutter befand, wobei sich der Mann mit seinem Penis identifiziert, durch ihn vertreten läßt. Dann enthüllen sich die beiden Phantasien als Gegenstücke, die je nach der männlichen oder weiblichen Einstellung des Betreffenden dem Wunsch nach dem Sexualverkehr mit dem Vater oder der Mutter Ausdruck geben. Es ist die Möglichkeit nicht abzuweisen, daß in der Klage und Heilbedingung unseres Patienten beide Phantasien, also auch beide Inzestwünsche, vereinigt sind.

Ich will noch einmal den Versuch machen, die letzten Ergebnisse der Analyse nach dem gegnerischen Vorbild umzudeuten: Der Patient beklagt seine Weltflucht in einer typischen Mutterleibsphantasie, erblickt seine Heilung allein in einer typischgefaßten Wiedergeburt. Diese letztere drückt er in analen Symptomen entsprechend seiner vorwiegenden Veranlagung aus. Nach dem Vorbild der analen Wiedergeburtsphantasie hat er sich eine Kinderszene zurechtgemacht, die seine Wünsche in archaisch symbolischen Ausdrucksmitteln wiederholt. Seine Symptome verketten sich dann, als ob sie von einer solchen Urszene ausgingen. Zu diesem ganzen Rückweg mußte er sich entschließen, weil er auf eine Lebensaufgabe stieß, für deren Lösung er zu faul war, oder weil er allen Grund hatte, seinen

1 Der mögliche Nebensinn, daß der Schleier das Hymen darstellt, welches beim Verkehr mit dem Manne zerreißt, trifft nicht genau mit der Heilbedingung zusammen und hat keine Beziehung zum Leben des Patienten, für den die Virginität keine Bedeutung hatte.

Minderwertigkeiten zu mißtrauen und sich durch solche Veranstaltungen am besten vor Zurücksetzung zu schützen meinte.
Das wäre alles gut und schön, wenn der Unglückliche nur nicht schon mit vier Jahren einen Traum gehabt hätte, mit dem seine Neurose begann, der durch die Erzählung des Großvaters vom Schneider und vom Wolf angeregt wurde und dessen Deutung die Annahme einer solchen Urszene notwendig macht. An diesen kleinlichen, aber unantastbaren Tatsachen scheitern leider die Erleichterungen, die uns die Theorien von Jung und Adler verschaffen wollen. Wie die Sachen liegen, scheint mir die Wiedergeburtsphantasie eher ein Abkömmling der Urszene als umgekehrt die Urszene eine Spiegelung der Wiedergeburtsphantasie zu sein. Vielleicht darf man auch annehmen, der Patient sei damals, vier Jahre nach seiner Geburt, doch zu jung gewesen, um sich bereits eine Wiedergeburt zu wünschen. Aber dieses letztere Argument muß ich doch zurückziehen; meine eigenen Beobachtungen beweisen, daß man die Kinder unterschätzt hat und daß man nicht mehr weiß, was man ihnen zutrauen darf.[1]

---

1 Ich gebe zu, daß diese Frage die heikelste der ganzen analytischen Lehre ist. Ich habe nicht der Mitteilungen von Adler oder Jung bedurft, um mich mit der Möglichkeit kritisch zu beschäftigen, daß die von der Analyse behaupteten, vergessenen Kindheitserlebnisse – in unwahrscheinlich früher Kindheit erlebt! – vielmehr auf Phantasien beruhen, die bei späten Anlässen geschaffen werden, und daß man überall dort die Äußerung eines konstitutionellen Moments oder einer phylogenetisch erhaltenen Disposition anzunehmen habe, wo man die Nachwirkung eines solchen infantilen Eindrucks in den Analysen zu finden glaubt. Im Gegenteile, kein Zweifel hat mich mehr in Anspruch genommen, keine andere Unsicherheit entschiedener von Publikationen zurückgehalten. Sowohl die Rolle der Phantasien für die Symptombildung als auch das »Zurückphantasieren« von späten Anregungen her in die Kindheit und das nachträgliche Sexualisieren derselben habe ich als erster kennen gelehrt, worauf keiner der Gegner hingewiesen hat. (Siehe Traumdeutung, I. Auflage, S. 49, Bd. II/III dieser Gesamtausgabe [S. 49 kann nicht stimmen, vielleicht ist S. 198 der ersten Ausgabe der *Traumdeutung* gemeint, in den *Gesammelten Werken*, Bd. 2/3, a. a. O., S. 294], und ›Bemerkungen über einen Fall von Zwangsneurose‹ 1908, Bd. VII, S. 381 [vgl. oben, S. 96f., Anm.].) Wenn ich dennoch die schwierigere und unwahrscheinlichere Auffassung als die meinige festgehalten habe, so geschah es mit Argumenten, wie sie der hier beschriebene Fall oder jede andere infantile Neurose dem Untersucher aufdrängen und die ich jetzt neuerdings den Lesern zur Entscheidung vorlege.

IX
Zusammenfassungen und Probleme

Ich weiß nicht, ob es dem Leser des vorstehenden Analysenberichtes gelungen ist, sich ein deutliches Bild von der Entstehung und Entwicklung des Krankseins bei meinem Patienten zu machen. Vielmehr ich fürchte, es ist nicht der Fall gewesen. Aber, sowenig ich sonst für die Kunst meiner Darstellung Partei genommen habe, diesmal möchte ich doch auf mildernde Umstände plädieren. Es ist eine Aufgabe gewesen, die noch niemals zuvor in Angriff genommen wurde, in die Beschreibung so frühe Phasen und so tiefe Schichten des Seelenlebens einzuführen, und es ist besser, man löst sie schlecht, als man ergreift vor ihr die Flucht, was ja überdies mit gewissen Gefahren für den Verzagten verbunden sein soll. Man zeigt also lieber kühnlich, daß man sich durch das Bewußtsein seiner Minderwertigkeiten nicht hat abhalten lassen.
Der Fall selbst war nicht besonders günstig. Was den Reichtum der Auskünfte über die Kindheit ermöglichte, daß man das Kind durch das Medium des Erwachsenen studieren konnte, mußte mit den ärgsten Zerstücklungen der Analyse und den entsprechenden Unvollständigkeiten in der Darstellung erkauft werden. Persönliche Eigentümlichkeiten, ein dem unsrigen fremder Nationalcharakter, machten die Einfühlung mühsam. Der Abstand zwischen der liebenswürdig entgegenkommenden Persönlichkeit des Kranken, seiner scharfen Intelligenz, vornehmen Denkungsart und seinem völlig ungebändigten Triebleben machte eine überlange Vorbereitungs- und Erziehungsarbeit notwendig, durch welche die Übersicht erschwert wurde. An dem Charakter des Falles, welcher der Beschreibung die härtesten Aufgaben stellte, ist der Patient selbst aber völlig unschuldig. Wir haben es in der Psychologie des Erwachsenen glücklich dahin gebracht, die seelischen Vorgänge in bewußte und unbewußte zu scheiden und beide in klaren Worten zu beschreiben. Beim Kinde läßt diese Unterscheidung uns beinahe im Stiche. Man ist oft in Verlegenheit anzugeben, was man als bewußt und was man als unbewußt bezeichnen möchte. Vorgänge, die die herrschenden geworden sind und die nach ihrem späteren Verhalten den bewußten gleichgestellt werden müssen, sind beim Kinde dennoch nicht be-

wußt gewesen. Man kann leicht verstehen, warum; das Bewußte hat beim Kinde noch nicht alle seine Charaktere gewonnen, es ist noch in der Entwicklung begriffen und besitzt nicht recht die Fähigkeit, sich in Sprachvorstellungen umzusetzen. Die Verwechslung, deren wir uns sonst regelmäßig schuldig machen, zwischen dem Phänomen, als Wahrnehmung im Bewußtsein aufzutreten, und der Zugehörigkeit zu einem angenommenen psychischen System, das wir irgendwie konventionell benennen sollten, das wir aber gleichfalls Bewußtsein (System *Bw*) heißen, diese Verwechslung ist harmlos bei der psychologischen Beschreibung des Erwachsenen, aber irreführend für die des kleinen Kindes. Auch die Einführung des »Vorbewußten« nützt hier nicht viel, denn das Vorbewußte des Kindes braucht sich mit dem des Erwachsenen ebensowenig zu decken. Man begnügt sich also damit, die Dunkelheit klar erkannt zu haben.

Es ist selbstverständlich, daß ein Fall wie der hier beschriebene Anlaß geben könnte, alle Ergebnisse und Probleme der Psychoanalyse in Diskussion zu ziehen. Es wäre eine unendliche und eine ungerechtfertigte Arbeit. Man muß sich sagen, daß man aus einem einzigen Fall nicht alles erfahren, an ihm nicht alles entscheiden kann, und sich darum begnügen, ihn für das zu verwerten, was er am deutlichsten zeigt. Die Erklärungsaufgabe in der Psychoanalyse ist überhaupt enge begrenzt. Zu erklären sind die auffälligen Symptombildungen durch Aufdeckung ihrer Genese; die psychischen Mechanismen und Triebvorgänge, zu denen man so geführt wird, sind nicht zu erklären, sondern zu beschreiben. Um aus den Feststellungen über diese beiden letzteren Punkte neue Allgemeinheiten zu gewinnen, sind zahlreiche solche gut und tief analysierte Fälle erforderlich. Sie sind nicht leicht zu haben, jeder einzelne verbraucht jahrelange Arbeit. Der Fortschritt in diesen Gebieten kann sich also nur langsam vollziehen. Die Versuchung liegt freilich sehr nahe, sich damit zu begnügen, daß man bei einer Anzahl von Personen die psychische Oberfläche »ankratzt« und das Unterlassene dann durch Spekulation ersetzt, die man unter die Patronanz irgendeiner philosophischen Richtung stellt. Man kann auch praktische Bedürfnisse zugunsten dieses Verfahrens geltend machen, aber die Bedürfnisse der Wissenschaft lassen sich durch kein Surrogat befriedigen.

Ich will versuchen, eine synthetische Übersicht der Sexualentwicklung meines Patienten zu entwerfen, bei der ich mit den frühesten Anzeichen beginnen kann. Das erste, was wir über ihn hören, ist die Störung der Eßlust, die ich nach anderen Erfahrungen, aber doch mit aller Zurückhaltung, als den Erfolg eines Vorgangs auf sexuellem Gebiet auffassen will. Als die erste kenntliche Sexualorganisation habe ich die sogenannte *kannibale* oder *orale* betrachten müssen, in welcher die ursprüngliche Anlehnung der Sexualerregung an den Eßtrieb noch die Szene beherrscht. Direkte Äußerungen dieser Phase werden nicht zu erwarten sein, wohl aber Anzeichen bei eingetretenen Störungen. Die Beeinträchtigung des Eßtriebs – die natürlich sonst auch andere Ursachen haben kann – macht uns dann aufmerksam, daß eine Bewältigung sexueller Erregung dem Organismus nicht gelungen ist. Das Sexualziel dieser Phase könnte nur der Kannibalismus, das Fressen sein; es kommt bei unserem Patienten durch Regression von einer höheren Stufe her in der Angst zum Vorschein: vom Wolf gefressen zu werden. Diese Angst mußten wir uns ja übersetzen: vom Vater koitiert zu werden. Es ist bekannt, daß es in weit vorgerückteren Jahren, bei Mädchen in den Zeiten der Pubertät oder bald nachher, eine Neurose gibt, welche die Sexualablehnung durch Anorexie ausdrückt; man wird sie in Beziehung zu dieser oralen Phase des Sexuallebens bringen dürfen. Auf der Höhe des verliebten Paroxysmus (»ich könnte dich fressen vor Liebe«) und im zärtlichen Verkehr mit kleinen Kindern, wobei der Erwachsene sich selbst wie infantil gebärdet, tritt das Liebesziel der oralen Organisation wieder auf. Ich habe an anderer Stelle die Vermutung ausgesprochen, daß der Vater unseres Patienten selbst das »zärtliche Schimpfen« gehabt, mit dem Kleinen Wolf oder Hund gespielt und ihn im Scherz mit dem Auffressen bedroht hat. (S. 157.) Der Patient hat diese Vermutung durch sein auffälliges Benehmen in der Übertragung nur bestätigt. Sooft er vor Schwierigkeiten der Kur auf die Übertragung zurückwich, drohte er mit dem Auffressen und später mit allen anderen möglichen Mißhandlungen, was alles nur Ausdruck von Zärtlichkeit war.

Der Sprachgebrauch hat gewisse Prägungen dieser oralen Sexualphase dauernd angenommen, er spricht von einem »appetitlichen« Liebesobjekt, nennt die Geliebte »süß«. Wir erinnern uns, daß unser kleiner Patient auch nur Süßes essen wollte. Süßigkeiten, Bonbons vertreten im Traume regelmäßig Liebkosungen, sexuelle Befriedigungen.

Es scheint, daß zu dieser Phase auch eine Angst gehört (im Falle von Störung natürlich), die als Lebensangst auftritt und sich an alles heften kann, was dem Kinde als geeignet bezeichnet wird. Bei unserem Patienten wurde sie dazu benützt, um ihn zur Überwindung seiner Eßunlust, ja zur Überkompensation derselben anzuleiten. Auf die mögliche Quelle seiner Eßstörung werden wir geleitet, wenn wir – auf dem Boden jener vielberedeten Annahme – daran erinnern, daß die Koitusbeobachtung, von welcher so viele nachträgliche Wirkungen ausgingen, in das Alter von 1 ½ Jahren, sicherlich vor der Zeit der Eßschwierigkeiten fällt. Vielleicht dürfen wir annehmen, daß sie die Prozesse der Sexualreifung beschleunigt und so auch direkte, wenn auch unscheinbare Wirkungen entfaltet hat.

Ich weiß natürlich auch, daß man die Symptomatik dieser Periode, die Wolfsangst, die Eßstörung anders und einfacher erklären kann, ohne Rücksicht auf die Sexualität und eine prägenitale Organisationsstufe derselben. Wer die Zeichen der Neurotik und den Zusammenhang der Erscheinungen gern vernachlässigt, wird diese andere Erklärung vorziehen, und ich werde ihn daran nicht hindern können. Es ist schwer, über diese Anfänge des Sexuallebens anders als auf den angezeigten Umwegen etwas Zwingendes zu eruieren.

Die Szene mit der Gruscha (um 2 ½ Jahre) zeigt uns unseren Kleinen zu Beginn einer Entwicklung, welche die Anerkennung als normal verdient, vielleicht bis auf ihre Vorzeitigkeit: Identifizierung mit dem Vater, Harnerotik in Vertretung der Männlichkeit. Sie steht ja auch ganz unter dem Einfluß der Urszene. Die Vateridentifizierung haben wir bisher als eine narzißtische aufgefaßt, mit Rücksicht auf den Inhalt der Urszene können wir es nicht abweisen, daß sie bereits der Stufe der Genitalorganisation entspricht. Das männliche Genitale hat seine Rolle zu spielen begonnen und setzt sie unter dem Einfluß der Verführung durch die Schwester fort.

Man bekommt aber den Eindruck, daß die Verführung nicht bloß die Entwicklung fördert, sondern sie noch in höherem Grade stört und ablenkt. Sie gibt ein passives Sexualziel, welches mit der Aktion des männlichen Genitales im Grunde unverträglich ist. Beim ersten äußeren Hindernis, bei der Kastrationsandeutung der Nanja, bricht (mit 3 ½ Jahren[1]) die noch zaghafte genitale Organisation zusammen und regrediert auf die ihr vorhergehende Stufe der sadistisch-analen Organisation, welche vielleicht sonst mit ebenso leichten Anzeichen wie bei anderen Kindern durchlaufen worden wäre.

Die sadistisch-anale Organisation ist leicht als Fortbildung der oralen zu erkennen. Die gewaltsame Muskelbetätigung am Objekt, die sie auszeichnet, findet ihre Stelle als vorbereitender Akt für das Fressen, das dann als Sexualziel ausfällt. Der vorbereitende Akt wird ein selbständiges Ziel. Die Neuheit gegen die vorige Stufe besteht wesentlich darin, daß das aufnehmende, passive Organ, von der Mundzone abgesondert, an der Analzone ausgebildet wird. Biologische Parallelen oder die Auffassung der prägenitalen menschlichen Organisationen als Reste von Einrichtungen, die in manchen Tierklassen dauernd festgehalten werden, liegen hier sehr nahe. Die Konstituierung des Forschertriebes aus seinen Komponenten ist für diese Stufe gleichfalls charakteristisch.

Die Analerotik macht sich nicht auffällig bemerkbar. Der Kot hat unter dem Einfluß des Sadismus seine zärtliche gegen seine offensive Bedeutung vertauscht. An der Verwandlung des Sadismus in Masochismus ist ein Schuldgefühl mitbeteiligt, welches auf Entwicklungsvorgänge in anderen als den sexuellen Sphären hinweist.

Die Verführung setzt ihren Einfluß fort, indem sie die Passivität des Sexualziels aufrechthält. Sie verwandelt jetzt den Sadismus zu einem großen Teil in sein passives Gegenstück, den Masochismus. Es ist fraglich, ob man den Charakter der Passivität ganz auf ihre Rechnung setzen darf, denn die Reaktion des 1 ½jährigen Kindes auf die Koitusbeobachtung war bereits vorwiegend eine passive. Die sexuelle Miterregung äußerte sich in einer Stuhlentleerung, an der allerdings auch ein aktiver Anteil zu unterscheiden ist. Neben dem Masochismus, der seine Sexualstrebung beherrscht und sich in Phantasien äußert, bleibt auch der Sadismus bestehen und betätigt sich gegen kleine Tiere. Seine Sexualforschung hat von der Verführung an eingesetzt, wesentlich zwei Probleme in Angriff genom-

1 [In den Ausgaben vor 1924: »mit 3¾ Jahren«.]

men, woher die Kinder kommen und ob ein Verlust des Genitales möglich ist, und verwebt sich mit den Äußerungen seiner Triebregungen. Sie lenkt seine sadistischen Neigungen auf die kleinen Tiere als Repräsentanten der kleinen Kinder.

Wir haben die Schilderung bis in die Nähe des vierten Geburtstages geführt, zu welchem Zeitpunkt der Traum die Koitusbeobachtung von 1 ½ Jahren zur nachträglichen Wirkung bringt. Die Vorgänge, die sich nun abspielen, können wir weder vollständig erfassen noch sie hinreichend beschreiben. Die Aktivierung des Bildes, das nun dank der vorgeschrittenen intellektuellen Entwicklung verstanden werden kann, wirkt wie ein frisches Ereignis, aber auch wie ein neues Trauma, ein fremder Eingriff analog der Verführung. Die abgebrochene genitale Organisation wird mit einem Schlage wieder eingesetzt, aber der im Traum vollzogene Fortschritt kann nicht festgehalten werden. Es kommt vielmehr durch einen Vorgang, den man nur einer Verdrängung gleichstellen kann, zur Ablehnung des Neuen und dessen Ersetzung durch eine Phobie.

Die sadistisch-anale Organisation bleibt also auch in der jetzt einsetzenden Phase der Tierphobie fortbestehen, nur sind ihr die Angsterscheinungen beigemengt. Das Kind setzt die sadistischen wie die masochistischen Betätigungen fort, doch reagiert es mit Angst gegen einen Teil derselben; die Verkehrung des Sadismus in sein Gegenteil macht wahrscheinlich weitere Fortschritte.

Aus der Analyse des Angsttraumes entnehmen wir, daß die Verdrängung sich an die Erkenntnis der Kastration anschließt. Das Neue wird verworfen, weil seine Annahme den Penis kosten würde. Eine sorgfältigere Überlegung läßt etwa Folgendes erkennen: Das Verdrängte ist die homosexuelle Einstellung im genitalen Sinne, die sich unter dem Einfluß der Erkenntnis gebildet hatte. Sie bleibt nun aber fürs Unbewußte erhalten, als eine abgesperrte tiefere Schichtung konstituiert. Der Motor dieser Verdrängung scheint die narzißtische Männlichkeit des Genitales zu sein, die in einen längst vorbereiteten Konflikt mit der Passivität des homosexuellen Sexualzieles gerät. Die Verdrängung ist also ein Erfolg der Männlichkeit.

Man käme in Versuchung, von hier aus ein Stück der psychoanalytischen Theorie abzuändern. Man glaubt doch mit Händen zu greifen, daß es der Konflikt zwischen männlichen und weiblichen

Strebungen, also die Bisexualität, ist, aus der die Verdrängung und Neurosenbildung hervorgeht. Allein diese Auffassung ist lückenhaft. Von den beiden widerstreitenden Sexualregungen ist die eine ichgerecht, die andere beleidigt das narzißtische Interesse; sie verfällt darum der Verdrängung. Es ist auch in diesem Falle das Ich, von dem die Verdrängung ins Werk gesetzt wird, zugunsten einer der sexuellen Strebungen. In anderen Fällen existiert ein solcher Konflikt zwischen Männlichkeit und Weiblichkeit nicht; es ist nur eine Sexualstrebung da, die Annahme heischt, aber gegen gewisse Mächte des Ichs verstößt und darum selbst verstoßen wird. Weit häufiger als Konflikte innerhalb der Sexualität selbst finden sich ja die anderen vor, die sich zwischen der Sexualität und den moralischen Ichtendenzen ergeben. Ein solcher moralischer Konflikt fehlt in unserem Falle. Die Betonung der Bisexualität als Motiv der Verdrängung wäre also zu enge; die des Konflikts zwischen Ich und Sexualstreben (Libido) deckt alle Vorkommnisse.

Der Lehre vom »männlichen Protest«, wie sie Adler ausgebildet hat, ist entgegenzuhalten, daß die Verdrängung keineswegs immer die Partei der Männlichkeit nimmt und die Weiblichkeit betrifft; in ganzen großen Klassen von Fällen ist es die Männlichkeit, die sich vom Ich die Verdrängung gefallen lassen muß.

Eine gerechtere Würdigung des Verdrängungsvorganges in unserem Falle würde übrigens der narzißtischen Männlichkeit die Bedeutung des einzigen Motivs bestreiten. Die homosexuelle Einstellung, die während des Traumes zustande kommt, ist eine so intensive, daß das Ich des kleinen Menschen an ihrer Bewältigung versagt und sich durch den Verdrängungsvorgang ihrer erwehrt. Als Helfer bei dieser Absicht wird die ihr gegensätzliche narzißtische Männlichkeit des Genitales herangezogen. Daß alle narzißtischen Regungen vom Ich aus wirken und beim Ich verbleiben, die Verdrängungen gegen libidinöse Objektbesetzungen gerichtet sind, soll nur zur Vermeidung von Mißverständnissen ausgesprochen werden.

Wenden wir uns von dem Vorgang der Verdrängung, dessen restlose Bewältigung uns vielleicht nicht geglückt ist, zu dem Zustand, der sich beim Erwachen aus dem Traum ergibt. Wäre es wirklich die Männlichkeit gewesen, die während des Traumvorganges über die Homosexualität (Weiblichkeit) gesiegt hat, so müßten wir nun eine aktive Sexualstrebung von bereits ausgesprochen männlichem Charakter als die herrschende finden. Davon ist keine Rede, das Wesentliche der Sexualorganisation hat sich nicht geändert, die sadistisch-anale Phase setzt ihren Bestand fort, sie ist die herrschende geblieben. Der Sieg der Männlichkeit zeigt sich bloß darin, daß nun auf die passiven Sexualziele der herrschenden Organisation (die masochistisch, aber nicht weiblich sind) mit Angst reagiert wird. Es ist keine sieghafte männliche Sexualregung vorhanden, sondern nur eine passive und ein Sträuben gegen dieselbe.

Ich kann mir vorstellen, welche Schwierigkeiten die ungewohnte, aber unerläßlich scharfe Scheidung von aktiv-männlich und passiv-weiblich dem Leser bereitet, und will darum Wiederholungen nicht vermeiden. Den Zustand nach dem Traume kann man also in folgender Art beschreiben: Die Sexualstrebungen sind zerspalten worden, im Unbewußten ist die Stufe der genitalen Organisation erreicht und eine sehr intensive Homosexualität konstituiert, darüber besteht (virtuell im Bewußten) die frühere sadistische und überwiegend masochistische Sexualströmung, das Ich hat seine Stellung zur Sexualität im ganzen geändert, es befindet sich in Sexualablehnung und weist die herrschenden masochistischen Ziele mit Angst ab, wie es auf die tieferen homosexuellen mit der Bildung einer Phobie reagiert hat. Der Erfolg des Traumes war also nicht so sehr der Sieg einer männlichen Strömung, sondern die Reaktion gegen eine feminine und eine passive. Es wäre gewaltsam, dieser Reaktion den Charakter der Männlichkeit zuzuschreiben. Das Ich hat eben keine Sexualstrebungen, sondern nur das Interesse an seiner Selbstbewahrung und der Erhaltung seines Narzißmus.

Fassen wir nun die Phobie ins Auge. Sie ist auf dem Niveau der genitalen Organisation entstanden, zeigt uns den relativ einfachen Mechanismus einer Angsthysterie. Das Ich schützt sich durch Angstentwicklung vor dem, was es als übermächtige Gefahr wertet, vor der homosexuellen Befriedigung. Doch hinterläßt der Verdrängungsvorgang eine nicht zu übersehende Spur. Das Objekt, an das sich das gefürchtete Sexualziel geknüpft hat, muß sich vor dem Bewußtsein durch ein anderes vertreten lassen. Nicht die Angst vor dem *Vater*, sondern die vor dem *Wolf* wird bewußt. Es bleibt auch nicht bei der Bildung der Phobie mit dem einen Inhalt. Der Wolf ersetzt sich eine ganze Weile später durch den Löwen. Mit den sadistischen Regungen gegen die kleinen Tiere konkurriert eine Phobie vor ihnen als Vertreter der Nebenbuhler, der möglichen kleinen Kinder. Besonders interessant ist die Entstehung der Schmetterlingsphobie. Es ist wie eine Wiederholung des Mechanismus, der im Traum die Wolfsphobie erzeugt hat. Durch eine zufällige Anregung wird ein altes Erlebnis aktiviert, die Szene mit Gruscha, deren Kastrationsdrohung nachträglich zur Wirkung kommt, während sie, als sie vorfiel, ohne Eindruck geblieben war.[1]

Man kann sagen, die Angst, welche in die Bildung dieser Phobien eingeht, ist Kastrationsangst. Diese Aussage enthält keinen Widerspruch gegen die Auffassung, die Angst sei aus der Verdrängung homosexueller Libido hervorgegangen. In beiden Ausdrucksweisen meint man den nämlichen Vorgang, daß das Ich der homosexuellen Wunschregung Libido entzieht, welche in freischwebende Angst umgesetzt wird und sich dann in Phobien binden läßt. In der ersten Ausdrucksweise hat man nur das Motiv, welches das Ich treibt, mitbezeichnet.

---

1 Die Gruschaszene war, wie erwähnt, eine spontane Erinnerungsleistung des Patienten, an welcher eine Konstruktion oder Anregung des Arztes keinen Anteil hatte; die Lücke in ihr wurde von der Analyse in einer Weise ausgefüllt, die tadellos genannt werden muß, wenn man auf die Arbeitsweise der Analyse überhaupt Wert legt. Eine rationalistische Aufklärung dieser Phobie könnte nur sagen: Es sei nichts Ungewöhnliches, daß ein zur Ängstlichkeit disponiertes Kind auch einmal vor einem gelbstreifigen Schmetterling einen Angstanfall bekomme, wahrscheinlich infolge einer ererbten Angstneigung. (Vgl. Stanley Hall, A synthetic genetic study of fear. Amer. J. of Psychology XXV, 1914.) In Unwissenheit dieser Ursache suche es nun nach einer Kindheitsanknüpfung für diese Angst und benütze den Zufall der Namensgleichheit und der Wiederkehr der Streifen, um sich die Phantasie eines Abenteuers mit dem noch erinnerten Kindermädchen zu konstruieren. Wenn aber die Nebensachen der an sich harmlosen Begebenheit, Aufwaschen, Kübel, Besen im späteren Leben die Macht zeigen, dauernd und zwanghaft die Objektwahl des Menschen zu bestimmen, so fällt der Schmetterlingsphobie eine unbegreifliche Bedeutung zu. Der Sachverhalt wird mindestens ebenso merkwürdig wie der von mir behauptete, und der Gewinn aus der rationalistischen Auffassung dieser Szenen ist zerronnen. Die Gruschaszene wird uns also besonders wertvoll, da wir an ihr unser Urteil über die minder gesicherte Urszene vorbereiten können.

Bei näherem Zusehen findet man nun, daß diese erste Erkrankung unseres Patienten (von der Eßstörung abzusehen) durch das Herausgreifen der Phobie nicht erschöpft wird, sondern als eine echte Hysterie verstanden werden muß, der neben Angstsymptomen auch Konversionserscheinungen zukommen. Ein Anteil der homosexuellen Regung wird in dem bei ihr beteiligten Organ festgehalten; der Darm benimmt sich von da an und ebenso in der Spätzeit wie ein hysterisch affiziertes Organ. Die unbewußte, verdrängte Homosexualität hat sich in den Darm zurückgezogen. Gerade dieses Stück Hysterie hat dann bei der Lösung des späteren Krankseins die besten Dienste geleistet.

Nun soll es uns auch nicht am Mute mangeln, die noch komplizierteren Verhältnisse der Zwangsneurose in Angriff zu nehmen. Halten wir uns nochmals die Situation vor: eine herrschende masochistische und eine verdrängte homosexuelle Sexualströmung, dagegen ein in hysterischer Ablehnung befangenes Ich; welche Vorgänge wandeln diesen Zustand in den der Zwangsneurose um?

Die Verwandlung geschieht nicht spontan, durch innere Fortentwicklung, sondern durch fremden Einfluß von außen. Ihr sichtbarer Erfolg ist, daß das im Vordergrund stehende Verhältnis zum Vater, welches bisher in der Wolfsphobie Ausdruck gefunden hatte, sich nun in Zwangsfrömmigkeit äußert. Ich kann es nicht unterlassen, darauf hinzuweisen, daß der Vorgang bei diesem Patienten eine unzweideutige Bestätigung einer Behauptung liefert, die ich in »Totem und Tabu« über das Verhältnis des Totemtieres zur Gottheit aufgestellt habe.[1] Ich entschied mich dort dafür, daß die Gottesvorstellung nicht eine Fortentwicklung des Totem sei, sondern sich unabhängig von ihm aus der gemeinsamen Wurzel beider zu seiner Ablösung erhebe. Der Totem sei der erste Vaterersatz, der Gott aber ein späterer, in dem der Vater seine menschliche Gestalt wiedergewinne. So finden wir es auch bei unserem Patienten. Er macht in der Wolfsphobie das Stadium des totemistischen Vaterersatzes durch, welches nun abbricht und infolge neuer Relationen zwischen ihm und dem Vater durch eine Phase von religiöser Frömmigkeit ersetzt wird.

---

1 Totem und Tabu, S. 137, 1913. (Enthalten in Bd. IX der Gesamtausgabe [der *Gesammelten Werke*, S. 178].)

Der Einfluß, welcher diese Wandlung hervorruft, ist die durch die Mutter vermittelte Bekanntschaft mit den Lehren der Religion und mit der heiligen Geschichte. Das Ergebnis wird das von der Erziehung gewünschte. Der sadistisch-masochistischen Sexualorganisation wird ein langsames Ende bereitet, die Wolfsphobie verschwindet rasch, an Stelle der Angstablehnung der Sexualität tritt eine höhere Form der Unterdrückung derselben. Die Frömmigkeit wird zur herrschenden Macht im Leben des Kindes. Allein diese Überwindungen gehen nicht ohne Kämpfe vor sich, als deren Zeichen die blasphemischen Gedanken erscheinen und als deren Folge eine zwanghafte Übertreibung des religiösen Zeremoniells sich festsetzt.

Wenn wir von diesen pathologischen Phänomenen absehen, können wir sagen, die Religion hat in diesem Falle alles das geleistet, wofür sie in der Erziehung des Individuums eingesetzt wird. Sie hat seine Sexualstrebungen gebändigt, indem sie ihnen eine Sublimierung und feste Verankerung bot, seine familiären Beziehungen entwertet und damit einer drohenden Isolierung vorgebeugt, dadurch, daß sie ihm den Anschluß an die große Gemeinschaft der Menschen eröffnete. Das wilde, verängstigte Kind wurde sozial, gesittet und erziehbar.

Der Hauptmotor des religiösen Einflusses war die Identifizierung mit der Christusgestalt, die ihm durch die Zufälligkeit seines Geburtsdatums besonders nahegelegt war. Hier fand die übergroße Liebe zum Vater, welche die Verdrängung notwendig gemacht hatte, endlich einen Ausweg in eine ideale Sublimierung. Als Christus durfte man den Vater, der nun Gott hieß, mit einer Inbrunst lieben, die beim irdischen Vater vergeblich nach Entladung gesucht hatte. Die Wege, auf denen man diese Liebe bezeugen konnte, waren von der Religion angezeigt, an ihnen haftete auch nicht das Schuldbewußtsein, das sich von den individuellen Liebesstrebungen nicht ablösen ließ. Wenn so die tiefste, bereits als unbewußte Homosexualität niedergeschlagene Sexualströmung noch drainiert werden konnte, so fand die oberflächlichere masochistische Strebung eine unvergleichliche Sublimierung ohne viel Verzicht in der Leidensgeschichte Christi, der sich im Auftrage und zu Ehren des göttlichen Vaters hatte mißhandeln und opfern lassen. So tat die Religion ihr Werk bei dem kleinen Entgleisten durch Mischung von

Befriedigung, Sublimierung, Ablenkung vom Sinnlichen auf rein geistige Prozesse, und die Eröffnung sozialer Beziehungen, die sie dem Gläubigen bietet.

Sein anfängliches Sträuben gegen die Religion hatte drei verschiedene Ausgangspunkte. Erstens war es überhaupt, wovon wir schon Beispiele gesehen haben, seine Art, alle Neuheiten abzuwehren. Er verteidigte jede einmal eingenommene Libidoposition in der Angst vor dem Verlust bei ihrem Aufgeben und im Mißtrauen gegen die Wahrscheinlichkeit eines vollen Ersatzes durch die neu zu beziehende. Es ist das eine wichtige und fundamentale psychologische Besonderheit, die ich in den drei Abhandlungen zur Sexualtheorie als Fähigkeit zur *Fixierung* aufgestellt habe. Jung hat sie unter dem Namen der psychischen »Trägheit« zur Hauptverursachung aller Mißerfolge der Neurotiker machen wollen. Ich glaube, mit Unrecht, sie reicht viel weiter hinaus und spielt auch im Leben nicht Nervöser ihre bedeutsame Rolle. Die Leichtbeweglichkeit oder Schwerflüssigkeit der libidinösen und ebenso der andersartigen Energiebesetzungen ist ein besonderer Charakter, der vielen Normalen und nicht einmal allen Nervösen eignet und der bisher noch nicht in Zusammenhang mit anderem gebracht ist, etwas wie eine Primzahl nicht weiter Zerteilbares. Wir wissen nur das eine, daß die Eigenschaft der Beweglichkeit psychischer Besetzungen mit dem Lebensalter auffällig zurückgeht. Sie hat uns eine der Indikationen für die Grenzen der psychoanalytischen Beeinflussung geliefert. Es gibt aber Personen, bei denen diese psychische Plastizität weit über die gewöhnliche Altersgrenze hinaus bestehenbleibt, und andere, bei denen sie sehr frühzeitig verlorengeht. Sind es Neurotiker, so macht man mit Unbehagen die Entdeckung, daß unter scheinbar gleichen Verhältnissen bei ihnen Veränderungen nicht rückgängig zu machen sind, die man bei anderen mit Leichtigkeit bewältigt hat. Es ist also auch bei den Umsetzungen psychischer Vorgänge der Begriff einer *Entropie* in Betracht zu ziehen, deren Maß sich einer Rückbildung des Geschehenen widersetzt.

Einen zweiten Angriffspunkt bot ihm die Tatsache, daß die Religionslehre selbst kein eindeutiges Verhältnis zu Gott-Vater zu ihrer Grundlage hat, sondern von den Anzeichen der ambivalenten Einstellung durchsetzt ist, welche über ihrer Entstehung gewaltet hat. Diese Ambivalenz spürte er mit der hochentwickelten eigenen heraus und knüpfte an sie jene scharfsinnige Kritik, welche uns von einem Kinde im fünften Lebensjahr so sehr wundernehmen mußte. Am bedeutsamsten war aber gewiß ein drittes Moment, auf dessen Wirkung wir die pathologischen Ergebnisse seines Kampfes gegen die Religion zurückführen dürfen. Die zum Manne drängende Strömung, welche von der Religion sublimiert werden sollte, war ja nicht mehr frei, sondern, zum Teil durch Verdrängung abgesondert und damit der Sublimierung entzogen, an ihr ursprüngliches sexuelles Ziel gebunden. Kraft dieses Zusammenhanges strebte der verdrängte Anteil sich den Weg zum sublimierten Anteil zu bahnen oder ihn zu sich herabzuziehen. Die ersten Grübeleien, die die Person Christi umspannen, enthielten bereits die Frage, ob dieser sublime Sohn auch das im Unbewußten festgehaltene sexuelle Verhältnis zum Vater erfüllen könne. Die Abweisungen dieses Bestrebens hatten keinen anderen Erfolg, als scheinbar blasphemische Zwangsgedanken entstehen zu lassen, in denen sich die körperliche Zärtlichkeit für Gott in der Form seiner Erniedrigung durchsetzte. Ein heftiger Abwehrkampf gegen diese Kompromißbildungen mußte dann zur zwanghaften Übertreibung aller der Tätigkeiten führen, in denen die Frömmigkeit, die reine Liebe zu Gott, ihren vorgezeichneten Ausweg fand. Endlich hatte die Religion gesiegt, aber ihre triebhafte Fundierung erwies sich unvergleichlich stärker als die Haftbarkeit ihrer Sublimierungsprodukte. Sowie das Leben einen neuen Vaterersatz brachte, dessen Einfluß sich gegen die Religion richtete, wurde sie fallengelassen und durch anderes ersetzt. Gedenken wir noch der interessanten Komplikation, daß die Frömmigkeit unter dem Einfluß von Frauen entstand (Mutter und Kinderfrau), während männlicher Einfluß die Befreiung von ihr ermöglichte.

Die Entstehung der Zwangsneurose auf dem Boden der sadistisch-analen Sexualorganisation bestätigt im ganzen, was ich an anderer Stelle »über die Disposition zur Zwangsneurose«[1] ausgeführt habe. Aber der vorherige Bestand einer starken Hysterie macht unseren Fall in dieser Hinsicht undurchsichtiger. Ich will die Übersicht über

---

1 Internat. Zeitschrift für ärztliche Psychoanalyse, I. Band, 1913, S. 525 ff. (Enthalten im Bd. VIII dieser Gesamtausgabe [der *Gesammelten Werke*].)

die Sexualentwicklung unseres Kranken beschließen, indem ich ein kurzes Streiflicht auf deren spätere Wandlungen werfe. Mit den Pubertätsjahren trat bei ihm die normal zu nennende, stark sinnliche, männliche Strömung mit dem Sexualziel der Genitalorganisation auf, deren Schicksale die Zeit bis zu seiner Späterkrankung füllen. Sie knüpfte direkt an die Gruschaszene an, entlehnte von ihr den Charakter zwanghafter, anfallsweise kommender und schwindender Verliebtheit und hatte mit den Hemmungen zu kämpfen, die von den Resten der infantilen Neurosen ausgingen. Mit einem gewaltsamen Durchbruch zum Weib hatte er sich endlich die volle Männlichkeit erkämpft; dies Sexualobjekt wurde von nun an festgehalten, aber er wurde des Besitzes nicht froh, denn eine starke, nun völlig unbewußte Hinneigung zum Manne, die alle Kräfte der früheren Phasen in sich vereinigte, zog ihn immer wieder vom weiblichen Objekt ab und nötigte ihn, in den Zwischenzeiten die Abhängigkeit vom Weib zu übertreiben. Er legte der Kur die Klage vor, daß er es beim Weibe nicht aushalten könne, und alle Arbeit richtete sich darauf, sein ihm unbewußtes Verhältnis zum Manne aufzudecken. Seine Kindheit war, um es formelhaft zusammenzufassen, durch das Schwanken zwischen Aktivität und Passivität ausgezeichnet gewesen, seine Pubertätszeit durch das Ringen um die Männlichkeit und die Zeit von seiner Erkrankung an durch den Kampf um das Objekt der männlichen Strebung. Der Anlaß seiner Erkrankung fällt nicht unter die »neurotischen Erkrankungstypen«, die ich als Spezialfälle der »Versagung« zusammenfassen konnte[1], und macht so auf eine Lücke in dieser Reihenbildung aufmerksam. Er brach zusammen, als eine organische Affektion des Genitales seine Kastrationsangst aufleben machte, seinem Narzißmus Abbruch tat und ihn zwang, die Erwartung einer persönlichen Bevorzugung durch das Schicksal aufzugeben. Er erkrankte also an einer narzißtischen »Versagung«. Diese Überstärke seines Narzißmus stand in vollem Einklang mit den anderen Anzeichen einer gehemmten Sexualentwicklung, daß seine heterosexuelle Liebeswahl bei aller Energie so wenig psychische Strebungen in sich konzentrierte und

1 Zentralblatt für Psychoanalyse, II, 6, 1912. (Über neurotische Erkrankungstypen. Enthalten in Bd. VIII dieser Gesamtausgabe [der *Gesammelten Werke*].)

daß die homosexuelle Einstellung, die dem Narzißmus um so vieles näherliegt, sich als unbewußte Macht bei ihm mit solcher Zähigkeit behauptet hatte. Natürlich kann die psychoanalytische Kur bei solchen Störungen nicht einen momentanen Umschwung und eine Gleichstellung mit einer normalen Entwicklung herbeiführen, sondern nur die Hindernisse beseitigen und die Wege gangbar machen, damit die Einflüsse des Lebens die Entwicklung nach den besseren Richtungen durchsetzen können.

Als Besonderheiten seines psychischen Wesens, die von der psychoanalytischen Kur aufgedeckt, aber nicht weiter aufgeklärt und dementsprechend auch nicht unmittelbar beeinflußt werden konnten, stelle ich zusammen: die bereits besprochene Zähigkeit der Fixierung, die außerordentliche Ausbildung der Ambivalenzneigung und als dritten Zug einer archaisch zu nennenden Konstitution die Fähigkeit, die verschiedenartigsten und widersprechendsten libidinösen Besetzungen alle nebeneinander funktionsfähig zu erhalten. Das beständige Schwanken zwischen denselben, durch welches Erledigung und Fortschritt lange Zeit ausgeschlossen erschienen, beherrschten das Krankheitsbild der Spätzeit, das ich ja hier nur streifen konnte. Ohne allen Zweifel war dies ein Zug aus der Charakteristik des Unbewußten, der sich bei ihm in die bewußt gewordenen Vorgänge fortgesetzt hatte; aber er zeigte sich nur an den Ergebnissen affektiver Regungen, auf rein logischen Gebieten bewies er vielmehr ein besonderes Geschick in der Aufspürung von Widersprüchen und Unverträglichkeiten. So empfing man von seinem Seelenleben einen Eindruck, wie ihn die altägyptische Religion macht, die dadurch für uns so unvorstellbar wird, daß sie die Entwicklungsstufen neben den Endprodukten konserviert, die ältesten Götter und Gottesbedeutungen wie die jüngsten fortsetzt, in eine Fläche ausbreitet, was in anderen Entwicklungen zu einem Tiefengebilde wird.

Ich habe nun zu Ende gebracht, was ich über diesen Krankheitsfall mitteilen wollte. Nur noch zwei der zahlreichen Probleme, die er anregt, scheinen mir einer besonderen Hervorhebung würdig. Das erste betrifft die phylogenetisch mitgebrachten Schemata, die wie philosophische »Kategorien« die Unterbringung der Lebenseindrücke besorgen. Ich möchte die Auffassung vertreten, sie seien

Niederschläge der menschlichen Kulturgeschichte. Der Ödipuskomplex, der die Beziehung des Kindes zu den Eltern umfaßt, gehört zu ihnen, ist vielmehr das bestgekannte Beispiel dieser Art. Wo die Erlebnisse sich dem hereditären Schema nicht fügen, kommt es zu einer Umarbeitung derselben in der Phantasie, deren Werk im einzelnen zu verfolgen gewiß nutzbringend wäre. Gerade diese Fälle sind geeignet, uns die selbständige Existenz des Schemas zu erweisen. Wir können oft bemerken, daß das Schema über das individuelle Erleben siegt, so wenn in unserem Falle der Vater zum Kastrator und Bedroher der kindlichen Sexualität wird, trotz eines sonst umgekehrten Ödipuskomplexes. Eine andere Wirkung ist es, wenn die Amme an die Stelle der Mutter tritt oder mit ihr verschmolzen wird. Die Widersprüche des Erlebens gegen das Schema scheinen den infantilen Konflikten reichlichen Stoff zuzuführen.

Das zweite Problem liegt von diesem nicht fernab, es ist aber ungleich bedeutsamer. Wenn man das Verhalten des vierjährigen Kindes gegen die reaktivierte Urszene in Betracht zieht[1], ja wenn man nur an die weit einfacheren Reaktionen des 1 ½jährigen Kindes beim Erleben dieser Szene denkt, kann man die Auffassung schwer von sich weisen, daß eine Art von schwer bestimmbarem Wissen, etwas wie eine Vorbereitung zum Verständnis, beim Kinde dabei mitwirkt.[2] Worin dies bestehen mag, entzieht sich jeder Vorstellung; wir haben nur die eine ausgezeichnete Analogie mit dem weitgehenden *instinktiven* Wissen der Tiere zur Verfügung.

Gäbe es einen solchen instinktiven Besitz auch beim Menschen, so wäre es nicht zu verwundern, wenn er die Vorgänge des Sexuallebens ganz besonders beträfe, wenngleich er auf sie keineswegs beschränkt sein kann. Dieses Instinktive wäre der Kern des Unbewußten, eine primitive Geistestätigkeit, die später durch die zu erwerbende Menschheitsvernunft entthront und überlagert wird, aber

---

1 Ich darf davon absehen, daß dies Verhalten erst zwei Dezennien später in Worte gefaßt werden konnte, denn alle Wirkungen, die wir von der Szene ableiten, haben sich ja in Form von Symptomen, Zwängen usw. bereits in der Kindheit und lange vor der Analyse geäußert. Dabei ist es gleichgültig, ob man sie als Urszene oder als Urphantasie gelten lassen will.

2 Von neuem muß ich betonen, daß diese Überlegungen müßig wären, wenn Traum und Neurose nicht der Kindheitszeit selbst angehörten.

so oft, vielleicht bei allen, die Kraft behält, höhere seelische Vorgänge zu sich herabzuziehen. Die Verdrängung wäre die Rückkehr zu dieser instinktiven Stufe, und der Mensch würde so mit seiner Fähigkeit zur Neurose seine große Neuerwerbung bezahlen und durch die Möglichkeit der Neurosen die Existenz der früheren, instinktartigen Vorstufe bezeugen. Die Bedeutung der frühen Kindheitstraumen läge aber darin, daß sie diesem Unbewußten einen Stoff zuführen, der es gegen die Aufzehrung durch die nachfolgende Entwicklung schützt.

Ich weiß, daß ähnliche Gedanken, die das hereditäre, phylogenetisch erworbene Moment im Seelenleben betonen, von verschiedenen Seiten ausgesprochen worden sind, ja ich meine, daß man allzu bereit war, ihnen einen Platz in der psychoanalytischen Würdigung einzuräumen. Sie erscheinen mir erst zulässig, wenn die Psychoanalyse in Einhaltung des korrekten Instanzenzuges auf die Spuren des Ererbten gerät, nachdem sie durch die Schichtung des individuell Erworbenen hindurchgedrungen ist.[1]

---

1 (*Zusatz 1923*:) Ich stelle hier nochmals die Chronologie der in dieser Geschichte erwähnten Begebenheiten zusammen:
Geboren am Weihnachtstag.
1 ½ Jahre: Malaria. Beobachtung des Koitus der Eltern oder jenes Beisammenseins derselben, in das er später die Koitusphantasie eintrug.
Kurz vor 2 ½ Jahren: Szene mit Gruscha.
2 ½ Jahre: Deckerinnerung an Abreise der Eltern mit Schwester. Sie zeigt ihn allein mit der Nanja und verleugnet so Gruscha und Schwester.
Vor 3 ¼ Jahren: Klage der Mutter vor dem Arzt.
3 ¼ Jahre: Beginn der Verführung durch die Schwester, bald darauf Kastrationsdrohung der Nanja.
3 ½ Jahre: Die englische Gouvernante, Beginn der Charakterveränderung.
4 Jahre: Wolfstraum, Entstehung der Phobie.
4 ½ Jahre: Einfluß der biblischen Geschichte. Auftreten der Zwangssymptome.
Kurz vor 5 Jahren: Halluzination des Fingerverlustes.
5 Jahre: Verlassen des ersten Gutes.
Nach 6 Jahren: Besuch beim kranken Vater.
8 Jahre: }
10 Jahre: } Letzte Ausbrüche der Zwangsneurose.
Meine Darstellung hat es leicht gemacht zu erraten, daß der Patient Russe war. Ich entließ ihn nach meiner Schätzung als geheilt wenige Wochen vor

dem unerwarteten Ausbruch des Weltkrieges und sah ihn erst wieder, als die Wechselfälle des Krieges den Zentralmächten den Zugang nach Südrußland eröffnet hatten. Dann kam er nach Wien und berichtete von einem unmittelbar nach Beendigung der Kur aufgetretenen Bestreben, sich vom Einfluß des Arztes loszureißen. In einigen Monaten Arbeit wurde nun ein noch nicht überwundenes Stück der Übertragung bewältigt; seither hat Patient, dem der Krieg Heimat, Vermögen und alle Familienbeziehungen geraubt hatte, sich normal gefühlt und tadellos benommen. Vielleicht hat gerade sein Elend durch die Befriedigung seines Schuldgefühls zur Befestigung seiner Herstellung beigetragen.

ANHANG

EDITORISCH-BIBLIOGRAPHISCHE NOTIZ

Bemerkungen über einen Fall von Zwangsneurose [»Der Rattenmann«]

Erstveröffentlichung:

1909 *Jahrbuch für psychoanalytische und psychopathologische Forschungen*, Bd. 1, Verlag Franz Deuticke, Leipzig und Wien, S. 357–421.

Abdrucke in deutschen Werkausgaben:

1924 In: Sigmund Freud, *Gesammelte Schriften* (12 Bände), Internationaler Psychoanalytischer Verlag, Leipzig, Wien, Zürich 1924–34, Bd. 8, S. 267–351.

1941 In: Sigmund Freud, *Gesammelte Werke* (18 Bände und ein Nachtragsband), Imago Publishing Co., Ltd., London 1940–52, und S. Fischer Verlag, Frankfurt am Main 1968, 1987, Bd. 7, S. 379–463.

1973 In: Sigmund Freud, *Studienausgabe* (10 Bände und ein Ergänzungsband), S. Fischer Verlag, Frankfurt am Main 1969–75, Bd. 7, S. 31, 35–103.

Aus der Geschichte einer infantilen Neurose [»Der Wolfsmann«]

Erstveröffentlichung:

1918 In: Sigmund Freud, *Sammlung kleiner Schriften zur Neurosenlehre*, Vierte Folge, Verlag Hugo Heller, Leipzig und Wien, S. 578–717.

Abdrucke in deutschen Werkausgaben:

1924 In: Sigmund Freud, *Gesammelte Schriften* (12 Bände), Internationaler Psychoanalytischer Verlag, Leipzig, Wien, Zürich 1924–34, Bd. 8, S. 437–567.

1947 In: Sigmund Freud, *Gesammelte Werke* (18 Bände und ein Nachtragsband), Imago Publishing Co., Ltd., London 1940–52, und S. Fischer Verlag, Frankfurt am Main 1968, 1987, Bd. 12, S. 27–157.

1969 In: Sigmund Freud, *Studienausgabe* (10 Bände und ein Ergänzungsband), S. Fischer Verlag, Frankfurt am Main 1969–75, Bd. 8, S. 125, 129–231.

Anhang

Die oben abgedruckten Freud-Texte sind aus den Bänden 7 und 12 der *Gesammelten Werke* übernommen, wobei in Anlehnung an die *Studienausgabe* stillschweigend einige Korrekturen durchgeführt wurden. Diese betreffen insbesondere Druckfehler, bibliographische Irrtümer sowie Modernisierung von Orthographie und Interpunktion. Redaktionelle Zusätze stehen jeweils in eckigen Klammern.

SIGMUND FREUD
WERKE IM TASCHENBUCH

Herausgegeben von Ilse Grubrich-Simitis
Redigiert von Ingeborg Meyer-Palmedo

Die Sammlung präsentiert das Lebenswerk des Begründers der Psychoanalyse in seiner ganzen Vielfalt und Reichweite breiten Leserschichten. Durch großzügige Ausstattung eignet sie sich besonders zum Gebrauch in Schule und Universität. Zeitgenössische Wissenschaftler haben Begleittexte verfaßt; sie stellen Verbindungen zur neueren Forschung her, gelangen zu einer differenzierten Neubewertung des Freudschen Œuvres und beschreiben dessen Fortwirkung in einem weiten Spektrum der intellektuellen Moderne.

In systematischer Gliederung umfaßt die Sammlung:
- vier Bände mit Einführungen in die Psychoanalyse;
- vier Bände mit Monographien über seelische Schlüsselphänomene wie Traum, Fehlleistung, Witz;
- vier Bände mit Schriften über Sexualtheorie und über Metapsychologie;
- zwei Bände mit Schriften über Krankheitslehre und über Behandlungstechnik (erstmals als Taschenbuch-Einzelausgaben vorgelegt);
- fünf Bände mit Krankengeschichten;
- vier Bände mit kulturtheoretischen Schriften;
- drei Bände mit Schriften über Kunst und Künstler;
- zwei Bände mit voranalytischen Schriften (seit ihrer Erstveröffentlichung vor mehr als hundert Jahren erstmals wieder zugänglich gemacht).

EINFÜHRUNGEN:

Vorlesungen zur Einführung in die Psychoanalyse (Band 10432)
Biographisches Nachwort von Peter Gay

Neue Folge der Vorlesungen zur Einführung in die Psychoanalyse (Band 10433)
Biographisches Nachwort von Peter Gay

Abriß der Psychoanalyse (Band 10434)
Einführende Darstellungen
Einleitung von F.-W. Eickhoff
- Abriß der Psychoanalyse
- Über Psychoanalyse
- Das Interesse an der Psychoanalyse
- Eine Schwierigkeit der Psychoanalyse
- Die Frage der Laienanalyse (inklusive Nachwort)

»Selbstdarstellung« (Band 10435)
Schriften zur Geschichte der Psychoanalyse
Herausgegeben und eingeleitet von Ilse Grubrich-Simitis
- »Selbstdarstellung« (inklusive Nachschrift)
- Jugendbriefe an Emil Fluß
- Curriculum vitae
- Bericht über meine mit Universitäts-Jubiläums-Reisestipendium unternommene Studienreise nach Paris und Berlin
- Autobiographische Notiz
- Zur Geschichte der psychoanalytischen Bewegung
- Kurzer Abriß der Psychoanalyse
- Die Widerstände gegen die Psychoanalyse

ÜBER SCHLÜSSELPHÄNOMENE – TRAUM, FEHLLEISTUNG, WITZ:

Die Traumdeutung (Band 10436)
Nachwort von Hermann Beland

Schriften über Träume und Traumdeutungen (Band 10437)
Einleitung von Hermann Beland
- Eine erfüllte Traumahnung
- Über den Traum
- Träume im Folklore
- Ein Traum als Beweismittel
- Märchenstoffe in Träumen
- Traum und Telepathie
- Einige Nachträge zum Ganzen der Traumdeutung
- Brief an Maxime Leroy über einen Traum des Cartesius
- Meine Berührung mit Josef Popper-Lynkeus

Zur Psychopathologie des Alltagslebens (Band 10438)
Über Vergessen, Versprechen, Vergreifen, Aberglaube und Irrtum
Einleitung von Riccardo Steiner

Der Witz *und seine Beziehung zum Unbewußten / Der Humor* (Band 10439)
Einleitung von Peter Gay

SEXUALTHEORIE UND METAPSYCHOLOGIE:

Drei Abhandlungen zur Sexualtheorie (Band 10440)
Einleitung von Reimut Reiche

Schriften über Liebe und Sexualität (Band 10441)
Einleitung von Reimut Reiche
- Über Deckerinnerungen
- Zur sexuellen Aufklärung der Kinder
- Über infantile Sexualtheorien
- Der Familienroman der Neurotiker
- Beiträge zur Psychologie des Liebeslebens
- Zwei Kinderlügen
- Über Triebumsetzungen, insbesondere der Analerotik
- Die infantile Genitalorganisation
- Der Untergang des Ödipuskomplexes
- Einige psychische Folgen des anatomischen Geschlechtsunterschieds
- Über libidinöse Typen
- Über die weibliche Sexualität

Das Ich und das Es (Band 10442)
Metapsychologische Schriften
Einleitung von Alex Holder
- Formulierungen über die zwei Prinzipien des psychischen Geschehens
- Einige Bemerkungen über den Begriff des Unbewußten in der Psychoanalyse
- Zur Einführung des Narzißmus
- Triebe und Triebschicksale
- Die Verdrängung
- Das Unbewußte
- Metapsychologische Ergänzung zur Traumlehre
- Trauer und Melancholie
- Jenseits des Lustprinzips
- Das Ich und das Es
- Das ökonomische Problem des Masochismus
- Notiz über den »Wunderblock«
- Die Verneinung
- Fetischismus
- Die Ichspaltung im Abwehrvorgang

Hemmung, Symptom und Angst (Band 10443)
Einleitung von F.-W. Eickhoff

KRANKHEITSLEHRE UND BEHANDLUNGSTECHNIK:

Schriften zur Krankheitslehre der Psychoanalyse (Band 10444)
Einleitung von Clemens de Boor
Über die Berechtigung, von der Neurasthenie einen bestimmten Symptomenkomplex als »Angstneurose« abzutrennen
Zur Ätiologie der Hysterie
Die Sexualität in der Ätiologie der Neurosen
Meine Ansichten über die Rolle der Sexualität in der Ätiologie der Neurosen
Hysterische Phantasien und ihre Beziehung zur Bisexualität
Charakter und Analerotik
Allgemeines über den hysterischen Anfall
Die psychogene Sehstörung in psychoanalytischer Auffassung
Über neurotische Erkrankungstypen
Die Disposition zur Zwangsneurose
Mitteilung eines der psychoanalytischen Theorie widersprechenden Falles von Paranoia
»Ein Kind wird geschlagen« (Beitrag zur Kenntnis der Entstehung sexueller Perversionen)
Über die Psychogenese eines Falles von weiblicher Homosexualität
Über einige neurotische Mechanismen bei Eifersucht, Paranoia und Homosexualität
Neurose und Psychose
Der Realitätsverlust bei Neurose und Psychose

Zur Dynamik der Übertragung (Band 10445)
Behandlungstechnische Schriften
Einleitung von Hermann Argelander
Die Handhabung der Traumdeutung in der Psychoanalyse
Zur Dynamik der Übertragung
Ratschläge für den Arzt bei der psychoanalytischen Behandlung
Zur Einleitung der Behandlung
Erinnern, Wiederholen und Durcharbeiten
Bemerkungen über die Übertragungsliebe
Konstruktionen in der Analyse
Die endliche und die unendliche Analyse

KRANKENGESCHICHTEN:

Studien über Hysterie (zusammen mit Josef Breuer) (Band 10446)
Einleitung von Stavros Mentzos

Bruchstück einer Hysterie-Analyse (Band 10447)
Nachwort von Stavros Mentzos

Analyse der Phobie eines fünfjährigen Knaben (Band 10448)
(Inklusive Nachschrift)
Einleitung von Veronica Mächtlinger
Im Anhang: Vorwort 1979 von Anna Freud

Zwei Krankengeschichten (Band 10449)
Einleitung von Carl Nedelmann
  Bemerkungen über einen Fall von Zwangsneurose
  Aus der Geschichte einer infantilen Neurose

Zwei Fallberichte (Band 10450)
Einleitung von Mario Erdheim
  Psychoanalytische Bemerkungen über einen autobiographisch beschriebenen Fall von Paranoia (Dementia paranoides) (inklusive Nachtrag)
  Eine Teufelsneurose im siebzehnten Jahrhundert

KULTURTHEORETISCHE SCHRIFTEN:

Totem und Tabu (Band 10451)
Einige Übereinstimmungen im Seelenleben der Wilden und der Neurotiker
Einleitung von Mario Erdheim

Massenpsychologie und Ich-Analyse / Die Zukunft einer Illusion (Band 10452)
Einleitung von Reimut Reiche

Das Unbehagen in der Kultur (Band 10453)
Und andere kulturtheoretische Schriften
Einleitung von Alfred Lorenzer und Bernard Görlich
  Das Unbehagen in der Kultur
  Die »kulturelle« Sexualmoral und die moderne Nervosität
  Zeitgemäßes über Krieg und Tod
  Warum Krieg?

Der Mann Moses und die monotheistische Religion (Band 10454)
Und andere religionspsychologische Schriften
Herausgegeben und eingeleitet von Ilse Grubrich-Simitis
  Der Mann Moses und die monotheistische Religion
  Der Mann Moses; Ein historischer Roman (Erstfassung)
  Zwangshandlungen und Religionsübungen
  Vorrede zu ›Probleme der Religionspsychologie‹ von Theodor Reik
  Zur Gewinnung des Feuers

ÜBER KUNST UND KÜNSTLER:

Der Wahn und die Träume in W. Jensens ›Gradiva‹ (Band 10455)
(Inklusive Nachtrag)
Mit der Erzählung von Wilhelm Jensen
und Sigmund Freuds Randbemerkungen
Herausgegeben und eingeleitet von Bernd Urban

Der Moses des Michelangelo (Band 10456)
Schriften über Kunst und Künstler
Einleitung von Peter Gay
Psychopathische Personen auf der Bühne
Der Dichter und das Phantasieren
Das Motiv der Kästchenwahl
Der Moses des Michelangelo (inklusive Nachtrag)
Vergänglichkeit
Einige Charaktertypen aus der psychoanalytischen Arbeit
Eine Kindheitserinnerung aus ›Dichtung und Wahrheit‹
Das Unheimliche
Dostojewski und die Vatertötung
Goethe-Preis

Eine Kindheitserinnerung des Leonardo da Vinci (Band 10457)
Einleitung von Janine Chasseguet-Smirgel

VORANALYTISCHE SCHRIFTEN:

Schriften über Kokain (Band 10458)
Aufgrund der Vorarbeiten von Paul Vogel
herausgegeben und eingeleitet von Albrecht Hirschmüller
Über Coca (inklusive Nachträge)
Beitrag zur Kenntnis der Cocawirkung
Über die Allgemeinwirkung des Cocains
Gutachten über das Parke Cocain
Bemerkungen über Cocainsucht und Cocainfurcht
Im Anhang: Cocaine

Zur Auffassung der Aphasien (Band 10459)
Eine kritische Studie
Herausgegeben von Paul Vogel
Bearbeitet von Ingeborg Meyer-Palmedo
Einleitung von Wolfgang Leuschner